まえがき

　本書は，**予備試験＆司法試験の超・短期合格思考法**をわかりやすい言葉で解説する人気シリーズ「読み解く合格思考」の第3弾です。著者の山田麻里子先生は，平成23年の大学在学中に予備試験，また翌24年に司法試験に合格され，合格直後から辰已法律研究所で講師を務められました。山田先生の講師経験に基づく解説力，司法修習で得た経験も加わった本書は，まさに「珠玉の1冊」と言えるでしょう。

　「問題文に答えは書いてある！」問題文が長ければ長いほど，出題者はヒントを与えてくれているのだと山田先生は語ります。本書を読むことにより，問題文の「クサいところ」を読み解く感覚を身につけることができるでしょう。

① ＜必要十分＞司法試験・予備試験過去問4問をしっかり検討

　本書は，司法試験・予備試験の過去問合計4問をピックアップし，徹底的に分析する中で合格思考を身につける形式を取っています。本書で合格思考を身につけることができれば，他の過去問でも同様の方法で合格レベルの答案を書くことができるようになるでしょう。

② 合格思考をわかりやすく理解できる「総論」

　司法試験における法律学の考え方や答案作成法など，合格に不可欠な要素について受験生が質問し，講師が答える。この非常にユニークな対談形式で，超短期合格のノウハウを端的に表現しました。

③ 「問題文」を読み解く

　全問につき，問題文を丁寧に分析しています。問題文に書き込みをしながら「クササ」を読み解く講師の思考過程を，一緒に追体験することができるでしょう。

④ 「出題趣旨」を読み解く

　出題者の出題意図通りに答案を書くのは至難の業です。もっとも，出題趣旨通りに答案を書けなくとも，合格点を取ることは十分可能です。そこで，平成22年と24年の出題趣旨を使い，「実際の現場ではどこまで書けば合格レベルに到達できるのか？」を徹底分析していきます。

⑤ 「採点実感等」を読み解く

　合格思考とは，「落ちない思考」とも言えるかもしれません。ここでは，平成22年

と24年の「採点実感等に関する意見」を読む中で受験生答案の実像に迫りつつ，答案に悪い評価をもらわないためにはどうすればよいかを検討していきます。

⑥ 「再現答案」を読み解く

系別順位1000番前後の「中位合格答案」は，合格答案の平均像と言えるでしょう。この「中位合格答案」を平成22年は2通，24年は3通掲載し，講師が鋭い切り口で分析していきます。

⑦ 講師答案

平成22年，24年については「講師答案」を掲載しています。これは**模範答案ではなく，講師が時間を計って実際に2時間で書いた「実践答案」**です。現場で実際にどこまで書けばいいのか，というイメージ作りの参考にしてください。

本書をご活用になり，皆様が司法試験を見事突破されることを心より祈念申し上げます。

2016年2月　辰巳法律研究所

※　本書は，辰巳法律研究所が実施した講義「4つの思考過程で論文を突破する方法」を元に全面的に加筆・修正した，極めてリアルな内容のものです。

●著者プロフィール
山田　麻里子（やまだ　まりこ）
　京都大学法学部中退。司法修習第68期。平成23年司法試験予備試験合格（10番台），平成24年司法試験合格（200番台）。勉強時間を短時間しか取れない毎日の中，知識を詰め込むのではなく，科目ごとの「思考過程」を徹底的に突き詰める勉強法を採り，予備試験・司法試験ともに上位で一発合格を果たす。
　合格直後から辰已法律研究所で受験指導にあたる。担当講座は
「4つの思考過程で論文を突破する方法」
「リアルベーシック憲民刑」
「8問でわかる予備試験合格のエッセンス【民訴】」
「行政法試験問題と仕組み解釈」
「司法試験過去問猛特訓ゼミ」
「原告適格って何？〜答案に書ける原告適格」
「平成24年の民訴は何を聞きたかったの？〜H24民訴過去問分析〜」
「＜予備試験一発合格・司法試験一発合格＞上位合格者による『4つの思考過程』で私ならこう書く〜平成25年司法試験・民事訴訟法〜」
など多数。

●受講生の声（M・Fさん）
　先生の授業は，自分の中でバラバラに散らばっている知識と，それぞれの法律の基本的な考え方をつなぐ作業を手伝ってもらう授業です。
　私は，判例の規範をまる覚えするのが苦手で，穴だらけの規範を書いてはいい評価がもらえずというサイクルを繰り返し，判例の規範を覚えなければと躍起になっていました。しかし，山田先生の授業の中で，大切なのは，判例の規範を一言一句正確に示すことではなく，判例が規範を示す意味を正確に理解し，自分なりの言葉で説明することであると気づかせてもらいました。そう考えるようになってからは，教科書や判例で自習するにあたって言葉を追うのではなく，その言葉の意図を汲み取ろうとする学習ができるようになりました。私と同じように覚えるのが苦手な方は，どうしても知識補充に走りがちですが，その前提となる理解があれば知識を得ることも苦ではなくなります。ぜひ山田先生の授業を通して，法の基本的な考え方を学び，記憶しなければという地獄から抜け出していただきたいです。

目次

第1編　読み解く最新過去問①　予備試験平成27年刑法……………5
　第1章　問題文……………………………………………6
　第2章　問題文を読み解く………………………………7

第2編　読み解く最新過去問②　司法試験平成27年刑法……………17
　第1章　問題文……………………………………………18
　第2章　問題文を読み解く………………………………20

第3編　対談形式で完全解明！合格思考法・総論……………………35
　第1章　問題文のクサいところを見抜く！刑法の短期合格思考とは何か
　　　　　……………………………………………………36
　第2章　考えて間違っていることを書くほうが，知識の切り貼りよりマシ！
　　　　　刑法の正しい学習法……………………………43
　第3章　合格思考による刑法総論・刑法各論の理解………67
　第4章　大切なのは「相手に伝える」という気持ち。短期合格のための効率的
　　　　　学習法……………………………………………81
　第5章　第4編・第5編を読む前に〜問題文・出題趣旨・採点実感等・再現答
　　　　　案の読み解き方…………………………………90

第4編　過去問徹底分析①司法試験平成22年刑法……………………95
　第1章　問題文……………………………………………96
　第2章　問題文を読み解く………………………………100
　第3章　出題趣旨を読み解く……………………………137
　第4章　採点実感等を読み解く…………………………151
　第5章　再現答案を読み解く……………………………164
　第6章　講師答案…………………………………………194

第5編　過去問徹底分析②司法試験平成24年刑法……………………199
　第1章　問題文……………………………………………200
　第2章　問題文を読み解く………………………………204
　第3章　出題趣旨を読み解く……………………………223
　第4章　採点実感等を読み解く…………………………247
　第5章　再現答案を読み解く……………………………260
　第6章　講師答案…………………………………………312

第1編

読み解く最新過去問①

予備試験平成27年刑法

第1章 問題文
第2章 問題文を読み解く

第1編　読み解く最新過去問①　予備試験平成27年刑法

第1章　問題文

　以下の事例に基づき，甲，乙，丙及び丁の罪責について論じなさい（特別法違反の点を除く。）。

1　甲は，建設業等を営むA株式会社（以下「A社」という。）の社員であり，同社の総務部長として同部を統括していた。また，甲は，総務部長として，用度品購入に充てるための現金（以下「用度品購入用現金」という。）を手提げ金庫に入れて管理しており，甲は，用度品を購入する場合に限って，その権限において，用度品購入用現金を支出することが認められていた。
　乙は，A社の社員であり，同社の営業部長として同部を統括していた。また，乙は，甲の職場の先輩であり，以前営業部の部員であった頃，同じく同部員であった甲の営業成績を向上させるため，甲に客を紹介するなどして甲を助けたことがあった。甲はそのことに恩義を感じていたし，乙においても，甲が自己に恩義を感じていることを認識していた。
　丙は，B市職員であり，公共工事に関して業者を選定し，B市として契約を締結する職務に従事していた。なお，甲と丙は同じ高校の同級生であり，それ以来の付き合いをしていた。
　丁は，丙の妻であった。
2　乙は，1年前に営業部長に就任したが，その就任頃からA社の売上げが下降していった。乙は，某年5月28日，A社の社長室に呼び出され，社長から，「6月の営業成績が向上しなかった場合，君を降格する。」と言い渡された。
3　乙は，甲に対して，社長から言われた内容を話した上，「お前はB市職員の丙と同級生なんだろう。丙に，お礼を渡すからA社と公共工事の契約をしてほしいと頼んでくれ。お礼として渡す金は，お前が総務部長として用度品を買うために管理している現金から，用度品を購入したことにして流用してくれないか。昔は，お前を随分助けたじゃないか。」などと言った。甲は，乙に対して恩義を感じていたことから，専ら乙を助けることを目的として，自己が管理する用度品購入用現金の中から50万円を謝礼として丙に渡すことで，A社との間で公共工事の契約をしてもらえるよう丙に頼もうと決心し，乙にその旨を告げた。
4　甲は，同年6月3日，丙と会って，「今度発注予定の公共工事についてA社と契約してほしい。もし，契約を取ることができたら，そのお礼として50万円を渡したい。」などと言った。丙は，甲の頼みを受け入れ，甲に対し，「分かった。何とかしてあげよう。」などと言った。

丙は，公共工事の受注業者としてＡ社を選定し，同月２１日，Ｂ市としてＡ社との間で契約を締結した。なお，その契約の内容や締結手続については，法令上も内規上も何ら問題がなかった。
5　乙は，Ｂ市と契約することができたことによって降格を免れた。
　甲は，丙に対して謝礼として５０万円を渡すため，同月２７日，手提げ金庫の用度品購入用現金の中から５０万円を取り出して封筒に入れ，これを持って丙方を訪問した。しかし，丙は外出しており不在であったため，甲は，応対に出た丁に対し，これまでの経緯を話した上，「御主人と約束していたお礼のお金を持参しましたので，御主人にお渡しください。」と頼んだ。丁は，外出中の丙に電話で連絡を取り，丙に対して，甲が来訪したことや契約締結の謝礼を渡そうとしていることを伝えたところ，丙は，丁に対して，「私の代わりにもらっておいてくれ。」と言った。
　そこで，丁は，甲から封筒に入った５０万円を受領し，これを帰宅した丙に封筒のまま渡した。

■■■第２章　問題文を読み解く■■■

1　登場人物

　27年，あー贈収賄やったんや。大変やなぁ。とりあえず問題文を読もうか。
　まず頭書きをみると，甲・乙・丙・丁4人出てくるんやね。こんなにぎょうさん人が出てくるのに，4ページしか与えられてないんやなぁ。誰の，どの部分にエネルギーを注ぐべきか。考えないと，後ですごい困りそうやね。

2　気になるワード

　とりあえず全体をざっと読んでみてほしい。
　気になるワードをあげていくと，

手提げ金庫内の現金，
用度品購入にしか使えない，
総務部長の権限（ああ管理か。），
甲は乙に恩義，
丙は公共工事関係の公務員，

第1編　読み解く最新過去問①　予備試験平成27年刑法

> 甲と丙は高校の同級生,
> 甲は専ら乙を助けることを目的にして,
> 丙はA社を公共工事の相手方に選んだけどその契約内容や手続は法令上も内規上も問題なし,
> 甲は丁にこれまでの経緯を話した
> 丁は丙に連絡し,甲の来訪及び甲が契約締結のお礼を持ってきたことを告げたところ,
> 丙は丁に,丙の代わりに謝礼をもらっておくよう伝えた
> 丁は50万円を受領し,丙にそのまま渡した,

　このあたりが気になるんちゃうかな。
　なんで気になるんかというと,論点が登場するときに問題となる事情を指し示すキーワードやから。以上あげたキーワード（ワードじゃなくてセンテンスになってるのもあるけど,それはおいといて,）がどの論点に結びついてるかわかると,答案が書きやすくなる。多分,論点落ちはなくなると思うんよ。

3　論点の気づき方と基本的理解の身に着け方

　じゃあ,どうやったらこのキーワードに気づくことができるようになるか。これが予備試験攻略の鍵やと思う。司法試験でも鍵になるのはそうなんよ。ただ,予備試験では司法試験よりも,キーワードから論点(解きほぐすべき問題点という方が正確かな)を持ってくる能力が要求されてる。だから,予備試験を受ける人の方がこのキーワードに気付く能力を磨かないとあかんのちゃうか,と思う。
　さて,肝心のこの能力の身に着け方,磨き方は簡単。**択一をきちんとやったらええ。**なんでか。
　予備試験の構造はこう。択一試験を通った人だけが論文試験を受けられる。択一は○×で答える試験で,必ず答えがある。論文には,唯一無二の答えはなくて,あるところは必ず書かなきゃいけないけど,あるところは自分で,法的思考でもって考えたことを書けばよいとされている。論文試験の性格って誤解されがちなんよね。でも,出題趣旨を読めば,基本的理解とあてはめの論理的一貫性を問うって書いてある。何か一つの正しいものがあるなんて書いてないよね。だから,基本的理解のところは間違えちゃいけないけど,それ以外の,今回だと事例へのあてはめのところは自分の考えを論理一貫して表現できればよいのだ,論文試験はそういうものだ,とわかる。
　そして,基本的理解はあてはめ自体ではないらしい。出題趣旨には「基本的理解と」って書いてあるから。基本的理解とあてはめは並列関係にある。あてはめっていうのは,本件事例で問題になっている問題点（いわゆる論点）に気づいて,その答えを導くための規範を提示したあとにされるものやった。そうすると,あてはめを書く前に

問題点に気づいて，表現して，規範を導出するっていうプロセスがあるはず。これが明示されず，「基本的理解」って書いてあるということは，この「基本的理解」っていうのは論点に気づくことと規範導出を指している可能性が高い。

　基本なんやね，この論点に気づく能力は。論文を受ける人間ならみんな，持ってるはずの基本……あれ？論文を受ける人間に共通してるのは何でしょう？

　そう，択一に合格しているということ。択一に合格してる＝基本は知っているはずという前提があるのです。ということは，択一がほんとにできていれば，基本的理解はばっちり！ということですな。

　以上から，択一をしっかりやれば，論点に気づく能力（のみならず，出題趣旨でいうところの基本的理解）が手に入るということになるんです。

4　択一に受かっても，論文に受からない理由

　なるんです，けどね……。困ったことにそうは問屋が卸さない。択一は受かるんです，けど，論文はいつまでたっても……ということがある。択一に受かるけど論文に落ちる原因はなんなんだろう。私が思うに，**択一に受かるけど，論文に落ちる人は，択一を覚えるものだと思っているのだ**。

　覚えなければいけないこともももちろんあるんよ。でも，本当に一言一句間違えないように覚えないといけないことはその一部で。大半は，その覚えたことから論理的に導かれるもんやから。選択肢の中には，○か×かわからなくてもいい選択肢すらある。そんな選択肢の正解なんて覚えなくてええやんか。

　それなのに，論理的に導くことができるものまで覚えてしまうとどうなるか。論文で，そのことを導くまでの論理過程を書けなくなるのである。なんせ択一は反射の世界。「山」と言われれば「川」と瞬時に答えるのと同じ状態なのである。反射でできることを説明しろと言われても，難しい。なんせ「山」と言えば「川」なのだ。理由なんかあるわけない。

　実際は理由があるのに，それが書けない。択一で絶対間違っちゃいけない，というところさえ覚えておいて，後はそこから論理的に答えを導けば，基本的理解は示せる。択一に基本的理解が現れている(はず)なんやから，択一で覚えておかないといけないことさえ覚えて，後は選択肢の内容を論理的に説明できるようになっておけばええ。この基本的理解をおろそかにしているから，落ちるんやと思うんよ。択一を覚えるものだけ理解してしもたら，論理過程をすっとばし，思考過程のしの字もない答案が出来上がってしまう。

5　勉強のやり方

　択一の選択肢の中で本当に覚えないといけないことをどうやったら見分けられるのか。刑法なら，旧司法試験の問題があるから，新司法試験の問題も合わせて，その選択肢を見比べてみればいい。その問題を解くために最低限知っておかなきゃいけないのは何かを考えてみればよい。その「何か」が本当に覚えないといけないものなのである。その「何か」さえわかっていればなぜ選択肢の答えが出るのか，自分で説明できるようになっておく。そうしたら，なぜこの論点が出てくるのか，どうしてこれが選択肢として登場しているのかがある程度理解できるようになっていると思う。この状態になれば，選択肢より長い事例でも，なにが論点として出てきているのか，何を試験委員が問うているのかが，ある程度見抜けるはずである。

　そのあとどうやって勉強していくのか。そうやって分析して得られた最低限絶対必要なことを頭に入れた上で論文を見てみると，一応なんとなく結論がわかる状態になっていると思う。そのあとは，択一の選択肢で練習したように，最低限知っておかなきゃいけないことからどうやって選択肢の答えを出したのか，という思考過程・論理過程を読み手に伝えるつもりで書いていく。書いたものを読んでもらって，どこの説明が足りないか，自分が伝えきれていないのはどこか，ということを探っていく。その繰り返し。

　択一を分析するには，ある程度の理解が必要だから，最初は基本書とかコンメンタールとかを読んで，浅く広く問題点を考えておくことが必要だと思う。論理的に思考するにも，どうやって思考したら論理的なのかわからないから，演習書の解説を読んで，こういう風に考えることが要求されているのか，ということを体得していく必要がある。

　でも，出発点はあくまで択一で，到着点はあくまで論文である。どんな本を使おうと，どんなにたくさん勉強しようとそこがぶれちゃ受かるものも受からない。

　間違えちゃいけないのは択一で最低限覚えないといけないところだけで，あとは論理的に思考した内容を素直に相手に伝わるように書けばよいのである。思考が甘ければ悪い点しかつかない，緻密に，試験委員が提示した問題に対応していればいい点が付きやすい。ここら辺は相対評価だから，周りとの兼ね合いになってくる。だから，勉強するときは，できるだけ緻密に考えて，試験の時は，怖がらず素直に書けばよいと思っている。

　まあ，私も間違えちゃいけないところ間違えたりしたけど，受かってる。間違えちゃいけないところも，1個や2個なら合否には影響しないようである(各科目1個は間違えたような気がする)。これは相対評価だからである。他の人がいっぱい間違ってたら，1個や2個は問題じゃない。試験の時は，間違えるのが怖いなんて言う前に，読み手に自分の思考を伝えきることを重視したほうがいい。そうしないと，相対評価で負けてしまう。

6　賄賂罪の特徴

今回は賄賂罪が問題となってた。賄賂罪なんて択一で少し出るだけなんだし，完全に頭から抜けていた人もいると思う。
　では，賄賂罪で絶対に間違えちゃいけないことは一体なんだったのかを考えてみよう。分析を一から十まで示すのは難しいから，結論だけ。なんでこういう分析になったのか，よかったら考えてみてほしい。

① 賄賂罪の保護法益は職務行為の公正とそれに対する社会の信頼である。
② 賄賂罪における「職務」とは，一般的職務権限に属する行為であればよい。
③ 職務に密接に関係する行為であれば，「職務」にあたる。
④ 賄賂とは職務と対価関係にある人の欲望を満たす利益である。異性間の情交も含まれる。
⑤ 賄賂収受罪と賄賂供与罪・賄賂約束罪と賄賂約束罪は必要的共犯の関係にあるが，賄賂要求罪と賄賂申込罪はそれぞれ要求した時・申込をした時に成立し，必要的共犯関係には立たない。また，贈賄罪は，各収賄罪ごと(第三者供賄に対する贈賄罪とか，単純収賄罪に対する贈賄罪とか)に成立する。
⑥ 要求・約束・収受それぞれが成立する場合，包括一罪で処理される。
⑦ 受託収賄罪における「請託を受けて」というのは，具体的な行為を依頼されることをさす。
⑧ 事前収賄罪・事後収賄罪・あっせん収賄罪・第三者供賄罪が成立するにはそれぞれ請託を受けることが必要である(理由はそれぞれ別である)。
⑨ 第三者供賄罪は，公務員本人が受け取らないことで，収賄罪の適用を避けようとする公務員を処罰するための規定である。
⑩ 加重収賄罪は枉法収賄罪ともいい，枉法とは「法を枉げる」という意味である。
⑪ 事前収賄罪及び事後収賄罪は，賄賂を収受・要求・約束した時点での公務員の身分に着目している。
⑫ 事前収賄罪も事後収賄罪も，公務員ではない者の行為について処罰を可能とするものであるため，処罰範囲を処罰に足りる違法性がある場合に限定している。事前収賄だと「公務員になった場合」事後収賄だと，法を枉げた場合(条文でいうと，「職務上不正な行為をしたこと又は相当の行為をしなかった」の部分)のこと。
⑬ 犯人又は情を知った第三者が収受した賄賂は没収する。没収できなきゃ追徴する。賄賂で得た利益は残さない。
⑭ 転職前と転職後で，一般的職務権限を異にする職務についた公務員が，転職後に転職前の職務について賄賂を収受・要求・約束した場合，単純収賄罪(具体的行為について依頼を受けていれば受託収賄罪)が成立する。
⑮ 加重収賄罪が成立する場合，受託収賄罪は成立しない。

⑯ あっせん収賄罪になるか，受託収賄罪になるかは，あっせん行為が，あっせん行為を頼まれた公務員の職務権限の範囲内か否かで変わる。範囲内なら受託収賄，範囲外ならあっせん収賄。あっせん行為は公務員として行われなければいけない。

　以上の16個の情報も，実は有機的に関連しており，もっと覚えることは少なくなると思う。ただ，覚えとかないといけないことというと，これぐらいかなあ，と思ったので，まとめずに掲載した。
　例えば，⑯の知識があれば，「甲と丙は高校時代からの同級生」というワードが気になるであろう。公務員として誰かにあっせんしてないと困るなーと。
　あと，本件では，丙の具体的職務権限と丙が依頼された職務内容が合致していたから，②や③は使うタイミングがなかった。が，ずれていれば，②や③を①と結び付けて論証した後，あてはめをするはめになったやろう。
　また，丁が丙の代わりに受け取ったところは，⑬の知識と照らし合わせると，丙が直接受け取ったと同視できるから，丙に受託収賄罪が成立することになると結論づけることができる。受託収賄になるのは，⑦からの知識からわかる。加重収賄にならないのは，丙がまったく法を枉げたとは言えなくて，⑩に合致しないからだということもわかるだろう。
　問題文全体を読んでみると，⑥の知識から，収受・要求・約束が成立し，包括一罪処理になることもわかると思う。贈賄罪も一緒。
　賄賂プロパーに関しては，何も怖いことはなかった。構成要件にキチンとあてはめていくこと，受託収賄罪一罪が成立すること，丁は共同正犯になることを説明すれば足りることがわかったと思う。
　残りの気になるワードも，どの択一を分析して出てきた知識から気になったのか，っていうのを考えてみてほしい。全部，択一にヒントがある。
　そうそう，丙の嫁丁が出てきたことで思い出す論点があるだろう。公務員しか賄賂もらえへんけど公務員の嫁が賄賂をもろた時に，共犯関係と身分犯とかああいう話かって思う。この話択一で見たことあるはず。ね，これからは公務員の嫁が登場するたびにびくっとなるだろう。

7　準備の大切さ

　上に書いたような準備してたら，「とりあえず自分にできる基礎的なことを1個ずつちゃんと説明しよう，ちゃんと説明したら許してもらえるはず」っていう心構えに切り替えてほしい。
　上に書いたような準備せずに私がこの年受けたらめっちゃ汗出てくると思う。「え，贈収賄！？」もし，準備してなかったら，こう考えて。いつもはちゃんと説明したら

わかってもらえるはずなんやけど，今回はハードルがめっちゃ高い。択一論点やんか！そやから，条文引いてちゃんと解釈して，あてはめをしたら絶対許してもらえる。「この問題ができなくてもたぶん落ちひん」っていう風に頭をしゃって切り替えて。そして，「私何条使うたらええのん」っていう，そっちの選定に入る。でも準備してないから多分条文間違えるし。贈収賄ってなんか行為がめっちゃあるやん。出来るだけ気をつけて。しっかり考えて。多分，①の知識だけは頭にあるはず。保護法益は大事やって聞いてるやんな？保護法益から考えていくことを意識する。

8 本問のポイント

　問題文全体を読めばわかったと思うけど，今回のメインは共犯と正犯，そして，共犯と身分犯。なんでそう思ったかと言えば，それを暗示させるキーワードが山ほどあったから。

　まず，第1段落で登場人物の設定が描かれる。業務上横領罪と，収賄罪のベースになる設定。甲が乙に恩義を感じているのもポイント。共同して犯罪を犯すだけの動機になりうる。賄賂罪を犯すのって，人を殺すよりかはハードル低そうだし，恩義を感じてる人のために，お金を渡しに行こう，恩を返そうって思っても不思議じゃない。そのあと，乙が社長に呼び出されて降格するって言われてピンチに陥る。その後，甲は乙に「お前丙と同級生やからさ，丙に頼んどけ」と。「ほんならおれのために流用してくれ」って言われる。

　乙さんは甲さんに現金の流用を頼んでる。あれ，業務上横領ですか？あの，甲が丙に対してお金を渡すってことはこれが横領で，甲が丙に頼むっていうことは，これは何なんだ，収賄罪か。こうやって1個ずつ処理していく。1個ずつね。**こういうややこしい，ようわからへん問題は全部の行為を1個ずつ処理する**。基本やから。「甲が今からするのは丙に金を渡すこと，丙にお願いすること，ヨシ！」。

　そのあとの甲さん，決心してしもた。専ら乙のために，やろうと。そうすると，乙は教唆犯になりそうだよね。甲は専ら乙のためにするんだから，自分のためにやるとは言えない。甲は正犯になりえないんじゃないか。でも，乙を助けるのは甲のためでもある。甲は乙に恩義があって，その恩を返すために丙にお金を渡そうと思ったんだよね。恩返ししたいって自分の気持ちを満たすために，自分のためにやってるから共同正犯になるんじゃないか。それに，具体的な金額は甲が決めて，丙に会えるのも同級生の甲。収賄罪との関係では重要な役割を果たしている。業務上横領罪についても，甲が占有者で甲がいなけりゃできない犯罪だし，甲が乙に恩を返すために横領するんだ。やっぱり，共同正犯でよさそうだ。ただし共謀の内容は2つの犯罪が入っているから，分けて書かないとあかんことに注意する。

第1編　読み解く最新過去問①　予備試験平成27年刑法

　「公共工事についてA社と契約してほしい。もし契約を取ることができたら50万円を渡したい」などと甲が言ったと。誰が誰に何をどうした？行為がたくさん出てくる。これは困った。
　ややこしい問題だなって思ったら図を書きましょう。乙が甲に，甲が丙にお願いをする。そのかわり，甲は丙に50万円を渡す。甲さんは実行行為をする，お礼として渡す金は総務部長として。甲が流用もするし，お願いもするんやなっていうことを自分の中でもう1回わかる。乙は何もしない。
　まとめると，甲さんは乙を助けることを目的としている。甲さんになんか得あるっけ。なんか実行行為してるけど，なんとなく，正犯じゃないみたいなことが問題文にあがっている。それで，「故意ある幇助道具」っていう有名な論点を思い出す。結局正犯になるから，書かないんだけどね。
　問題文を見て，「故意ある幇助道具の判例と似てるな」とはちょっと思ってほしいんですよね。あの故意ある幇助道具の判例は食料管理法の事案で，運搬だけでも罪になるんかって問題があって，そこの解釈で特殊な問題でした。一般化できないような論点。あえて「故意ある幇助道具」を認めなくても，何とかなるなら，書かなくてもいい。ただ，甲が正犯者じゃないかもってことが問題文から読み取れたことと，そこにちゃんと答えていくことは必要。正犯意思がなんで認められるかをがっつり書かないといけない。
　あと，ここで故意ある幇助道具を認めると，丁がややこしい。丁も実行行為（賄賂を収受した）をしている。けど，旦那である丙にすぐ渡しているから，別に正犯意思なさそうな気もする。だから，甲に故意ある幇助道具を認めるなら，丁にも故意ある幇助道具を認めないといけなくなる。論理矛盾を犯さないようにしないといけない。
　で，丙さんは賄賂を受け取りましたよ，と。ただし内容も手続についても何ら問題がなかったんだっていうのは，これはちゃんと保護法益をわかってますか，加重収賄忘れてませんかってことやね。ちょっとでも怪しいことをしたら，信用を害されるから保護法益が害されるでしょ。適正やったとしても，手続がアウトになっただけで全部アウトになるのが収賄の特徴っていうのを思い出して，この問題文で収賄書かへんとかはないな，加重収賄じゃないけどと思ってほしい。で，公務員の嫁丁！「私の代わりにもらっておいてくれ」来ましたよこれ。丁は甲が持ってきたお金が丙の職務の対価としての賄賂だってわかってる，請託を受けたのも聞いてる。それを収受する前に丙に伝えて，共謀もしてる。立派な受託収賄罪の共同正犯ですね！公務員じゃないけど……。65条1項で身分が連帯するから問題なし。
　収賄の条文はいたちごっこで作られてる。収賄，受託収賄，事前収賄で足りると思って法律を作ったら，この条文見た人らがうまいこと悪いことをやった。それもあかんやんって条文を追加したわけ。枝番には歴史がある。枝番の歴史も踏まえて前に書いた知識をみてもらうと，よりよく覚えられるかな。

9 まとめ

　平成27年予備試験の問題を通じて，予備試験，ひいては司法試験で問われている基礎とは何か，どうやって勉強したらいいのかを確認していきました。やることやってりゃ怖くないでしょう？間違っちゃいけない，覚えとかないかんところばっかりやと，勉強は苦しくて，辛くて長時間せないかんもんやと思うてしまうと思う。

　でも，そんなことないねん。勉強は苦しくて辛いもんではなくて，自分が知らんことを知って，知ったことを使って考えていくっていう楽しいことやと思う。長時間せな受からへんっていうのは迷信やし，全部丸暗記せな落ちるっていうのも迷信。

　覚えないかんことかを見分けて，覚えないかんところは潔く覚えて，覚えんでいいところは，しっかりと考えたら結論が出るように訓練しておく。訓練がすべての分野において終わらなくても，思考ができるようになっていれば，大丈夫。誰一人として，すべての分野を完璧にしていった人なんかいないんよ。みんな苦手なとこあるんやと思って，一つ一つ分析して勉強していってくださいな。

第1編　読み解く最新過去問①　予備試験平成27年刑法

第2編

読み解く最新過去問②

司法試験平成27年刑法

第1章 問題文
第2章 問題文を読み解く

第2編　読み解く最新過去問②　司法試験平成27年刑法

第1章　問題文

〔第1問〕（配点：１００）
　以下の事例に基づき，甲，乙及び丙の罪責について，具体的な事実を摘示しつつ論じなさい（特別法違反の点を除く。）。

１　甲（５３歳，男性，身長１７０センチメートル，体重７５キログラム）は，医薬品の研究開発・製造・販売等を目的とするＡ株式会社（以下「Ａ社」という。）の社員である。
　　Ａ社には，新薬開発部，財務部を始めとする部があり，各部においてその業務上の情報等を管理している。各部は，Ａ社の本社ビルにおいて，互いに他の部から独立した部屋で業務を行っている。
２　某年１２月１日，甲がＡ社の新薬開発部の部長になって２年が経過した。甲は，部長として，新薬開発部が使用する部屋に設置された部長席において執務し，同部の業務全般を統括し，Ａ社の新薬開発チームが作成した新薬の製造方法が記載された書類（以下「新薬の書類」という。）を管理するなどの業務に従事していた。新薬の書類は，部長席の後方にある，暗証番号によって開閉する金庫に入れて保管されていた。
３　甲は，同日，甲の大学時代の後輩であり，Ａ社とライバル関係にある製薬会社の営業部長乙（５０歳，男性）から食事に誘われ，その席で，乙に，「これはまだ秘密の話だが，最近，Ａ社は新薬の開発に成功した。私は，新薬開発部の部長だから，新薬の書類を自分で保管しているのだよ。」と言った。すると，乙は，甲に，「是非，その書類を持ち出して私に下さい。私は，その書類を我が社の商品開発に活用したい。成功すれば，私は将来，我が社の経営陣に加わることができる。その書類と交換に，私のポケットマネーから３００万円を甲先輩に払いますし，甲先輩を海外の支社長として我が社に迎え入れます。」と言った。
　　甲は，部長職に就いたものの，Ａ社における自己の人事評価は今一つで，そのうち早期退職を促されるかもしれないと感じていたため，できることなら３００万円を手に入れるとともに乙の勤務する会社に転職もしたいと思った。そこで，甲は，乙に，「分かった。具体的な日にちは言えないが，新薬の書類を年内に渡そう。また連絡する。」と言った。
４　甲は，その後，同月３日付けで財務部経理課に所属が変わり，同日，新薬開発部の後任の部長に引継ぎを行って部長席の後方にある金庫の暗証番号を伝えた。
　　甲は，もし自己の所属が変わったことを乙に告げれば，乙は同月１日の話をなかったことにすると言うかもしれない，そうなれば３００万円が手に入らず転職

18

もできないと思い，自己の所属が変わったことを乙に告げず，毎月１５日午前中にＡ社の本社ビルにある会議室で開催される新薬開発部の部内会議のため同部の部屋に誰もいなくなった隙に新薬の書類を手に入れ，これを乙に渡すこととした。

5 甲は，同月１５日，出勤して有給休暇取得の手続を済ませ，同日午前１０時３０分，新薬開発部の部内会議が始まって同部の部屋に誰もいなくなったことを確認した後，Ａ３サイズの書類が入る大きさで，持ち手が付いた甲所有のかばん（時価約２万円相当。以下「甲のかばん」という。）を持って同部の部屋に入った。そして，甲は，部長席の後方にある金庫に暗証番号を入力して金庫を開け，新薬の書類（Ａ３サイズのもの）１０枚を取り出して甲のかばんに入れ，これを持って新薬開発部の部屋を出て，そのままＡ社の本社ビルを出た。

甲は，甲のかばんを持ってＡ社の本社ビルの最寄り駅であるＢ駅に向かいながら，乙に，電話で，「実は，先日，私は新薬開発部から財務部に所属が変わったのだが，今日，新薬の書類を持ち出すことに成功した。これから会って渡したい。」と言ったところ，乙は，甲に，「所属が変わったことは知りませんでした。遠くて申し訳ありませんが，私の自宅で会いましょう。そこで３００万円と交換しましょう。」と言った。

6 甲が向かっているＢ駅は，通勤・通学客を中心に多数の乗客が利用する駅で，駅前のロータリーから改札口に向かって右に自動券売機があり，左に待合室がある。待合室は四方がガラス張りだが，自動券売機に向かって立つと待合室は見えない。待合室は，Ｂ駅の始発時刻から終電時刻までの間は開放されて誰でも利用でき，出入口が１か所ある。自動券売機と待合室の出入口とは直線距離で２０メートル離れている。

7 甲は，Ｂ駅に着き，待合室の出入口を入ってすぐ近くにあるベンチに座り，しばらく休んだ。そして，甲は，同日午前１１時１５分，自動券売機で切符を買うため，甲のかばんから財布を取り出して手に持ち，新薬の書類のみが入った甲のかばんを同ベンチに置いたまま待合室を出て，自動券売機に向かった。

待合室の奥にあるベンチに座って甲の様子を見ていた丙（７０歳，男性）は，ホームレスの生活をしていたが，真冬の生活は辛かったので，甲のかばんを持って交番へ行き，他人のかばんを勝手に持ってきた旨警察官に申し出れば，逮捕されて留置施設で寒さをしのぐことができるだろうと考え，同日午前１１時１６分，ベンチに置かれた甲のかばんを抱え，待合室を出た。この時，甲は，自動券売機に向かって立ち，切符を買おうとしていた。丙は，甲のかばんを持って直ちにロータリーの先にある交番（待合室出入口から５０メートルの距離）に行き，警察官に，「駅の待合室からかばんを盗んできました。」と言って，甲のかばんを渡した。

甲がＢ駅の待合室に入ってから丙が甲のかばんを持って待合室を出るまでの

> 　間，待合室を利用した者は，甲と丙のみであった。
> 　8　甲は，同日午前１１時１７分，切符の購入を済ませて待合室に戻る途中で，甲のかばんと同じブランド，色，大きさのかばんを持って改札口を通過するＣ（３５歳，男性，身長１７５センチメートル，体重６５キログラム）を見たことから，甲のかばんのことが心配になって待合室のベンチを見たところ，甲のかばんが無くなっていたので，Ｃが甲のかばんを盗んだものと思い込んだ。
> 　甲は，Ｃからかばんを取り返そうと考え，即座に，「待て，待て。」と言ってＣを追い掛けた。
> 　甲は，同日午前１１時１８分，改札口を通過してホームに向かう通路でＣに追い付き，Ｃに，「私のかばんを盗んだな。返してくれ。」と言った。しかし，Ｃは，自己の所有するかばんを持っていたので，甲を無視してホームに向かおうとした。甲は，Ｃに，「待て。」と言ったが，Ｃが全く取り合わなかったので，「盗んだかばんを返せと言っているだろう。」と言ってＣが持っていたＣ所有のかばんの持ち手を手でつかんで引っ張ってそのかばんを取り上げ，これを持ってホームに行き，出発間際の電車に飛び乗った。
> 　Ｃは，甲からかばんを引っ張られた弾みで通路に手を付き，手の平を擦りむいて，加療１週間を要する傷害を負った。

■■■第２章　問題文を読み解く■■■

１　はじめに～マーカーの色分けについて

　それでは27年刑事系科目第１問，やってみましょうか。マーカーの色に気を使っている方っています？すごい色分け頑張る人いるじゃないですか。私，あれは無理やわ。私に「色分けの仕方を教えてください」っていうのはやめてくださいね。私は色分けしないから。基本は一色です。なんでかというと，色分けのために頭を切り替えるのが面倒くさくて。「これはこれだからこの色にしよう」っていうタイムラグができるのがいやだから。

　ナチュラルにできる人はいいですよ。私は無理なんです。たとえばあてはめの事実に使うところを赤にするとして，あてはめの条文を決定するためのところを黄色にするとするでしょ。だけど，私は色分けをしたことがないから，分けられない。どうせぐっちゃぐっちゃになるから，もうしないの。だから色分けをしたいという人は色分けをしている人の話を聞いてほしい。私には聞かないで，ごめんなさい。

線を引くのは自分が気になったから引いているだけ。他人に見せるものじゃないからきれいじゃなくてもいい。結局答案が書けるようになるために線を引く。問題文を読むときのポイントだから，授業中も線を引きましょうと言うけれど，実際本番で線を引くときは，結局気になったから引いておこうとか，ここを読んだよって引いてたりとかする。

2　問題文を読む回数

それから，横着しようとすると絶対失敗するから，**まあ少なくとも2回は絶対読んだ方がいい**。1回だと頭の中で事実関係整理できないしね。記憶力がすごくいい人なら1回読んだだけで頭に入るんだろうけど，私だと，絶対に抜けがあるから。1回しか読まないって怖いし。1回目でアウトラインをとって，何罪何罪，こいつとこいつは共犯，こいつは関係ないけど何罪って頭の中で考えて，2回目で，今回なら業務上横領罪（253条）にするのか窃盗罪（235条）にするのかの判断要素，占有どっちにあるんだって決めるときに必要な事実に着目してもう1回読む。だから2回は読んだ方がいい。

2回読めない，時間がないっていうんだったら，読む速さを上げた方がいい。**読む速さが上がらない理由は2つあって，1つはそもそも目が動くのが純粋に遅いっていうパターンと，もう1つが考えながら読んでいるからいちいち止まっているパターン**。何だろうって止まるんじゃなくて，何罪が成立するんだ，こいつ何やらかしたんだと読む。意識の問題かな。この問題文から今は何を受け取ろうとしていて，今はここまででよくて次に読むときはこれを受け取らなきゃいけないからここに着目しなきゃいけないっていう意識の切り替えをしないといけないと思う。

1回目はだいたい誰に何罪が成立するかを注意して読む。2回目はその犯罪を成立させるために重要な事実に着目する。司法試験で出る問題って，境目を問うことが多い。十中八九，要件とか罪質が似ている罪が出ている。器物損壊罪（261条）と窃盗罪（235条）でしょ，窃盗罪と業務上横領罪（253条）でしょ。今回はそんなもんかな。殺人未遂罪（203条，199条）と傷害罪（204条）とか，司法試験が好きな「どっちでしょう？」のやつ。それが出たら，どっちでしょうって考えながら。まあ最後には決めないとしょうがないんだけどねって感じかな。どういう事案でどういう流れで何してどうなってっていうのは，2回読んだら頭に入るはずだしね。解説のときは2回読むと時間がかかりすぎるから1回しか読んでないけど。1回でもなんとなーくはわかるんだけどね。

3 登場人物の整理

じゃあちょっと問題文を見ていきましょう。

> 〔第1問〕（配点：100）

これはどうでもいいっすね。甲乙丙なので3人出てきていてウザい，3人もいらんわと思うねんけど，甲乙丙全員が共犯なのか，乙と丙がどうも共犯くさいんだけど結局違うという感じで，誰か1人が弾き飛ばされているのか？その辺りがわからないから，誰と誰が組んでて誰と誰が組んでなくてということを考える。

ところで，甲を見てもらうと，

> 1　甲（53歳，男性，身長170センチメートル，体重75キログラム）

怪しくない？ なんで怪しいかわかる？なんでこんなん書いてるの。いらなくない？どうですか？じゃあちょっと飛んで乙のところを読んでみましょう。3で乙が出てきますね。

> 乙（50歳，男性）

試験の時に役立ったことがあって，私は視野がめっちゃ広いらしいんです。一気にガッて見えるから探すの早いの。眼筋トレーニングもいいらしいですよ。さて，乙は見つけました。**あれ，身長と体重はどこに？** 次に丙を探すと，7ですね。

> 丙（70歳，男性）

あら？今度は8のところを見てもらうと，

> C（35歳，男性，身長175センチメートル，体重65キログラム）

もう見え見えですわな。 さて，何が見えました？これ，190センチとか顕著な差があるわけじゃなくて，身長で5センチ，体重で10キロ，そこまでの差があるようには思えない，遠目に見たらそこまで変わらないような体格差に思えますね。これ見たときに，**問題解き慣れてる人はすぐに「どーせ違法性阻却事由を書かせるんだろ」** って

思うの。これが出たってことは，甲とCが揉めて甲が何かやらかすんでしょってすぐわかるんだけど，なぜでしょうね。

　正当防衛（36条1項）とかで議論される「武器対等」のところで，年齢・性別・身長・体重を使うでしょ。だから，乙と丙はたぶん甲とは揉めないの。でも甲とCは揉めるんだろうな，という予測はすでにこの時点で立つ。甲とCグループ，乙と丙グループが何かありそう，っていう感じするよね，においでね。

　ところで，事実を条文にあてはめるとき，条文をそのままは使えないですよね，ざっくり書かれすぎてて。**条文を解釈して，皆が言うところの規範というものを立てて，その規範に事実をあてはめる。その規範に事実をあてはめるときによく皆が着目している事実があるから，その事実を参考にしてあてはめる。その着目している事実が皆が言うところの下位規範。**もっとも，「下位規範」ではなくて「判断要素」と呼ぶべきでしょう。

　この「判断要素」で有名なものは頭に入れておくと解きやすい。正当防衛のときによく使われるのが，被害者，犯人の年齢・性別・身長・体重。普通ここまでのことはわざわざ書かないよね。書かないものをわざわざ書いているということは，あてはめのときに使う可能性がある。そして，これらの事実を使うのは，正当防衛かなと思う。ただし，殺意の認定とか殺人の実行行為性のときも使うからまだわからないんだけど，どうも年齢・性別・身長・体重の各事情を使う問題らしいと，この時点である程度の予測がつく。

　なぜこんな話をしているかっていうと，予測しておくと読みやすいから。司法試験では自分で「こういう筋書きでした，なのでこの人には何罪が成立します」って答案を作っていかなきゃいけないから，**どういう筋書きになるのかなっていうのを考えながら読まなきゃいけない**。罪名を決定するときもそうだよね。「正当防衛が成立するから犯罪は成立しません」とか，「過剰防衛なので犯罪は成立するけど減免されます」とか，まあいろんなこと書かなきゃいけないので，そこも意識しておかなきゃいけない。

4　甲の書類持ち出しについて

　甲の話に戻ると，

> 甲……は，医薬品の研究開発・製造・販売等を目的とするA株式会社（以下「A社」という。）の社員である。

うん，**まあまあ怪しいかな**。なんでかというと，社員だというってことは，何罪になりそう？背任罪（247条）とかね。続けて読むと，

> A社には，新薬開発部，財務部を始めとする部があり

と書いてある。私が司法試験を受けた平成24年の問題でも会社が出てきてたけど，「部」までは出てこなかったのね。この「部」という設定は使うんでしょうね，着目しながら読まんといかんわけです。次に，

> 各部においてその業務上の情報等を

情報は物じゃない。でも情報が化体したブツは物だよ，ということは平社員が盗み出したら窃盗罪（235条）だし，部長がそれをそのままポッケナイナイしたら業務上横領罪（253条）になるということがわかるよね。どっちやろう。**この時点でなんとなーくまたもや筋書きが見えてきていますね。**で，

> 管理

あーあー思い出した，占有ですわ。

> 各部は，A社の本社ビルにおいて，互いに他の部から独立した部屋で業務を行っている。

互いに他の部から独立した部屋で……，この時点で怪しさ満開やん。いつも書かへんし，こんなん。というわけで，互いに他の部から独立した部屋でという事実が占有に影響を及ぼしている。部が2つあるから部が移る，そうすると，占有から外れる，ということは窃盗罪か？でも情報を盗むのは業務上横領罪のことが多いから，どっちや？……くらいは思っておくと，あとが早いよね。そうすると，

> 2　某年12月1日，甲がA社の新薬開発部の部長になって2年が経過した。甲は，部長として，新薬開発部が使用する部屋に設置された部長席において執務し

また部屋が出てきましたね。頭の中で思い描いてください。椅子にふんぞりかえってる甲さん。

> 同部の業務全般を統括し，A社の新薬開発チームが作成した新薬の製造方法が記載された書類（以下「新薬の書類」という。）

　これ，盗むで。いや，「盗む」だと窃盗っぽいから，「持ち出すよ」にしとこう。司法修習に行ってわかったんですが，問題文は「法律評価が加わっていると思しき文言」と，「事実のみの文言」って分けて書かれているんですね。「窃取した」は窃盗罪。「持ち出した」は法的評価を加えてません。だから，私もこれから講義などでしゃべるときにはできるだけ気をつけるようにしていきます。今回もおそらく，新薬の書類を持ち出すんでしょう。甲さんは管理していたんですよね。

5　業務上横領罪か窃盗罪か

　じゃあ，新薬開発部の部長さんの間に持ち出したら何罪が成立しますか。部長さんの間に持ち出したらそれは自己の占有下にありますから，業務上横領罪。じゃあ部長さんじゃなくなったらどうなるの？考えなきゃいけないよね，この人の占有下にあるのか。予想はついていると思うけど，どうせこの人部長さんじゃなくなるから。そうでなかったら財務部なんて出さないし。これは予測つくよね，最初に読んだときに「見え見えだな，もう」って思ったから。

> 新薬の書類は，部長席の後方にある，暗証番号によって開閉する金庫に入れて保管されていた。

　来ましたね。暗証番号を知っていたら取れますよ。金庫に入れて保管するっていう方法で占有している。そして，暗証番号を知っているからこの人だけが占有しているという状態だった。

6　乙の罪責について

> 3　甲は，同日，甲の大学時代の後輩であり，A社とライバル関係にある製薬会社の営業部長乙（50歳，男性）

　いやもう，ライバル関係にある製薬会社ってきたら，もうこれは横流しですわ。で，食事に誘われて乙におれって偉いんだよというような話をする。

> すると，乙は，甲に，「是非，その書類を持ち出して私に下さい。」

うわー言うてもた。ということは，**乙さんがやることはもうわかったやんな**。甲さんに持ち出してきてって言って持ち出してもらうんやけど，共同正犯（60条）か教唆犯（61条1項）かどっちやろう。この人はたぶん占有はないから，あれも書かんといかんな。身分犯の共犯，65条でしょ，はいはいって思って問題を解く必要がある。で，

> 私は，その書類を我が社の商品開発に活用したい。

ということは，自分のためやんな。共同正犯の方がしっくりくると思いませんかね。共同正犯と教唆犯の違いは大丈夫やんな。いろんな説があんねんけど，いろんな説の話をするとややこしくなるから，割愛。どの説を採っても基本的に司法試験では通る。予備試験にも通る。そうなんやけど，司法修習に行ってから多分すんごい困る。なんで困るかっていうと，起案を書くっていう作業がある。ほんで，起案を書くときには判例をベースにしないと講評のときに先生に突っこまれんねん。「こういう考え方をとっている人もいましたが，判例じゃないのでやめましょう」って。なので，**今から判例を採っておいた方が司法修習に行った後に楽かな**。裁判官になりたい人は導入修習でいい成績を取っておかないと目をつけてもらえない。だから，そうならへんようにするためには，今から判例でやっておいた方がいいよね。

7　共謀の成立について

さて，乙の話に戻ります。乙の会社はA社とライバル関係でしょ。怪しいなって話をしてて，私にくれって言って。犯罪だよ，誰がやるんだよって思ったら，

> 成功すれば，私は将来，我が社の経営陣に加わることができる。その書類と交換に，私のポケットマネーから300万円を甲先輩に払いますし，甲先輩を海外の支社長として我が社に迎え入れます。

ですって。こいつ取りあえずシメていいよねって感じだけど，とりあえずこの人は横領をさせるんですよね，業務上横領を甲さんにさせようと，誘いかけているわけですよ。そうすると，甲さんも，うーんおれちょっと人事評価イマイチだしなあ，早期退職を促されるかもしれないと思ってるでしょ，300万円欲しいな。ま，普通そうだ

な（笑）。なので，わかった，と答える。あーここで共謀成立ですね。甲さん，持って来てねと。で，

> 分かった。具体的な日にちは言えないが，新薬の書類を年内に渡そう。また連絡する。

ここで，「具体的な日にちは言えない」っていうところで共謀成立したって言っていいのって一瞬疑問に思うかもしれないけど，乙が「こういうことしようぜ，頼んだよ」って言って，甲が「わかった，じゃあ年内までには渡すわ，ＯＫＯＫ」と言っているので，この時点で共謀が成立したとしていいでしょう。共謀の内容としては業務上横領罪でしょうということを取りあえず一旦確定しておく。

8　甲の占有の有無

> 4　甲は，その後，同月３日付けで財務部経理課に所属が変わり，同日，新薬開発部の後任の部長に引継ぎを行って部長席の後方にある金庫の暗証番号を伝えた。

普通は，後任の部長さんが管理をして占有してるんですよね。だって暗証番号知ってる奴しか管理できないんだから。じゃあ，占有があるのかないのか。暗証番号変わってるのかな，と思ってちょっと暗証番号の話は心に留めておきましょう。そして，

> 甲は，もし自己の所属が変わったことを乙に告げれば，乙は同月１日の話をなかったことにすると言うかもしれない，そうなれば３００万円が手に入らず転職もできないと思い，自己の所属が変わったことを乙に告げず，毎月１５日午前中にＡ社の本社ビルにある会議室で開催される新薬開発部の部内会議のため同部の部屋に誰もいなくなった隙に新薬の書類を手に入れ，これを乙に渡すこととした。
> 5　甲は，同月１５日，出勤して有給休暇取得の手続を済ませ，同日午前１０時３０分，新薬開発部の部内会議が始まって同部の部屋に誰もいなくなったことを確認した

そして，

> 甲所有のかばん（時価2万円相当）

　これ，「時価2万円」って書いてるのがポイントで，これも司法修習に行ってわかったことなんだけど，**公訴事実を書く時に財産犯の対象になるやつって「時価何万円」って書くんだよ。なので，うーんこれ取られんのねっていうことがわかる**。で，まあかばんを持って部屋に入って金庫に暗証番号を入力して，書類をかばんに入れて部屋を出たよと。
　はいー何罪？暗証番号一緒だったんっすね。暗証番号知ってるやつが管理するっていう考え方を採るわけじゃないですか。普通そうですよね，暗証番号知ってたら自由に出せるから。あれ，これ2人で占有してる。共同占有者の1人の占有下から奪取する場合って何罪でしたっけ。窃盗罪だな。あ，ズレたってなるよね。共謀の業務上横領罪とズレたってなるから，どうしよう錯誤かよ，面倒くさいなあ。

9　共犯の錯誤

　一番難しいのが重なり合いのところですね。窃盗罪と業務上横領罪，いずれが軽いのか。この2つが重なり合わないって思う人もいるかもしれないけど，見た目で占有がどっちにあるかなんて判断がつかない時もあるし，所有権侵害をして奪いにいくっていうところは一緒で，所有権者の意思に基づいて預託されているかどうかぐらいの違いだから，窃盗罪と遺失物等横領罪が重なるんだったら，窃盗罪と業務上横領罪もまあ重なり合いを認めてもいいかもしれない。
　ただ，どっちが軽いのって聞かれると，まあ罰金刑が選択できるということは罰金でもいいよっていうことで窃盗の方が軽いってしてもいいし，いやいや刑法施行法3条3項の「2個以上ノ主刑中其1個ヲ科ス可キトキハ其中ニテ重キ刑ノミニ付キ対照ヲ為ス可シ」という文言から判断すると，「10年以下の懲役」という部分は窃盗罪も業務上横領罪も一緒だから，そもそも論として共謀部分の業務上横領罪が成立するってしてもいいし，そこはあなたの考え次第というところですかね。だって答えはないもん。考査委員の人達，「答えはどれでもいいんだけどね」っていうの好きだから。私は面倒臭がりだからたぶん窃盗にするかな。無難だからね。

10　丙の罪責について

　「時価何万円」という記述があるとね，窃盗クセえなあっていうにおいがしますね。これ多分検察官が問題作成に結構関わってるんだろうね。そうじゃないとこんなこと書かないと思う。財物だっていうことをはっきりさせるために書いてるっていう感じですかね。問題文に書いてある事象を全部使えるとかっこいいんだけど，どう使って

もなんかうまいこと書けねえなっていうのはあるから，もうそれは自分の判断で。
そしてさらに問題文を見ていくと，なんか駅の様子が書かれてるんすね。

> 6　甲が向かっているＢ駅は，通勤・通学客を中心に多数の乗客が利用する駅で，駅前のロータリーから改札口に向かって右に自動券売機があり，左に待合室がある。待合室は四方がガラス張りだが，自動券売機に向かって立つと待合室は見えない。待合室は，Ｂ駅の始発時刻から終電時刻までの間は開放されて誰でも利用でき，出入口が１か所ある。自動券売機と待合室の出入口とは直線距離で２０メートル離れている。

怪しいよね。**なんか占有のあてはめの時に使う事実ばっかり出てきとるんで，うーん，これ盗まれんの，置き引き？とか思いながら読みましょう。**平成23年司法試験予備試験の法律実務基礎科目（刑事）でも，駅の椅子の上に置いてたら盗られるっていう同じ様な問題が出てるんですわ。さて，

> 7　甲は，Ｂ駅に着き，待合室の出入口を入ってすぐ近くにあるベンチに座り，しばらく休んだ。そして，甲は，同日午前１１時１５分，自動券売機で切符を買うため，甲のかばんから財布を取り出して手に持ち，新薬の書類のみが入った甲のかばんを同ベンチに置いたまま待合室を出て，自動券売機に向かった。

馬鹿だね～。300万円の金づるを置いて出るらしいですよ，この人。で，70歳男性が見てたんですね。あ，あいつかばん置いてった。真冬の生活は辛かったので，他人のかばんを勝手に持ってきて警察に申し出れば留置所で寒さをしのぐことができるだろう。かばん持ってったら基本的には窃盗罪ですよね。

11　不法領得の意思の有無

では不法領得の意思はあるのか。まあ私はあると思うんですよ。なんでかと言いますと，不法領得の意思は基本的には一時使用と器物損壊罪（261条）との境目のお話で，今回は器物損壊罪との境目の話なんですね。まず，占有離脱物横領罪の可能性がない理由はわかるよね。今回は多分占有が認められる。**だって見てたからねこの人。**確かに，券売機に向かうと待合室は見えないっていうんだけど，後ろをちらちら見たら見えるし，20メートルでしょ。走ったらすぐだよね。甲が駅の待合室に入ってから丙が甲のかばんを持って待合室を出るまでの間，待合室を利用した者は甲と丙のみで

あったというんだから，安心したんだろうね。他にあんまり人がいないし，丙さんも甲の物だってわかってるでしょって思ったんでしょうね。だから置いてっちゃったんだね。

うん困ったね，これたぶん甲さんに占有あるだろうな。1分ぐらいしか経ってなくて，しかも心配になってベンチを見てるから。占有はあるので窃盗です。

さて，次に丙さんは器物損壊罪との間で不法領得の意思があるかどうか。ここはどっちを結論にしてもいいって思います。**最高裁判例がないところは自分で考えればいいです。**器物損壊罪の基本は「壊す」ですよね。もう使えなくしちゃう。で，丙は使い方がおかしいんですよ。「おれ盗ってきたからおれのこと捕まえて」ってなんかおかしいんだけど，一応使ってますよね。「物の経済的用法に従って」っていうののあてはめの時に，判例はよっぽど変なことや壊すようなことをしない限りは肯定してるから，今回もまあいいんじゃないっていうことで不法領得の意思を認めてもいい。「いや，物の経済的用法に従わなきゃいけないんだ，こんな使い方あるか，証拠隠滅みたいなもんじゃねえか」みたいな感じで，器物損壊罪にしてもいい。

どっちでもいいけど，定義を書いて器物損壊罪との区別だよっていうのを書いて，領得罪の方が重く処罰される理由を書いて，人の物を盗って自分のために利用してるんだから悪いじゃねえかってことで窃盗罪にしようっていうのが私の考えからすると素直かな。ということで丙は窃盗罪にします。

12　甲の罪責～窃盗罪か強盗罪か

かばんを盗られた甲さんが気づいてCを見たら同じかばん持ってるから，あいつおれのかばん盗ったって思い込んだ。思い込むなよ馬鹿って感じだけど，まあ思い込んだんですね。じゃあまあ取りあえずやったことを見ましょう。おれのかばんが盗られた，だから取り返そうと考えて，

> 待て，待て。

と言って追いかけた。Cさんは盗ったわけじゃないから，何やねんと思って見ると，

> 「私のかばんを盗んだな。返してくれ」

って言うんだけど，Cは「はあ？おれのなんやけど」って思って無視していこうとした。で「待て」と言ったけど，Cは全く取り合わなかったので，甲は「盗んだかばんを返せと言っているだろう」と言った。**ここからが重要なところです。**

> Cが持っていたC所有のかばんの持ち手を手でつかんで引っ張ってそのかばんを取り上げ，これを持ってホームに行き，出発間際の電車に飛び乗った。
> Cは，甲からかばんを引っ張られた弾みで通路に手を付き，手の平を擦りむいて，加療1週間を要する傷害を負った。

　物盗った，物盗る時にちょっと乱暴なことをしたら窃盗罪か強盗罪か，どっちでしょうねっていう話ですね。一応，手で掴んで引っ張って取り上げとるので，財物奪取に向けられた暴行はあるんですよね。
　じゃあこの暴行が反抗抑圧に足りるものかどうか，っていうのを考えなきゃいけないんですけど，**引っ張ったら引っ張り返すからね，普通。そんなにきつくないからこれ窃盗でいいんじゃねと思いますね**。そうすると窃盗罪と，後は怪我をさせてるんで傷害罪，まあ引っ張られたはずみで通路に手を付いているから暴行で因果関係があって傷害でしょ，だからいけるよねっていうことで，窃盗罪と傷害罪が取りあえず成立しそうですが。

13　甲が自分のかばんと思いこんだことについて

> 甲は，……Cが甲のかばんを盗んだものと思い込んだ。

　ここで問題があって，かばんはCのものだったので違法性はあるんですよね。客観的には急迫不正の侵害もなければ，緊急状態下にもない。ただ，自分のかばんを盗まれたと思い込んだってことは，自分のかばんを盗んだ奴から取り返すっていう認識でこの行為を行っているので，主観的には正当防衛か自力救済かということになります。
　ここで考えなきゃいけないのは，誤想防衛とか誤想避難の時に考えるように，**もし仮にそれ（甲さんが誤信した内容）が本当だったとしたら正当防衛なのか自力救済なのかです**。考えてみると，正当防衛の要件は急迫不正の侵害だから，かばんが今にも盗まれようとしている時は絶対要件を満たしますな。じゃあ，盗んだかばんをそのまま持っていかれそうな時はどうなんでしょうね。どう思う？これも考え方次第です。急迫不正の侵害の終了時期っていうのを考えないといけない。問題文7の2段落目，

> 午前11時16分

8の冒頭では，

> 同日午前１１時１７分

で，1分しか経ってない。**1分だと急迫性は認められるのかな？時間の短さは重要なのかな？**急迫性の定義は侵害が差し迫っていること，もしくはその侵害が続いていることですよね。盗ろうとしてる時に抵抗してたら，確実に急迫不正の侵害といえる。

で，**問題は侵害が終わる時なんです**。いつ終わると思います？物を盗られている最中，盗られ切った時，それとももう見逃しちゃって取り返せなくなった時？普通，急迫不正の侵害を考える時は自分の身体に対して暴行を加えられる時が多いので，自分に対する暴行が終了したらその瞬間に危険が終わる。だけど，盗られるのって結構初めてのケースだから，ちょっと考えてみないといけない。

一体いつになったら侵害は終わるんだろう。もうこれは考え方次第かな。理由を付けたらなんでもいいよ。急迫不正の侵害ってなんですかっていうと，財物に対する差し迫った侵害でしょ。財物に対する差し迫った侵害って何かというと，自分の占有下から離脱させられそうなんですよね。で，どこまでいったら終わるかっていうと，自分の占有下から完全に離脱し切った瞬間に終わってますよね。**これ，離脱し切ってる？し切ってはいないよね，見えてるからね**。だから，急迫不正の侵害だっていってもいいかもしれない。

自力救済でよく出てくるのは，盗られてどっかにいったと思ってた自転車をたまたま見つけて，「これはおれのだ」って取り返す時が一番多いから，その事例との対比からしても，まあ正当防衛でいいんじゃないかな。

こういう時は差し迫った侵害とか正当防衛が認められる理由を考えればいいかな。正当防衛が認められるのはなんで？自力救済に比べると急迫性があるからですよね。なんでなんですかね。なんで差し迫っていると許されるんでしょうね。めっちゃかっこいい言葉だと**「緊急は人を待たない」**。あと，**「法の自己保全」**っていうかっこいい言葉もあるんですけど，まあそういう言葉に代表されるように，**法律による救済を待ってたらもうおれは絶対誰にも救済してもらえないから早くしろよ**，っていうタイミングなんですわ。そういう状態だったらまあしょうがないよと。

この事案ではどうですか。Cさんが行ってしまうのを，「ああ，おれのかばんが」って見てたら，たぶん二度と取り返せないよね。しかも，今目の前で行われつつある侵害だよね。それならいいっしょ，っていうことで正当防衛でもいいですし，いや，もう自分の手元から離れて誰かの手元に行っちゃって侵害終わってるんだから，誰がなんと言おうと自力救済なんだっていうのもあり。

もしくは，かばんが自分の物なのか他人の物なのかわからない状態になっちゃってるから，そんなの緊急状態とは言わないっていうのもありかもしれない。ただまあ，

定義とか本質からいくと，正当防衛の方がありかなっていう気はする。でもどれでもいい。
　後は，これが仮に正当防衛が成立しうる，すなわち，急迫不正の侵害に対する対抗行為とみうるとして，対抗行為は過剰じゃなかったかについて考える。持ってかれている物を取り返そうとして，素手で引っ張る行為。普通はこうするしかないかなあ，相手が倒れたのは反動だったのだし，と思えば，誤想防衛になる。相手が倒れるくらい強く引っ張るのはどうなんだ，となれば誤想過剰防衛だし。気をつけてほしいのは，正当防衛の場合，「法益の権衡性」じゃなくて，武器対等，すなわち，行為の相当性で判断される。結果的にＣさんが重傷を負ったとしても，急迫不正の侵害行為と，対抗行為のバランスが取れていたら，相当性は認められる。

14　まとめ

　乙さんはね，共謀共同正犯。教唆じゃないわな。自分が経営陣に食い込むためにって自分で言っちゃってるから，やる気満々やん，自己の犯罪として行うつもりですね，あなたと。丙さんは窃盗罪かな。で，自首ね。刑法も自首あるから気いつけてね。刑法典に載ってるから。自首はいつ成立だとかね。どういう要件で成立するかっていうのは条文見て思い出せたらいいよ，ぐらいかな。
　以上かな。出題趣旨に載っているようなことは全部気づくように問題ができてて，まあ気づこうねということですね。

第3編

対談形式で完全解明！
合格思考法・総論

第1章　問題文のクサいところを見抜く！刑法の短期合格思考とは何か
第2章　考えて間違っていることを書くほうが，知識の切り貼りよりマシ！刑法の正しい学習法
第3章　合格思考による刑法総論・刑法各論の理解
第4章　大切なのは「相手に伝える」という気持ち。短期合格のための効率的学習法
第5章　第4編・第5編を読む前に～問題文・出題趣旨・採点実感等・再現答案の読み解き方

第3編　対談形式で完全解明！合格思考法・総論

第1章　問題文のクサいところを見抜く！刑法の短期合格思考とは何か

(1) 体が弱いながらも超・短期合格

受験生：本日は山田麻里子先生に，刑法について，司法試験について，根掘り葉掘り聞いていきたいと思います。

山　田：よろしくお願いします。

受験生：山田先生は平成23年の予備試験に合格され，翌24年の司法試験に合格されました。何位くらいで合格されたんですか。

山　田：**論文10位**でした。でも民事系の時に嘔吐したりして体調がすごく悪くて。

受験生：体調不良でも10位って，本当にすごいですね。

山　田：司法試験の時は，**ずっと熱出してたんですよ。**嘔吐しないように，食べるのはえびせんだけにしてました。37度8分〜38度ぐらいずっと出てたけど，**総合260位**やった。**ちゃんと勉強しとけば，どんなに大コケしてもなんとか受かるわと思ってました。**それぐらい勉強しとった方が安心や，何が起こるかわからんし。何が起こっても受かるレベルを目指しとけば，途中答案で終わっちゃったとしても受かるレベルには絶対来てると思って。

受験生：山田先生はあまり体が強くなく，勉強時間がかなり短かったと伺いました。

山　田：**あの頃平均して1日2時間も勉強できたっけ，**って感じですね。

> 1日2時間も勉強できたっけ？

受験生：それでもやっぱりちゃんと合格できたのは，本当に少ない勉強時間にものすごく凝縮して勉強されていたのか，それとも机に向かえない時間もいろんな事を考えていらっしゃったのでしょうか。

山　田：勉強は，自分が集中できる時にやっていました。やりたい時にやって，無理矢理しない感じでやってました。自分の興味の赴くままっていうか，**知りたいという気持ちで本を読むと，「知りたい知りたい」って思って読んでるから，すごく頭に入ってくるんですよ。**

> 自分の「知りたい」という欲求のまま徹底的に勉強する。

　で，知りたいと思ったことには絶対理由があるんですよね。問題解いて，何やこれって思って見てるんで，「電

子計算機……はああ？」みたいな。電子計算機使用詐欺ってちょっと待って、ってことになって『条解刑法』持ってきて読んで、「ああこういうもんなんや」と。で、もう1回読むと。そしたらまた別のところで詰まると。で、もう1回読んで、詰まって、読んで、詰まって、読んでってやってくと、自分が知りたいことを調べて探してわかっていく作業やから、ものすごい頭に入るんですよね。だから、知りたいことを作って調べて、それで考えて、こういうことかってわかる。で、それを続けていく。

(2) 必要な勉強，無駄な勉強なんてわからない

受験生：勉強が横道に逸れたら、ものすごく時間がかかっちゃうんじゃないでしょうか。

山　田：ああ、いいのいいの別に。

受験生：えーっ！（笑）

山　田：**必要なことだけをしようと思うと、必要なことすら抜けると思った方がいい。**何が無駄で何が無駄じゃないかなんてわからへんし、それがわかってるんやったらきっとその前に受かってるし。

> 必要なことだけを勉強しようと思うと、必要なことすら抜けると思った方がいい。

　　思うのは、みんな結構、「あれは無駄だよ」って言いはんねんけど、そうかなって思う。「学者の本を読むのは無駄だ。」なんで？わからへんやん。ひょっとしたら50ページ読んでいいことが1個書いてあったら、それって得じゃない？

受験生：50ページ読むとかなり時間取られちゃいますよね。

山　田：そりゃもう、諦めなしゃあないわな。読まないでわかるとは思えへん。

受験生：先生は読むのも速いんですか。

山　田：速い方やと思うよ。**1分に2000字ぐらい読めるから。**

受験生：それはすごく速いですね。

山　田：普通の人は400字ぐらいって何かに書いてあった。それがほんまやったら5倍ぐらい速いことになる。でも1人で勉強してる時よっぽどじゃないと30分と座ってられへんのよ。自分の好きなテーマやったら自分の興味でずーっとやってるから、5時間でも6時間でも座ってるけど、体調悪い時なんて15分かな、座ってたの。**自分の性格は自分でまず把握してほしい。**たとえば、自分は飽き

性だから法学教室の6ページぐらいの論文を取りあえず今日は1個読む。で，この内容はしっかり理解するっていうのを目標にして読む。そして，この内容はこういうことだ，ああそっかそっかという感じで進める。

そうそう，**わかったかどうかっていうのは私が他人に説明できるということだと思う**。なんで，この問題についてこうなってこうなってこうなってこうだよ，と説明できるってなったら今日のノルマは終了。

> わかった＝他人に説明できるということ。

私は司法修習に入るまで辰已で先生やってましたけど，正直なところ積み残しがいっぱいあった。だから，授業する前に調べてた。完璧の状態で試験に向かえる人なんて誰もいいひん。みんな絶対どこかに穴はある。ただ**1個1個の論点，1個1個の問題についてしっかり向き合って調べたり考えたり，これはこうなんじゃないか，とりあえずこうやってみようっていうのを決めていって本番に臨めば，穴があっても考える力がついてるから，その穴の部分をカバーしてくれる**。

(3) 知識のムラはあって当たり前

山　田：**全部を押しなべて浅く，なんか覚えてるのか覚えてないのかわかんないままババババッてやるんじゃなくて，1個ずつ基礎から本質を理解して考えることを積み重ねていってせめて考えて答えが出るレベルまで全てをやっとくのが大事**。強いとこあるで，弱いとこもあるで，みたいな。私，詐害行為とか出てきたら発狂したもん，うわあああっつて。（笑）「嫌や嫌や，君は嫌や」って言いながら。

あと，民法がすごい嫌いで，会社法もすごい嫌いで，こんな偉そうなこと言うてる癖にやっぱやってる量が少ないから好きじゃないから，もう試験問題見た時にゃ発狂しまくりましたね。もうそういう時は条文ですわ。条文に戻ってこの条文はこう適用しますって1個ずつ書いていったら，まあ何とかなります。

受験生：ムラがあってもいいってことですか。
山　田：ムラあっていいよ。**知識にムラあるの当たり前やもん。**

> 知識にはムラがあって当たり前。

受験生：そのムラは，先生の興味で作ってます？
山　田：うん。

受験生：論点の重要性によってではないんですね。
山　田：だってそんなんつまらんやん。**なんでわざわざ自分からつまらん方向に持っていくの？** つまらないことは覚えてられへんし，理解できひん。

> なんで勉強をわざわざつまらん方向に持っていくの？

受験生：深くやっているところがあれば，他も同じような考え方でできるようになるんでしょうか。
山　田：できるできる。ただし，**全部一応浅くやっときや。** 一応読んだことある，なんとなくはわかってる，なんか言われたらこんな話あったよねぐらいまでは言える。後はそう，1個ずつ考えてく。で，嫌いなとこでも本質を理解してへんとやっぱり解けへんから，それ1回はやらなあかんけど，不作為犯なんか知り合いにゼミに引っ張っていかれて，10回も20回も説明させられたから。ここはこうなってこうなってこうなってみたいな。それでいつでもしゃべれるけど。3年後まで残っているかどうかは別にして，受ける時には大概何が出てきても一応，あーあったあったこの話，ほんでなー，でしゃべれるぐらいにはなってる。

(4) 「しゃべれる」ことの大切さ

受験生：この「しゃべれる」っていうのは結構大事なんですか。
山　田：大事です。
受験生：書くよりも，しゃべる方が難しいのでしょうか。
山　田：**私は基本的に「しゃべる」と「書く」が一致しとるんで，しゃべってる内容そのまま書くんですよね。だから問題を読むときも答案を書く時も黙ってるけど，頭の中ではずっとしゃべってますよ。** だから，「なになにやねんか」って言ってるところ，全部「ねんか」を消し「です」にするっていう感じです。
受験生：だから，論理に抜けがないんですね。
山　田：だって，しゃべってる最中に気づくやん。あれ，言うの忘れたみたいな。忘れてたのを細かい字で上で挿入すんねん，「ごめーん」って思いながら。だから，しゃべって勉強するのはすごい大事で，この問題についてしっかり調べてきて説明する，あなたがこの問題しっかり調べてきて，説得する。説得

> 書ける＝しゃべれる。

39

する時も学説の対立とかはどうでもいいから，相手が納得するかどうかやね。これはこうだ，なんでかっていうと私はこう考えてるからだ，これはこうだ，ここが前提でそこからするとこう考えるのが自然だと思うし，まあこういうのもあるからこうだっていうので，やっていって納得させる。

　手強い人がいたんすよ。私が大学生の時に，ロースクール２回留年した人に教えたことがあって。その人が「ここはこうなってこうなってこうなってこうやろ，で，ここはこうでこうでこうやんか」って抵抗してくんねんけど，「いや，よう考えて。あなたが言っていることは，この前提に立っているから出てくる話や」と。ていうことをやっていけば理解が深まる。**論破されへんというか，相手の考え方の前提も考えながら説明していかないといけないので，かなりの勉強になるから，まあゼミは組んだ方がいいよね。**ただし相手は選ぶ必要があるけど。

> ゼミはかなり勉強になる。ただし相手を選べ。

受験生：勉強のスケジュールとかは立てられましたか。
山　田：スケジュール立てたら，スケジュール守るのに必死になって中身おろそかになるから，ざっくりでした。１か月ぐらいで刑法全部見れたらいいな，明日民法やってるかも，くらい。
受験生：体調が悪くて勉強できない時間は何をやられてましたか。
山　田：本読むの好きなんで，小説読んでました。
受験生：本を読むと読むスピードが速くなって，勉強に間接的には役立ちますね。
山　田：そうです。速くはなりますね。

(5) 問題文の臭いところを見抜く！

受験生：先生は，初めて問題文を読む時から，ものすごい量のことに気づかれますよね。受験生の中には，１回目の読みではあまり気づかないで，２回〜３回と読む回数が増えるうちにどんどん気付くことが増えるという方も多いと思います。先生は，読んでる端からもう書くべきことが全部思いついてる，すごいなと思いました。
山　田：**択一でも論文でも，問題をたくさん解いとくとキーワードというか，「くっさ」「どうせこれやろ」みたいなのがわかるんで，それの集積で押していくっていう感じでしょうか。**

受験生：その「におい」がわからない人はどうしたらいいでしょうか。

山　田：「ここが臭い」っていう授業を私がするか（笑）。問題を解いていくと，最初は「この問題でこの論点が出た」という勉強の仕方になりますよね。で，**たとえば正当防衛を勉強するときには，正当防衛の問題を並べてもらうんですよ**。そしたら，どの問題にも同じような事実が書いてあるんですよね。そして，あてはめでも絶対同じような事実が使われてるんですよ。

　そういうことを繰り返すうちに，「この事実がわざわざ書かれてるってことは，これを書かせたいんかな」っていうことが集積されてきます。**あえて同じ論点が出た問題だけを見てもらって，見比べてもらうのもいいかもしれない**。解いてる間に，いつの間にか「におい」が嗅ぎ取れる状態になっとったんですけど，意識した方が早いと思いますね。

> 同じ論点の問題を見比べて，事実を比較するトレーニング。

　問題をたくさん解くべきやと思う。司法試験の問題とか長いから絶対いっぱい解けへん。解く量多くしようと思ったら，予備試験の問題もそうやし，『法学教室』の後ろの演習もそうやし，ありとあらゆる問題をとりあえず解いた方がいいと思う。**こういう勉強法がいいかなとかああいう勉強法がいいかなとか思う前に，解いた方が早い。**

> 勉強法を考える前に，問題を解け。

受験生：先生は基本書を読まれてばかりいたのかと思っていましたが，かなり問題演習もされていたのですね。

山　田：問題演習やる中でわからへんことが多いから，片っ端から基本書を買って読んでった感じですね。**択一とか論文の問題から入った方が，やりやすいでしょうな。まず興味が持ちやすい**。で，「なんでそんななんの，わし訳わからん」みたいな。最初のうちはやっぱり，講師の先生がわかりやすく「ここここうすんねんで，やってみー」って教えてくれて，それを繰り返して抵抗感が取れてきて，それから自分で走り出すっていうのが一番いい形やと思うけど。

　私，答案を書くのが面倒くさいから大嫌いで。でも，書かんとしゃあないところに追い込まれて書くっていうのもいいかもしれないっすね。**あと旧司法試験の問題も解こうね。いい問題ばっかりやから。**

(6) 短答は論文の練習になる

受験生：短答の対策はあまりしないという受験生も多いですよね。

山田：**短答の対策っていう考え方じゃなくて，合ってるか間違ってるかっていうのを判定するために短答問題を解くわけですね。自分がわかってないと判定できひんから，論文のいい練習になるんですよね。**あれは1問1問が論文の問題になり得るような問題なんで，あれを見た時に，こうなってこうなってこうなるから○とか，こうなってこうなってこうなるから×っていうのを1個ずつ練習していくと，頭の整理になるし，答えが絶対出る問題ばっかりなんで，いいかなって思います。

> 短答は，答えが明確な論文のトレーニングと思え。

　論文試験は○か×かじゃなくて，いろんな考え方があるよっていうのが基本になっとるんで，練習にはすごいなるんですけど，だからこそ自信を持って練習ができないじゃないですか，だから○×式の問題で，こういう理由で○になるとか，こういう理由で×になるって練習しとくと，自信になるんですよね。

受験生：○×の理由を考えるってことですね。

山田：まあ，理由考えへんと意味ないからね，考えなくて解くってことは，2分の1の確率で当てまくってるだけやから。

受験生：山田先生は，司法試験というか法律の分野が自分に向いてると思われますか？それとも，試験勉強が得意なんでしょうか。

山田：私は多分司法試験に向いてたんでしょうね。論理的にものを考えて説明するのがまあまあ得意で，**理解して言葉に意味づけをして，それを相手に伝えるっていうのが司法試験の問題**なんで，そういうものに向いてるんですよ。

> 理解して言葉に意味づけをして，それを相手に伝えるのが司法試験の問題。

だから，私はたとえば司法書士試験は無理ですわ。ただ数字だけを覚え続けることとか無理なので。たぶん，何日後に閲覧可能とか，そういう数字にも意味はあるんでしょうけど，それを間違いなく覚えておくのは無理。考えて，考えたことを表現して相手に伝わったら受かるのが司法試験なんで，だから受かったんでしょうね。

第2章 考えて間違っていることを書くほうが，知識の切り貼りよりマシ！刑法の正しい学習法

(1) 刑法とは何か

受験生：それでは，ここからは具体的に刑法の話に入っていきたいと思います。まず，いきなり根本的な質問になりますが，「刑法」とはいったい何なんでしょうか。

山田：とても難しい質問ですが，「刑罰権を発動するために必要な要件が全部書いてあるもの」というところでしょうか。「刑法とは何か」とか，私が語ったら学者さんに怒られますよ。「法とは何か」なんて話になると，もうものすごい勢いで怒られますから。

> 皆さん法学入門を馬鹿にしすぎだから。ちゃんと読んで，マジで。

各々法学入門を読みましょう。皆さん法学入門を馬鹿にしすぎだから。ちゃんと読んで，マジで。**道垣内正人先生の『自分で考えるちょっと違った法学入門』〔第3版〕（有斐閣）**とか三ヶ月章先生の『**法律学講座双書　法学入門**』（弘文堂）とか。古い本はみんな読まないんだけど，読んだ方がいいですよ。

　大学で教科書指定する本には理由があるんです。法律をやっていくと無味乾燥で眠くなってくることってないですか。でもね，眠くならないはずなんだわ，ホンマは。そういうのがよくわかるんです。「法とは何か」とか「法規範とは何か」とか「裁判で行われることは何か」とかというのを，三ヶ月先生の本には「法の担い手の養成」って書いてあって，近代法の系譜とかは「法律家になるんだったら普通押さえてるよね」っていうところだから，1回ぐらい読んどいたほうがいいんじゃないかって思います。

　こういうことを知らないと，司法試験に受かった後に絶対困るんですよ。依頼者に「先生何をしてくれるんですか」って言われた時に，「うん？」ってなるから。だって嫌じゃないですか。「法とは何か」について一家言ない奴に裁判されるの嫌じゃない？「あいつブレてんな」みたいな。

受験生：憲法の事を知らない国会議員に，憲法を語られるみたいな感じですね。

山田：一緒ですよホンマに。**我妻栄先生の『民法案内１　私法の道しるべ　第２版』（勁草書房）**は絶対読んだ方がいい。**星野英一先生の『も**

第3編　対談形式で完全解明！合格思考法・総論

う一つの民法の学び方　補訂版』（有斐閣）もいい本ですね。「こうやって勉強しなきゃお前ら法律の理解なんかできねえからな」ってことが書いてあって，すんませんってなります。読んだのが司法試験受かった後だから，もう泣きながら読みましたわ。

(2) 司法試験における刑法

受験生：それでは，次に「司法試験」における刑法って何なんでしょうか。

山　田：司法試験における刑法と普通の刑法を分ける意味があまりわからないですが，あえて言うならば「問題文を読んで，刑法を使って自分で解決する」のが司法試験における刑法でしょうか。条文解釈を勉強して，判例の定式を勉強して使いこなす。基本はそれだけでいい。学者個人の考え方を理解したりだとか，それこそ1つの論点についての理解をすごく深めなきゃいけないということはない。裁判官が採っておられる一般的な考え方を，一通り身につけてくれればそれでいい。

　　ただ，勉強する過程でそれが難しくて出来ないから，しゃーなしで学者の本を読んで，どうもこういう考え方を採っているんじゃないかなって勉強しなければならない時がありますね。でも，基本は判例が採っている，正確には裁判官が採っていると思われる考え方を理解して，自分でもその考え方に則って事案を解決できるようになればいいと思います。

受験生：いわゆる「刑法学」は，哲学とか根本的なところまでさかのぼって理解しなければならないところがあると思うのですが，司法試験における刑法ではそういう根本的なところまで勉強する必要はないのかなとも思うのですが。

山　田：**刑法ほど基本的な考え方から書かなきゃいけない法律はないと思います。だから，刑法は多分，一番ショートカットしにくいんじゃないかな。**「必要なとこだけ勉強したい」っていうニーズはすごくわかるんですけど，要るところが学者さんが大好きなとこのド真ん中すぎて，密接に関係してしまってるんですよね。だから，分離すればするほど多分逆にドツボにはまるんじゃないでしょうか。

　　理解してないが故に間違いに陥りやすいのが刑法なので，**構成要**

> 刑法ほど基本的な考え方から書かなきゃいけない法律はない。だから，ショートカットは無理！

件を理解して，違法性阻却事由と責任阻却事由がちゃんとわかってて，あてはめできたらいいよっていう，1つ1つの理解が大切ですね。「それができたら苦労せんわ」みたいな感じやけど，それ以上に多分ショートカットしようと思った方が逆に遠回りになる気がするかなあ。

　法律っていうのはある考え方に基づいて作られてて，その考え方を身につけると「これはこういう理由で作ったんだ」ということがわかります。それが趣旨ですよね。そして，その趣旨からするとこう解釈すべきだということがわかります。まあその解釈も「こういう風にしたいんだ」っていう考え方があるんですが。

　刑法は，行為無価値と結果無価値など，対立する価値観が赤と黒，黒と白ぐらい違うから，変に混ぜるとグレーになって絶対バレちゃうんですよね。だから，勉強をショートカットしたいっていう気持ちはすごいわかるんだけど，ショートカットしない方がいいと私は思うな。

　取りあえず地道に，構成要件ってなんでしょう，実行行為って何ですかっていう基本的なところを勉強していって，その考え方からするとこの論点はこういう解釈になるよね，っていうステップを1回踏んだら絶対間違えないです。最初は道のりが長いけど，実は民法より長いかもしれないけど，1回できるようになったら絶対間違えないという安心感が刑法にはあるから，ちょっと気長に付き合ってほしいなと思う。民法の方は変にショートカットできるから。

> 刑法で論理矛盾は致命的。ショートカットしたら相手にバレると思っとけ。

受験生：民法のほうがむしろショートカットできるのですか。分量的にははるかに民法の方が多い感じですけれども。

山　田：分量は多いけど，それこそ試験に出るとこだけ勉強をやっておけばいいからね。民法は勉強に濃淡がつけられるけど，刑法は，たとえば違法性阻却事由のところと実行行為のところの考え方が違うだけで論理矛盾が如実に浮き出てくる。だから，**刑法はショートカットすると相手にバレると思っといた方がいいと思う**。まあ，公務執行妨害罪をショートカットしたからバレるのかと聞かれれば，たぶんバレないんだけど。

(3) 刑法の学習法

受験生：先生は受験生の頃どういう勉強をされていたんですか。

山　田：**わからんところがあったら，コンメンタールは全部読んでたよ。条文・判例本も。**基本書は好きやけど，その人の考え方の本やから，西田先生の各論と山口先生の総論をまぜるとヤバいっていうのは，考え方の違う先生を混ぜてるから整合性がとれへんのよね。西田各論使いたいのやったら，山口総論は使わない方がいいよね。で，根性あるんやったら山口総論各論も西田総論各論も全部読んで，2人の考え方をある程度理解してうまいこと齟齬がないようにドッキングさせればいいんやろう。無理やけど（笑）。**刑法の学者さんは特に根本的な考え方が違うから，他の本を読むっていうのはあまりせえへん方がいいです。**

受験生：理由づけを勉強するときはどうすればいいんでしょうか。

山　田：おすすめするのが**『刑法総論講義案（三訂補訂版）』（司法協会）**ですね。裁判官が書いてるから，まあ外れへんわ。それに乗っかっておけば，まあ怒られへんと思う。

　　　刑法で一番点が分かれるなあと思うのが理由づけですね。理解が問われるから。自分が持っている考え方が，判例とどういう関係性にあって，自分の持っている考え方と判例からするとこういう理由づけになって，というのをきちんと表現できるかどうかが見られているから，た

> 刑法で一番点差がつくのは「理由づけ」。

ぶん刑法が一番頭を使うよね。覚えてそのまま吐き出したらバレるからね。「あ，山口に同じこと書いてあった，でもお前下で西田書いてる」って言われるから。

受験生：どうしたらいいんでしょう。

山　田：**本質から考える。自分がこういう考え方をとっているっていうのをまず決めなあかん**。行為無価値結果無価値二元論とか，実行行為とはこうである，とか。そういうベースとなる考え方をしっかり持って，そこからするとこういう結論になる，判例の定式になる，そこをちゃんと自分で埋めていくのがベスト。これ出来る人は予備校行かんでも受かりますが。あ，全部の論点についてここまでせんでも受かりますよ。考える筋道ができてれば，知らない論点や苦手な論点でもなんとかなりますから。

　　　まあ，1回くらい一人でやっておいたほうがいいですね。考えられへん人はさすがにこの試験には受からへんから，考えられへん人

がきたら「どうしよう」ってなるよね（笑）。いっぺんちゃんと考えた方がいいです。自分の考え方ってものがないと、仕事始めてからめっちゃ困るから。そこはちゃんと固めておいた方がいいよね。で、そんな自分の考え方を持った上で本を読んで、「この人はこういう考え方をしている。私の考え方からすると、ここと私の考え方が違う。じゃあ、こういう説明が私はできないんだ」みたいな形で本を読んでいく。混ぜない。

(4) 判例学習と基本書の関係

受験生：その具体例が、平成22年の不作為犯の問題でしょう。先生の解説を読めば、ああそうだなあと思います。「じゃあ、今度間接正犯の時はどうか」と検証する方法ってなんかあるでしょうか。自分の考え方が正しい、あるいは、だめなのかもしれないですけど、書いてある本があるとか。

山田：えーと、学説と判例ってどういう関係性にあると思う？

受験生：学者は、そもそも判例が出てからしかその評価はできないと思います。なので、評価して賛成ならその説を自分の説として取り入れるし、反対だったらそれと反対する論拠を挙げて、反対説を打ち出すという関係でしょうか。

山田：まあそう思うのが普通なんやけど、そうすると、学者がやっていることってただの批評やん。「おまえはダメだ！」って言っとるだけやんか。**本来学者さんがしてはる仕事ってのは、考え方の筋道をきちんと整えるっていうことやで**。判例ってやっぱり事例判断やから、どうしても「この問題に関してはこう解くべきだ」とか、「私たちはこう考えているので、こういう結論になりました」としか書いてくれへんやろ。だから理由づけが飛ぶんやねんけど。

　裁判官の人たちにしてみたら、自分が権威というか、国家権力を背景にして、裁判をして、結論を出して、刑罰権の実現をしないといけない立場やから、理由づけをしないといけない人たちじゃないのよね。理由づけは最高裁やと調査官がやってくれてるはずやから。地裁やとないな。というわけで、下級審の判例を読むのはすごい難しいんやけど。

　で、判例と同じような結論になるために、判例を作った裁判官がどういう思考ルートで、どういう風に何を判断して、この結論になったのかっていうのをみんながちゃんとわかってないと、法律家を

作れへん。「ええ、じゃあ何したらどうなるの、わけわからへんねんけど」っていうのをわかりやすく視覚化するために、学者さんは判例の評釈をする。学者さんは、この判例が出る背景にはこういう考え方が、たぶんこういう考え方をこういう筋道を通ってるからこうなったんだ、っていうのがわかる。だから、一般的な学者さんは多分判例の結論に至るまでの道筋は全員「こう通ったんちゃうかな」っていうのは書いてはると思う。書いてないやんかって思うかもしれん。そういうときは、学者さんの中で当たり前すぎて、そんなの読んだらわかるやんと思ってるから端折るんちゃうかな。

　そこで、自分の考え方を言うねん。「いや、判例はそもそもおれの考え方とここが違うからあいつはあかんねん」って言い出すねんけど、その前に「ちゃんとこういうルートでこう考えたから判例ってこうなったのね」っていう理由づけを、それぞれ自分の考え方からの理由づけを書かはんねん。

　学説と判例っていうのはそういう関係性にあるから、**判例読んで意味わからんかった時に学説を見んねん**。こういう問題に対して、学者さんはどういう道筋で考えていたっけ、こういう道筋と、こういう道筋があるけれども、自分の考え方からすると、じゃあ自分はどういう風につなげていったらいいんだろう。そういう時に基本書を読むっていう使い方。

受験生：そうすると、結論としては判例を採用するけど、その考え方、理由づけを作っていくためには基本書の判例を解説している部分を参考に、自分の頭で考えるということでしょうか。

山　田：そうなるよね。まあ**判例が扱っている事案の本質部分を見つけて、それを同じこと書いてあるような基本書で探す**っていうのがベースかな。ただ、答えは書いてないから考えなあかんけどな。で、自分の考え方が定まってないと、どれになるんですか、ってまたなるから。そこも論理的に詰めていくしかない。

　私は実行行為についてこう考えている。そうするとこういう結論になる。合格した人に私と同じようなやり方で、「自分、あそこどう考えてるの」って聞いたら、「あ、それだったらこうなるわ」って答えてくれると思うねん。「おれこうなんやけど、いや自分やったらこうなるんちゃうん？」みたいな。そうやって、他人の考え方も説明できるようになっておくと、熱出ようが吐こうが落ちひんよね。

受験生：山田先生のように自分で考えられる人は、自分で考えて組み立てておく。もしも自信がなかったら予備校の先生とか、友達にその考

えを検証してもらうとか。
山　田：もうほかの人に自分の話を聞いてもらったら，わかります。絶対話が飛んでるから。法律に正解は無いねんけど，論理が飛んでるのは間違いっていうか失敗っていうかミスっていうか，よろしくないと思う。
受験生：理由づけに間違いがあるというよりは，飛んでるところがある場合があるってことですか。
山　田：「あなたが取ってる前提からすると，あなたの理由づけにはならないんだけど，なんでその理由づけになったの」っていうので点とれなくなっていくから。で，金太郎飴批判になるんです。「どこで拾って来たんやその論証？」「ここ飛んでるやんけ！」「おまえもか！」みたいな。

金太郎飴答案って，見たら一発でわかるから。「こいつここだけ覚えて書き出しよった！」ってすぐわかる。全くもって文章がつながってないからポーンって飛ぶもん，きれいに。それはもう見事なほどに。**だから絶対ばれる。私ごときにバレるんやったら，試験委員には絶対バレる。**

> 金太郎飴答案は，私でもわかるくらいだから，試験委員にも絶対バレる。

(5) 理由づけも結論の妥当性も大事

受験生：先生，話の流れとは少し違うんですけど，平成27年の出題趣旨に「故意責任が認められる理由を示し，誤想防衛ないし誤想自救行為はこれについてどのように影響するかを論ずる」って書いてあって，まさにこれが判例の結論まで行く考え方を示すということが書いてあると思うんですけど，これを今先生に実演していただくと，どういう形になるんでしょうか。

山　田：「故意責任が認められる理由を示し」っていうのは，刑法でみんなが喧々諤々やって出たあの有名な話やなあ。道義的責任論とか人格的責任論とか。「故意責任の本質はー？」ってよく言うやん。**あれなんで書くやんって思う？** いや，本質とかどうでもええやんって思わへん？結論だけでええやん。「誤想防衛は責任阻却事由ですって言っちゃえば

> 「故意責任の本質」ってなんで書くと思う？

ええんやろ！」って思うやん。でも，要るんです。あれってなんでやと思う？

受験生：司法試験では，先生が言われた最後の結論，たとえば誤想防衛，誤想自救行為が，故意を阻却するという結論を出して事例にあてはめれば点数がもらえるという気がしてたんですけど。

山　田：それはね，試験に受かるためにはそれでええかもしれんな。でも，あまり容認したくない考え方やな（笑）。法律家はどんな事態が起こってもとりあえず法律で解決してあげなあかんから，本質をわかってて，突拍子もない事案であったとしても，本質からするとこうなるからこうなるよ，って示してあげなあかん。

　だからこそ，**ある程度「私本質わかってますよ，こっからこうやって論理的に考えていくんですよね？」っていうのを実演する必要がある**。で，口でならいつでも言えるやん。でも，試験では紙で「わたしはわかってます」って伝えなあかん。で，ちゃんと紙に書いてないと，わかってるって思ってもらえへんねん。なんてったってあの，採点するのは法律家の先輩たちやからさ，書けてなかったら「若いもんはわかってへんに違いない」って思うやん。書いてへんかったらわかってないって思うねん。

　大学の先生が，「書いてないものは認めない」って言ってた。「何考えてんだかさっぱりわからへんねん。論理つながってへんし，書いてないし」みたいなこと言ってて。「えっ，そんなんあるんですか」って訊いたら，「そんなんしかないわ！」って怒られた（笑）。先生たちは考えられる人，どんなんが来てもある程度法律でなんとかできる人が欲しいから，書いてって言うねん。君ができるっていうこと証明しろって言われてね。

> 「書いてない」のは「わかってない」のと同じ。

　立証責任はこっちにあるからね。「私は受かって法律家になるにふさわしい人間です」って言わなあかんから。そうすると「本質はわかってます，本質から論理的に考えられます」，そして「結論が妥当なものであります」って言わなあかん。司法試験でも結論ミスるとちょっとやばいかもしれない。論理的に正しくてもね。

(6) 解釈論について

受験生：平成27年の出題趣旨で，「刑事実体法及びその解釈論の知識と理

解を問うとともに」というフレーズがありましたが，解釈論についてはどの程度論述すればよいのでしょうか。

山　田：説明せねばならんタイミングで説明せねばならん分量で書いてくれ。以上。で，それの感覚をつかむためにこれは説明しないと絶対伝わらないのか，普通の考え方からすると当たり前やから一言触れるだけでいいのかっていうのと，後は問題文を読んでたらなんかヤマっぽいのが出てきたら書いとく方が無難やな。

　じゃあ，ヤマっぽいにおいってどうやってかぎ分けるんですかっていうと，普段の勉強ですね。**判例は，普通の考え方とズレてるからわざわざこれはこういう風に処理しましょうねって言ってくれてるんやな。そうすると判例の勉強をしてると普通の考え方からちょっとズレたもんばっかり出てるからわかるはずやねん。**

> 普通の考え方とズレてるとこを「これはこういう風に処理しましょうね」ってわざわざ言ってくれてるのが判例。

　普通の考え方もわかってて判例の事案もわかってるから，ああこういう時ってどうしようみたいな感じやね。例えば予備の27年の問題なら，普通に考えたら共謀共同正犯やと。でも共同正犯というのは，正犯意思を持っている人だと。もっぱら乙を助ける目的やと。「んーあれ，おれのためじゃねえ」ってなるやん。おれのためじゃねえのにこいつ正犯にしてええんかなってなるやん。ほな間接正犯かってなって，でもこの人実行行為してるやんってなるやん。うーんどうしよう。それで，故意ある幇助道具ってあったなって思い出して，故意ある幇助道具の判例ってどういう判例やったっけっていうのを振り返ると，どうもややこしい罪名で見たことないやつやってんねやけど，運搬罪っていう罪があったなあ。ああ，そういうところの特殊判例やったなって思い出して，故意ある幇助道具を切ってもいいし，受託収賄罪もいろんな実行行為が規定されてるから，その内の一つやって考えて同じように故意ある幇助道具で処理してもいい。答案に書くときは，試験やから周りの人はどこまで考えるやろっていうのを，ロースクールの人とか周りの人を思い出して，おさえていく。

　ただ，ちゃんと説明せなあかんから，正犯意思が必要ですとか，正犯って誰ですか，正犯というのはどういう人ですか，正犯というのは実行行為したと書いたらやばいなと，正犯とは自己の犯罪を犯

(7) 「故意責任の本質に触れて」

受験生：出題趣旨で「故意責任の本質について触れて」というような言葉が出たのは，平成27年が多分初めてだと思います。

山　田：そうですよね。こういう「認められる理由を示し」みたいなフレーズは，私が待ち望んでいたものです（笑）。平成24年の頃なんてこんなん書いてへんから，みんな論証飛ばすんよね。予備校の先生にも飛ばせって言われてんねんけど，私は「誰が飛ばすか！」と思って飛ばさへんかった（笑）。そう思ってたんやねんけど，やっと来た。はあー，よかった。

受験生：もともと，こういうことを書くことが求められていたのでしょうか。

山　田：当たり前のようにね。書けて当たり前やし，相手に示さなあかんかったから。**故意責任の本質がわかってるようなあてはめって難しいから。**

受験生：あてはめで理解を示せない場合は，ちゃんと理由づけで示せないといけないということですね。

山　田：書かんとやばいですよね。しかも，あてはめで理解を示すってなかなか難易度高いから。私はあんまり自信ないし，だったら論証で書いとけってなる。「わかってますねん，認めて！」みたいな。書いた方がいい。わかってることは全部書いた方がいい。何一つ残さずに。一個でも端折ったら点が引かれると思うぐらいで書いた方がいいと思う。まあ，難しいんやけど。今度は8ページに収まれへんくなるし。

> 本質論からの論証は，以前から当たり前のように一貫して求められていた。

受験生：時間も大事ですよね。

山　田：そうですね。時間はないかあ，そりゃそっか。で，故意責任の本質はなんで要るかというと，まずはそれじゃあ，なんである行為は犯罪として処罰されるんでしょうかね。

受験生：法益を保護するためです。

山　田：まあね，法益を保護するために犯罪ってものを使って，侵害すんなよって言うてんねんけど，じゃあ，なんでその犯罪とされる行為

は，処罰に値するって判断できるんですかね？
受験生：規範に反しているからです。
山　田：んー，トートロジーやけどまあいいっか。そう，規範に反しているから犯罪なんやな。じゃあなんでその規範を立てたんや。
受験生：なんで……。悪いことだからです。
山　田：なんで悪いんですか。
受験生：それは，人の利益を害したりとか，非難に値する行為をしているからです。
山　田：うんうん。非難に値するような行為，非難，なんでそんな非難されないかんか。
受験生：うーん。
山　田：そうそう。「なんで，なんで」っていう，これなんですよ。基本的に，これを１人で全部やって，答案に書けるレベルにまで落としこんで，読んだ人間に「なんで？」と何一つ言われへんものを作らなあかんの。それが最終ゴールね。それを半分できたら受かるわ。
　　　　みんな，「犯罪とは？」という定義を結構気安く見てる。すべての法律は人間が作ってるもので，定義をつけて「こういうものはこうだ」って言ってるわけでしょ？規範ってのは「これはすべきである」であるとか，「これはしてはいけない」ってものやから，そういうものについてはどうしてそうなっているのかってのを考えなければあかんわけやな。刑法は悪い行為を罰して，「もうこんなことすんなよ，社会秩序に反するからな！」って言ってると私は思ってるから，そうなる。でも法益保護が最初に出てきたってことは，あなたは結果無価値なのかな？

> なんで？なんで？に答える作業を半分できたら受かる。

受験生：いえ，僕は普段二元論で考えています。
山　田：二元論で考えてるから，「非難に値する行為をしたから」って次に出てきたんやな。だから，あなたは結果無価値をベースにして行為無価値を上に乗っけてるような感じになってる。先に法益保護が出てきたから。わかります？
受験生：はい。
山　田：メインは結果で行為も考える，って感じで考え方がバレるからな。んで，犯罪はそういうもんだよ，で私とあなたは行為も悪いし結果も悪い，どっちも悪いんだという考え方を取ってるから，そのままで話を進めると，行為も悪いし結果も悪いんだよと。なんで悪いん

だと。なんであんたは行為も悪いし結果も悪いから犯罪になって，刑罰を科されるんだと。刑罰は最後に科すんやんな。悪いことだけで刑罰を科していいのでしょうか。

受験生：悪いだけでいいのか……。

山　田：そう，いやここがね，純粋に考えると悪いだけでやりたいんですよね。

受験生：悪いことをしたんだけど，やむを得ない事情もあったかもしれない，みたいなことですか。

山　田：んーっとね，じゃあ刑罰ってなんでしょう？刑罰の基本は何刑でしょう。これ，習ったときどうでもいいと思ったんねんけど。

受験生：個別予防と一般予防ってことですか。

山　田：そうそう。そしてベースが応報刑やな。

受験生：ああ，なるほど。

山　田：だから，刑罰の本質っていうのは，その人がやった罪の重さに応じて刑罰を科しますよと。

受験生：応報刑がまず基本。

山　田：そうそう。それ忘れたらあかんで。それ忘れると不定期刑とか認めていっちゃってえらいことになるからあかんねんけど，そういう考え方をとっているんだと。私たちは応報刑ベースです。で，刑罰っていうのは罪の重さと同じだけの罰を加えるものですと。それを科して，ついでにそれを見た人が「わあ，やめとこ」って思うかもしれんし，その人ももう二度とこういうことしないようになるかもしれない。

　この応報刑というのは，その人がやった行為の悪さ，行為や結果の悪さに対する非難だよという考え方やんな。ここまで思い出したとして，悪いことをやったんだぞと非難をされるやんな。非難をするためには何が必要や。「お前が悪かったんや！」って，2歳児に責めてどうなるんでしょうね。ここがちょっと刑法のわかりにくいところなんやけど。

受験生：悪いとわかっているのにあえてやったかということでしょうか。

山　田：そうそう！「悪いってわかってたのにお前わざとやったやろ，ほんならお前悪いやんけ，刑務所行って来い」ってなるやんな。ということは，悪いとわかってたのにあえてやったのが悪いんやな。

受験生：はい。

山　田：故意責任やな。だからこそ刑罰を科すことができる，という考え方に立っている。責任というのは，「違法行為をしたことについてそ

の行為者を非難しうること」，非難できないと刑罰が科せないと考えているから，非難しうること，すなわち行為者に対する非難可能性である。刑罰を科せるレベルになっているかどうかを判断するためには非難できないとだめだから，非難できるっていうことは責任があるよっていうこと。何がややこしいって，基本全部ドイツ語の翻訳やから，責任の意味が訳わかりませんてなるのはそらそうやねん。外国語やと思って覚えてあげて。

　じゃあ責めるためには，「あんたがわかっててやったんやから，あんたが責められて当たり前やな」って言えなあかんよね。これが故意責任ですよと。それをかっこよく言うと，「故意責任の本質は規範に直面したにもかかわらずその規範をあえて乗り越えて実行行為を行ったことに対する人格的非難」やったっけ？なんかそんなかっこいいフレーズがあるやん。ああいうフレーズをちゃらちゃらって書くと。

受験生：倫理的非難ですか。

山　田：そうそうそう。倫理的と書くと道義的責任論を採っていると思われて，社会的危険性だって書くと社会的責任論だと思われて，人格的責任と書くと人格形成責任論というのを採ってるよって言われると。

　わかっててやった奴が非難に値する人間やから。まあそれを書けばいいというか，それを書かへんと誤想防衛と誤想自救行為が故意責任とどのように影響するのかを書けへん。

受験生：今までのお話を整理すると，始めに刑罰って何のためにあるかっていうところから，あるいは応報刑論から始まりますか。

山　田：刑法は何のためにあるでしょうから考えましょう。

受験生：刑法は何のためにあるのか。何のためにあるかっていうと，社会倫理規範を……。

山　田：うーん，そういう感じじゃないなあ。**あなたはすごい難しい言葉で考えるよね**。私はそんな難しい言葉で考えられへんからさ（笑）。

受験生：自分の頭じゃないです。

山　田：そう，たぶん自分の頭じゃないわ，それ。習ったことを……。

受験生：切り貼りしちゃう。

山　田：そう。刑法は悪いやつをとっちめて，うまいこと社会を回すためにあるから，悪いやつをとっちめなあかんのやろ。悪いやつをとっちめるってやり方が，刑罰権の実現ていうかっこいいやつやろ。とっちめてるだけなんやけど，あれ。で，悪いやつをとっちめるため

には「こいつ悪いやつ！」って言えなあかんのやろ。「お前悪いやつやねん，刑務所入ってこい」って言うためには，「悪いやつや」って怒らなあかんねんな。怒れる状態にないとだめだと。怒れる状態にあるっていうのが責任があるってことやろ。怒れる状態にあるって非難する，つまり，お前が悪いんやって言うためには何が要るんやろというと，「悪いこととわかっててやったんなら，あんた怒られて当然やろ」っていう，今言ったのはそれだけの話やで。

受験生：それを答案に表現するためには……。

山　田：そこは，かっこいい言葉を使わなあかんわけ（笑）。

受験生：ああ，そうですね。

山　田：でも，**理解するときは柔らかい言葉でいいですよ**。難しい言葉で考えてたらそんなこと何も考えられへん，最初のうちは。難しい言葉でずーっと考えられんのは学者だけやって。

> 理解は自分の頭で考えた柔らかい言葉で。答案はかっこいい言葉で。

受験生：あえて伺いたいんですけど，答案に書くときには最後かっこいい言葉にしないといけないとしたら，やはり何かの切り貼りにすごく誘惑されるんですけど。

山　田：その誘惑はみんな持ってるよね。

受験生：先生はそういう誘惑に駆られることは全然ないわけですか。

山　田：ない。だって，**切って貼ったらばれるし，考えてないの丸わかりやから**。自分の思ってることを的確に表現する言葉が絶対あるはずやから。自分の頭でゼロから考えてるわけじゃないから。「こういうときにこういう言葉を使うんだな」ってことかな。さっきの言葉でいうと，「あえて」っていうのはそのまま使ってええやんか。

「刑罰とは」っていうのは本の最初に載ってるやろ。「刑罰権を実現するにふさわしい犯罪といえる行為とは，違法かつ有責な行為である」と。有責な行為とは，違法な行為をそれとわかってやったことであると。かっこよく言えっていうと難しいよね。「責任は行為者に対する非難可能性のことをいう。行為者に対して非難をすることができるのは，行為者がそれを違法な行為と認識していながらあえて行為に及んだ場合である。」と。「故意責任の本質とは規範に直面したにもかかわらず，あえてその規範を乗り越え，実行行為に出たということに対する人格的非難である。」とりあえずこんな感じです。

受験生：その人格的という言葉をつけると，いわゆる人格的責任論とか行為論に立ってると読めると思います。

山　田：読める読める。
受験生：それってかなり基本的な考え方から演繹している感じに思えるんですけど，行為論のところでもその話がちょっと出てくるじゃないですか。人格的行為論とか。
山　田：あるある。
受験生：そうすると，そこで人格的責任論，人格的非難という立場を取った場合は，行為論も統一的に人格的行為論に立って考えていくということでよろしいのでしょうか。
山　田：人格的責任論に立つと，行為論のところでも人格的行為論を採らなくてはいけないっていう論理的必然性はないはず。ただ，人格的責任論も，人格的行為論も，ある世界観・人間観をとらないと出てこないから，ふつう人格的責任説をとってたら，人格的行為論になる気はする。
受験生：そうなんですか。
山　田：**必然性がある場合には採らなあかん。自分でもう１回考えてみるといいと思うねんけど。だから基本書は全部読まなあかんねん。**故意責任論がベースになって人格的責任論を採るんやったら，故意責任論の考え方を見なきゃいけなくて，そうすると非決定論を採るから，非決定論を取ると行為論がどうなるのが自然なのかというのを考える。非決定論が行為論に即座に影響する話じゃない（影響はしてるよ）というのがわかるから。あとは，どういう論理でつながったのかを確認する。

　あとは**自分の取ってる考え方とあまりに矛盾してて，論理的に全く説明できないのでなければ，どんな考えを取ってもいいと思う。**良いとは思うけど，無難なのは，そのまま先生に乗っかることかなぁ。こういう難しいこと，そのうち説明せざるを得ないタイミングがくるやん。いろんな問題があって，自分の考え方を貫徹していくと，ここは説明しないときっと相手に伝わらないだろうなって時が来たら，説明しないといけないっていうただそれだけ。出てこないんだったらしれっと書いたらええねん。ああよかった，今日説明せえへんでええ日やとか思いながら。説明せなあかん所だけ説明すればええだけやし。納得してくりゃええだけやから。
受験生：そうすると，普段改めて表に出すことはないけれども，ベースとして持っておけばいいって話ですかね。
山　田：そうそう。書くか書かないか。**書くこ**

> 書くことは，わかっていることの２割。

とはわかっていることのうちの2割やから。
受験生：なるほど。行為論のようなことを現実に答案で書くということはまずないと思うんですけども，故意責任の本質ではみんないきなり人格的非難って書くわけじゃないですか。その場合に，書かないけれどもベースとして持っている部分で，他のところとの整合性も考えて納得できるものを持っていればいいってことですね。
山　田：そうそう。普段からそれをやっといたら，本番でも「あ，これちゃんと説明せなあかんやつや」ってわかるやん。で，わかってへんくて貼るとバレんねん。「おまえどうせ何も考えんと勉強して，暗記して貼ったんやろ」って言われるから，もしこれとこれがセットで出てきたらちゃんと説明すると。で，そういう勉強をしておいて，本番に臨んで2割だけ書く。**事案を解決するために必要な範囲だけ書く。**

　　　書きすぎる人は，知ってることを全部言いたいねんな。「この論点はこんな経過があってね，ウッキウキ」って書きたくなんねんけど，求められてへんから。事案解決できたらええから。そこらへんの意識の切り替えが必要。勉強するときはちゃんと全部勉強する。書くときは必要なものだけ書く。分けよう。分けんのが難しいんやけど。だから暗記をしたい人の気持ちはよくわかって，必要なことしかしたくないのよね。多分。

(8)　考えて間違っていることを書くほうが，知識の切り貼りよりマシ

受験生：逆に，考えたけど間違ってたらやだなあ，予備校のレジュメに書いてあるのを書けば，みんなと同じだから安全かな，とかいう心理が働くこともあると思います。
山　田：予備校の大半が間違っている，という恐ろしい指摘をしてもいいかね。そりゃそうよね，学者が書いてんのとちゃうんやもん。
受験生：自分で表現した文章が間違ってるリスクが怖いと思うんですけど。
山　田：あのね，さっきから間違ってる間違ってるって言ってんねんけど，**論理が飛んでる方が切り貼りよりも明らかにマシよ。**
受験生：切り貼りよりも……。
山　田：うん。「あ，この子考えたけど，ここも

> 論理が飛んでるほうが，切り貼りより明らかにマシよ。
> 先生たちは素直な子が好き。

間が空いてるの気づいてないな」っていうのと，切り貼りをしてあからさまに論理が間違ってることを書いてるのと，読んでどっちの方がいいと思う？**先生たちは素直な子の方が好きやで。素直な子の方が受かるから。**

受験生：そうすると，勇気を持って考えたものを書くほうが合格に近いんですね。

山　田：そう。だって，間違ってるのが怖いって言っても，そりゃ間違うよ。法律を長いことやってる人から見たら，私たちが書いてるものなんてほぼ全部間違えててもおかしくないもん。

　　　　でも一応，さすがに最低限のことはあるやん。「定義，判例，条文，あとはそっから教えてもらった通りにやってみました。ちょっと丁寧に書いてみたんやけど，試験通してもろてええ？」みたいな気分で出したら，大概受かってるわ。「わからんかってんけど頑張って書きました。なんとかうまいことこの事案処理せなあかんと思って処理してん！」で受かってるから。

　　　　「間違えるのが怖い」っていうのは，多分相手に「傲慢」って捉えられてしまうかも。「君らは間違って当たり前なんや」っていう気持ちでいてはるから。大丈夫大丈夫，**間違ってても誰も怒らへんから。考えてなかったら怒られるけど。**

> 「間違えるのが怖い」というのは傲慢な考え方かも。

受験生：絶対間違っちゃいけない最低限さえクリアしてれば。

山　田：そうそう，それで問題ない！

受験生：あとは自分で考えた論理を繋げていけばいいという話ですね。

山　田：うん，それだけ。もう怖くないやろ。**間違えるのが怖いんやないねん。知ってなあかんこと，わかってなあかんことをわかってへんかったら落ちると思ったらいい。**で，意外と知ってなあかんこと，わかってなあかんことってのは少ないから，あと考えたらいいんでしょっていう（笑）。それだけや。私こう思うねんっていうのを相手に伝えるだけやから。「これで合ってるやろ」じゃないねん。「こう考えたんやけどうまいことできてる？」って。

受験生：「僕これで合ってるでしょ」っていう答案は書いたことがないですね。

山　田：**読む人に「山田先生の答案ってわかりやすいですよね」って言われて，「え，そうなん？」って聞いたら，「うん，とりあえず言いたいことブワーーー！って書いて，どう？って感じ」だって言われ**

た。私もそうやと思う。
　「こう思う，これはこうなってこうなってこうなってこんでこうやねん！」もうホンマに大阪のおばちゃんが「ホンマにこうやねん兄ちゃん……，どう思う？」みたいな。んで，まあええわって言ってくれはって受かるっていう。
　答案読んでて，間違ってるって思うことはあんまないかな。前提がおかしいっていうことと，前提からの論理が間違ってるってことはあるけど，結論がちょっと変かなって思うこともあるけど，それ以外で自分と考え方が違うから君は間違ってるって少なくとも私は思ったことない。で，たぶん学者の先生もそれで間違ってるってしたら採点基準からずれるからたぶんそれはしやはらへんと思う。

> 私の答案は，とりあえず言いたいことブワーー！って書いて，「どう？」って感じ。

(9) 答案の分量

受験生：そうすると，先生は答案書くときはもう8ページ全部埋めちゃうくらいの感じですか。

山田：うん！

受験生：「そんなに書けないよ」っていう受験生もいると思うんですけれども，そこはどうですか。それで悩んでる人って結構見るんですけれども。もうあと1時間しかないって時に，とても8ページ書けないよって。

山田：えっとね，**書けない理由は2つあると思うねん。1つは，時間的に書けない。文章が山のように出てきて言いたいこといっぱいあんねんけど，時間もないという場合。もう1つは，なんやモヤモヤしてんねんけど，文章にならへんねんっていう場合。**
　時間がないのは，頭の回転を速くするか，何回も何回も練習して見た瞬間に出す。アウトプット。文章がモヤモヤして出てへん時ってのは自分で整理できてないから，どの順序でどのように話を持っていって結論にいきたいのかわからへんから書けへんねん。道順説明やったら，辰已法

> 答案をたくさん書けない理由
> ①書きたいことがあるけど時間が足りない。
> ②モヤモヤして文章にならない。

律研究所を出てもらって，右にまっすぐ行ってもらうとこれこれがありまして，そこを右に曲がっていただくと戸山口があるので，戸山口から山手線に乗ってっていうのは全然説明できるやん。

受験生：それは何回もやらないと，説明しないと，上手くならないですね。

山　田：普通はできひんよね。ちゃんと自分の中で整理ができていないと。平成27年の問題でもそうやけど，業務上横領罪か窃盗罪だなって思った理由を書かないといけないのに，何も考えないと業務上横領罪だと書いてしまう。暗証番号知ってるし，金庫の場所知ってるし，そうやって管理してたし，みたいな感じで。

　でも，今は部長さん変わっててですね，新しい部長さんも暗証番号知ってるんですけど，この人の占有ってのはどこ行ったんでしょうね。通常の横領だと，自分が占有を独占している状態から持ってってるから，これが横領罪の基本やけど，自分だけが占有しているから，占有自体は侵害していないと，所有権侵害だけなんだと，という横領罪の基本からズレてんねんなこれ。ズレてるがゆえに書かなあかんやんな。

　「窃盗罪じゃないんです，業務上横領罪です」って言うにしても，「ごめん，これ業務上横領罪みたいに見えるけど，窃盗罪なんです」て言うにしても，横領罪の本質は所有権侵害のみなんや，占有侵害はしてないんやということは書く。預けられてますといっても，今回はもう一人占有してそうな人いんねんけど，おれ一人で占有してるって言ってええの，ちょっとわからないから確認するわって話が始まるんやな。

　こういうことは，わかってへんと書けへんよな。「なんとなくたぶん業務上横領罪か窃盗罪くさいんです，先生」と，学生が質問に来たとしよう。「なんでそんなにおいがしてんねや」「なんで業務上横領罪にするか窃盗罪にするかで悩んでるの」って私は聞かなあかんわけよ，君らに。悩んでる理由が絶対あるはずやん。

　「なんかここが怪しいんです」って明確に言えればシメたもんなんやけど，多分モヤモヤしてると思うねん。なんか業務上横領罪かもしれんし窃盗かもしれんねんって思ってんやと思うねん。何が原因かわからんけど。で，その原因を，私がいるときはディスカッションで出したらいい。どの部分を読んでてそう思ったの，じゃあ業務上横領罪ってなんや，窃盗罪ってなんや，どこが違うの，占有の有無やなって。占有ってどうやって確認するの，占有を見るときには占有の意思と占有の事実っていうのが必要で，基本は占有の事実

だと。占有の意思は補助的に見るんだよと。で，占有っていうのは社会的通念上，一般人が見てたら，これはあんたのもんやろって言えたらええんや，というように。

⑽ 自分と対話する

山　田：よく「試験にちっちゃい山田を連れていきたい」って言われんねんけど，そんなこと許しません（笑）。

受験生：どういうことですか？

山　田：去年司法試験に受かった学生さんが，いつも頭の中に山田を1人飼っとくんやって。で，喋るんやって。「なんて言うかな山田なら……」，「いやそこはそう書いても伝わらんで」って言われそうやったら，ちょっとこ書き足すんやって。「ちょっと飛んでへん？」って言われそうやったら書き足すんやって。そしたら受かったんやって（笑）。

　　　　って言う感じで，**自分と対話せなあかんのやな**。業務上横領か窃盗か，って思ったんやったら，おれはなんでそう思ったんや，ということを答案構成中に対話せなあかんねんけど。で，それを書かなあかんのやな次は。書かないと伝わらへんから。で，そうやって文章を練り上げていく，書かなければいけないことを練り上げていく。

受験生：ということは，たくさん文章を書けばいいというものでもないと。

山　田：**むやみやたらと文章を書いたって絶対上手くならへんねん。草稿が一番大事やから**。答案構成が完璧にできれば，文章なんていくらでも書けんねん。答案構成ができてへんから文章が書けへん。答案構成ができてるのに文章が書けへんっていう稀有な人に会った場合には，私は『文章の書き方』（辰濃和男著，岩波新書）っていう本を勧めるけど，それは日本語の組み立て方の問題やから。

　　　　時間がないんやったら問題文の分析を早くしてもらって，答案構成を早くしてもらって，なんとか書けるようにする。あとは書く量が多いと書くのが早くなるから，頑張って書いてもらう。で，そもそも文章がモヤモヤして出てこうへんという人にはたぶん答案構成，問題分析と自分の中での整理。文章を作る整理ができてないからその整理をしてもらう。

　　　　どないにせよ，問題分析せなあかんねんけど。だから，問題分析にすごい時間をかけてるのはそういう理由。分析さえできればなん

> 試験にちっちゃい山田を連れていきたいって言われんねん。

ぼでも作れるから。甲さんには何罪何罪何罪，乙さんには何罪何罪，丙さんは何罪，で3行で終わらせられるし，8ページでも書けるし，たぶん20ページに増やされても今度は故意責任の話をダラダラ書いたり，刑罰から書いたり，「応報刑を取っておりまして」とか「刑とはこれこれに対する非難でございますから」って書いたらええねんな。

> 問題分析は大前提。だからすごく時間をかける。

(11) 頭の中のモヤモヤと戦う

山　田：だから，書ける人は長くもできるし短くもできる。8ページくらいはジャストサイズらしいで。私は，説明したいことありすぎて8ページくらいじゃ収まらへんねんけど（笑）。文章を書けへんって人は，なぜ書けへんのか考えた方がいい。たぶん，あなたは分析型じゃなくて，自分の中でモヤモヤしてて，モヤモヤしてるものを今もう書かないかんから，バンって出そうと思ったらもう切り貼りのやつをベベッて書いちゃうねん。

受験生：先生はさっき2つとおっしゃいましたが，2つじゃないかもしれないですね。根本はやっぱり自分の中で整理できてないから，短い時間で書けないってことなんじゃないかと。

山　田：うんうん。あー，そうやんなあ。あの，純粋に書くの遅い人もいるけどね。でもモヤモヤしてると書けないかなあ。モヤモヤしてる人で書ける人知らんもんなあ。

受験生：普段から切り貼りばっかりやってて，モヤモヤしたものを表現する練習をしてないんで，多分その時間がかかっちゃうのかなあ。なんか考えなくちゃいけないんですね。

山　田：**モヤモヤのまま出すのは無理やと思った方がええで。ある程度説明できるレベルまで整理を終わらせないと。**

受験生：山田先生は，モヤモヤしてると筆が止まっちゃうタイプですか。

山　田：止まります。完璧に止まります。

受験生：モヤモヤしてることは書かないってことなんですね。知ったことだけ書くと。

山　田：でも，**モヤモヤしてても書かなきゃいけないときがあるじゃないですか。そのときはもう自分のモヤモヤと戦いますもん。**なんで私ここモヤモヤしてんの？みたいに。

⑿ 「具体的な事実関係を分析してそれに法規範を適用する」とは？

受験生：平成27年の出題趣旨には，「具体的な事実関係を分析してそれに法規範を適用する」という言葉も載っています。これについてはいかがでしょうか。

山　田：法規範を適用する時に判例の定式にあてはめると，法規範の適用に大概なってるから，判例の定式にあてはめるみたいな感じなことになるな。そん時に判例がよく見てる事実が抽出されて載ってるから，その考慮要素を判例の定式に当てはめるっていうことです。

　　　　あてはめにくい規範は書くのやめとこうなっていうのと，あてはめにくい規範というか定式を判例が作ってたら，自分が勉強するときに，この判例の定式はこういう意味だと理解しておく。因果関係のところの「社会通念上相当」って訳わからんやんか。普通の人が見て，「こうなったのはお前のせい」って言われるかってそういう話やんな。

　　　　あと，占有の時もそうやけど社会通念上占有が認められる時って全然わからへんけど，社会通念上，普通社会一般の人が見て，これはあなたの持ち物ですって思うかどうかってこと。そういうことやんな。それを自分の中で持っとかないと，ブレにブレるから。

受験生：それを自分の中で持っておく事が大切ってことですよね。答案に書くのはそれからで。

山　田：かっこいい言葉で書こうね。占有の事実が認められるとか，占有の意思が認められるとか。たとえば，Aさんの前にマグカップがあってAさんはよくそれを手に取ってる。自分の手を伸ばせば取れるところに置かれているのであるから，Aさんのものだと普通は思うでしょうと。

受験生：あてはめの時に自分が理解していた言葉を使えばいいってことでしょうか。

山　田：使えばいいっていうか，**自分の言葉は絶対出るよね**。説明しようと思ったらさ，手の届くところにあんねやから自分の物だと思うやんとか。それはずっと見張ってたんやから，それ見張ってる人の物だと思うよねとか。出るもん。しゃあない。

　　　　だから，**すごい簡単な言葉でめっちゃ説明した後にめっちゃ難しい言葉使ってるから，たまに自分でも笑うけど**。殺そうと思ってたとか，死んでも仕方ないと思ってたって書く時も書いちゃうもんね，

認容してたと言えるって書く前に。たとえばAさんの頭を条解刑法の端で50回殴打してるとします。50回殴打したら受験生さんは確実に頭蓋骨陥没して死ぬのは目に見えてるんだから，私がそんなんあえてわかってやってんやったら，死んでも仕方なかったって思ってるやろってなりますよね。

受験生：だから認容なんですね。

山　田：そうそうそう。**かっこいい言葉に結び付ける前は，結構柔らかい言葉使ってる。なんか説明しやすいしね。難しい言葉で説明できひんねん。**もうちょっとかっこよく難しい言葉で説明したいんやけど，伝わらへんから相手に。ホンマは法律家やから伝わるとは思うけどね。

　で，要件を全部検討して論述すべきか，その要件を検討しないと次に進めない場合は一応検討する。その要件を検討せずとも答えが出せる時とか，その要件の検討が必須じゃないときは検討しない。でも，普通は要件って検討せんと終わらへんから全部検討するよね。で，判例の見解を採用しなければならないかについては，判例の見解がそもそも表明されてないから採用するしないの問題ではない気がする。

受験生：そこが多分，一般の受験生と先生で違うところなんですよね。多くの受験生は「ある程度固まった判例の見解がある」と思ってるのではないでしょうか。判例では書きにくいなという問題も「判例は神」ぐらいの感じで答案を書いている人もそこそこいると思うんですよね。判例は基本的に事例判決なのに，みんなまるで一般論のように覚えてしまっています。

山　田：刑法はどうなんやろ。「この時はこうです」って判例ばっかりやから，見解っていうよりかは考え方の方向性，一定した方向性を取っておられるから基本的には。まあ，その方向性に乗っかっときゃいいぐらいの気持ちでいいんちゃうかな。こういう時って大概認めるよねとか，こういう時って大概認めないよねみたいな感じやからな。**「判例を採用しなければならないですか」って聞かれると，「いやあ，判例の見解があるんやったら教えてほしいねんけど」っていう感じやね。**方向性やから乗っかっときゃいいし，方向性と違う時は説明したらいいから。あの判例とは事案が違うんだっていうことを，事案が違うんだって明示せずにこういうのもあるし，こういう事

> 「判例の見解」というものがあるなら，教えてほしい。

実もある，こういう事実もある，こういう事実もあるねん，だからさすがに今回は違うやんって言うったったら終わりやん。というわけで何も怖くない。

受験生：先生が言われてる「判例の定式」って，受験生が言う規範だと思うんですけど，その規範を学者の先生が作ってくれている感じがありますよね。学者の先生が言っているものに乗っかっても，それはそれでいいんでしょうか。

山　田：別にいいよ。乗っかった方が楽なんやったらね。ただし，その先生の考え方がミックスされてるから，採用する際は注意しいや。自分の考え方と違う考え方を取ってる先生がミックスして後にポーンって出してるやつだとひょっとしたらズレてるかもしれへん。だから自分でそれを検証した上で，これは取れると思ったら取ってもいい。「判例の定式」って通常言われるのは一般命題に関する判例っていうのがあって，**『判例とその読み方』〔三訂版〕（中野次雄編，有斐閣）**を読んだら書いてあんねやけど。その一般命題絡みの判例の時は最初のところに，「これこれについての判決」っていうのが出てるから，そこで見分けるんやけどね。そういう時はその定式を使うんやけど。

　たとえば，行政法の，処分性のとこでみんなが書くあれは，1回しか書かれてない全くもって定式ではない定式です。

受験生：えーそうなんですか。

山　田：1回しか出てないねん，あれ。**ちゃんと判例は自分で確認しないとね。学者さんの言うことだけ鵜呑みにしてたら終わりやで。**きちんと自分でも考えて初めて身につく。

　で，妥当性とかバランスっていうのは，うーんと頑張って妥当性を図ったよってわかればいいから。基本的に判例の考え方が載っときゃ妥当になるはず。やから重要かと言わ

> 判例は自分で確認しないとね。学者さんの言うことだけ鵜呑みにしてたら終わりやで。

れれば，うーんと頑張って書いた後に結論がものすごくおかしくなったなって自分がもし思ったら，もしくは答案構成の時になんか変やと思ったら，多分なんか考え違いをしてるから，そん時に振り返ってくれればいい。なんかひょっとしたらおれ変な事書いてないかなって。

第3章　合格思考による刑法総論・刑法各論の理解

(1)　刑法の体系的な検討順序

受験生：ここからは，刑法の体系的理解，答案の書き方について伺います。まず最初に答案の書き方についてです。たとえば平成27年の問題で，甲がＣのかばんを奪い取る行為は強盗か窃盗かいずれにしても，今話のあった誤想自救行為が問題となりますが，これを論じて結局責任を阻却してしまうならば，構成要件該当性，違法性とかそういう面倒くさいことを書かないで，いずれにしても責任が問題になるって論じる方法はダメなんでしょうか。

山　田：ダメ。絶対ダメ。それはやった瞬間にアウト。

受験生：それはなぜですか。

山　田：このこと，受験生によう聞かれんねん。なんでアウトかっていうと，構成要件該当事実が何かって先に論じてへんと，認識の話を書きにくいやろ。だから，**やっぱり順序ってほんまに大事で，この順序で説明せなあかんっていう順序があんねん。**

　　　　構成要件的故意のところは，殺意の有無によって罪名が違ってくる時があるから，そういう時はしゃーなしで，ちょっと先に実行行為これやと思うんですけどってみたいな感じで説明して故意を検討すんねんけど，構成要件・違法性・有責性という形は絶対守らなあかんねん。

受験生：そうすると，民法では問題にならない要件はかっ飛ばしていいけれど，刑法では違うということですね。

山　田：絶対ダメ。まず，構成要件該当性を書いてください。条文に書かれているものをちょっと解釈するとすぐ構成要件が出てくるよと。で，刑法って刑罰権発動のために行為をリストアップしてんねやな。これはしちゃだめ，あれはしちゃだめって。その行為にあたって初めて刑罰権が実現できんねやろ。ということは，最初に刑法の適用を考える時に必ず構成要件に該当するかって考えなあかんはずやねん。だって，そもそも構成要件に該当しないような行為なんやったら，刑法の適用範囲外なんやから責任阻却も違法性阻却もなんも出てこうへんもん。だから必ず構成要件からタッチせなあかんねん。

受験生：つまり，条文から始めるということですね。

山　田：そう。**考える順序として，構成要件が違法かつ有責な行為を類型**

化していると考えるのであれば，構成要件から検討せなあかんわな。**絶対ダメ**。なんか，理由がないとやってもいいかなって思っちゃうもんね。時間ないと。理由はちゃんとあるんすわ。

　違法性も次じゃないとだめ。なんでかっていうと，刑法の考え方は客観から主観に行くから。主観ってどうしても内心やから，客観から認定せなあかんねんな。事実認定するときに。

受験生：どの構成要件を検討するのかが微妙な問題っていうのが，司法試験ってすごく好きじゃないですか。

山　田：好きやなあ。

受験生：その場合に先に主観を見ないと，どっちの構成要件にしたらいいのかっていうのがわからないことがあると思うんですけど，その場合の書き方として，先に故意を含めた主観面のことを書いた上で，改めてこの構成要件を検討するから客観的構成要件から検討していくっていう書き方は大丈夫なんでしょうか。

山　田：大丈夫やと思う。まず最初に書かなあかんのは，今回はあの罪かこの罪かが，すごい疑問なんだと。なんでかっていうとこういう事実があるから，どっちになるかわからないんだと。だからそのわかれ目であるところの主観面を検討するって書いたら理由が付いてるから，「あー，いいよいいよ主観からやって」ってなる。

　それが，理由なしに主観面だけ先に書くと，「おーおーお前は何をしとるんじゃ」みたいなことになる。**普段と違うことをする時は必ず理由を付ける。理由をちゃんと付けたら順序が変わっててもＯＫ**。ただし構成要件，違法性，有責性の順で書かなきゃだめっていうこと。絶対に書かなくちゃいけない順序ってこれ以外にないんじゃないかな。

> 普段と違うことをする時は必ず理由を付ける。

受験生：例外的に，検討する構成要件を確定するために主観面を先に検討した上で，客観面に入ってからもう１回責任のところで，主観面を軽く検討するっていうこともあるわけですよね。

山　田：まあ検討してもいいし，「上記のように殺意が認められるから問題ない」みたいなことでもいい。

受験生：正犯，共犯の書く順番はどちらからでもいいんですか。

山　田：もちろん。なんでかっていうと，正犯者の行為を確定しないと共犯者の行為がわからないので，教唆犯とか幇助犯とかだと正犯行為から書いた方がいいけど，あれは説明の便宜なんですよね。

　ただ，教唆犯から書くとすごい説明しにくくなるはずです。教唆

犯の実行行為の特定の時に正犯の実行行為を教唆するっていうのがあるので，正犯は何やったんって多分聞かれるわけですからね。
受験生：つまり，正犯から書くというのは答案作成政策的なもので，刑法を理解しているかどうかっていうことには直接関係はないということですね。
山　田：関係なくはない。教唆犯の時は，みなさん混合惹起説に立ちますよね。なので，正犯者が悪いことしてるよって先に言っとかへんと書きにくいよねっていうそれだけ。

　　ただ，教唆犯から書くと，正犯も悪いことしてるっていうのがすごく書きにくいから，正犯が先の方がいいと思う。共同正犯の場合も，共謀共同正犯なんやったら，共謀内容と実行行為との連関を見なあかんから，実行行為したやつから書いた方がいい。

(2) 構成要件

受験生：構成要件のところで，実行行為のことも聞くべきだと思うのですが，実行行為については，平成22年の過去問でかなり詳しく検討してるので，そちらに委ねます。
山　田：1つだけ。**実行行為がどの行為かは絶対特定してほしい**。平成22年の過去問解説でも言ってるけど，それだけ絶対忘れんといてな。不作為って言いにくいけどね。「●●はしなかった，○○という不作為」みたいに書かなあかん面倒臭さがあるけど。
受験生：実行行為をまず特定する。
山　田：そうそう，実行行為の特定と，共謀の時の共謀内容の特定も一緒なんよ。共謀の時の実行行為ってほぼ共謀やからね，共謀共同正犯の共謀しかやってへんやつにとっては。だから特定せないかん。じゃないとふわふわするやん。やっぱりこいつがこういうことをしたから悪いんだっていうためには，こういうことの内容がしっかりしてないとダメで，なんかあいつ悪いねんじゃあかんからっていうことです。
受験生：ありがとうございます。それでは因果関係について伺いたいと思います。最近「危険の現実化」という考え方で書く受験生が大半となっています。
山　田：危険の現実化かあ。流行りやなあ。
受験生：これについて，先生はどういう風にお考えですか。今までの先生のお話だと，判例をベースに結論を決めて理由づけは自分で考える

ってことなんですけど，因果関係についてはどのように書いたらいいのかがわかりません。
山　田：受験的「危険の現実化」はそのうち廃れるんじゃないかと思いますけどね。
受験生：判例が危険の現実化と言ってると思うんですが。
山　田：判例に「危険が現実化した」って書いてたっけ。因果関係のところで。
受験生：最決平成22年10月26日（刑集64巻7号1019頁）をご覧ください。
山　田：「危険性が現実化した」。これは危険の現実化を意識したのかな。
受験生：もう1つあります。最決平成24年2月8日（刑集66巻4号200頁）。この2つです。
山　田：**基本書を読むときに気をつけてほしいことがあって，「危険の現実化って判例が使っている」って本に書いてあったとしても誤解がある可能性がある。すなわち，①判例は，危険の現実化っていう話がたくさん出てて，丁度いいフレーズだから使っただけで，基本書とは言っている中身が違う可能性がある場合と，②その判例の事案では危険の現実化と言ってるだけで，他の判例，昔の判例は危険が現実化した，というのとは別の言い回し使ってて，危険の現実化という基準を使ってるわけではないという可能性。**
受験生：別の言い回し？「誘発」とかでしょうか（最決平成4年12月17日（刑集46巻9号683頁）参照）。
山　田：そうそう。危険の現実化が使われたからって，あんまり「危険の現実化」って言ってもねえ。
受験生：言葉にあまり振り回されない方がいいということですか。
山　田：もちろん言葉はすごく大事で，あんまり頻繁に，すなわち因果関係の時に現実化したかしてないかっていう言い回ししか使われなかった場合には，この現実化とは一体何なのかというのを探求しないと考え方がわかんないから探究した方がいいんやけど，今のところ判例は2つだけでしょう。
受験生：平成22年の解説にもありましたけど，先生は因果関係では3つのファクターで考えられるということですね。
山　田：そう，3つのファクターで考えたらいいよ。条件関係が要るのは大丈夫ですよね。こうなってああなって，なんか風が吹けば桶屋が儲かるみたいなレベルでもつながっていればいいよと。だけどこの人のせいで，この結果が起きたんだよって言えなきゃ非難はできな

いよっていうのが因果関係の基礎的な考え方ですよね。よっぽど変じゃない限りはこいつのせいでこれが起きたって言えるんだからいいじゃないかっていう。

　ただその時にあんまり何でも判断するときの事情として詰め込んでいいのか，詰め込んじゃダメなのかっていう問題を学者側から提起したのは大丈夫？

　で，この危険の現実化説なんだけど，ぶっちゃけ答案書きにくくない？たとえば3ファクターで考えますって言った時に，3ファクター全部がマルじゃないとだめなんですか，2ファクターでもマルだったらいいですよ，とかってよく出てくる話じゃない？

受験生：仮に規範があるとしても，それは相当因果関係でも危険の現実化でも自分が説明できればいいということでしょうか。

山　田：うん，いい。

受験生：それよりなぜ因果関係が問題なのかという問題提起のところ，つまり誰かがなんか特殊なことやっているから今回問題になるんだとか，そこに気を使った方がいいっていうことですか。

山　田：その方がいいと思うよ。だって結論は因果関係ありだからね。すごい悪い言い方すると，どうせアリなんでしょってなるから。なんで私が因果関係をここで書こうと思ったかというと，他のやつが介入しててこいつの方が悪いからこいつが責任を負ったらいいだけなんじゃないかって思っちゃうんですよみたいな話を書けばいいから。私の行為のせいで死んだと言えないんだから，私の行為にあの結果を帰責させるのはどうなんですかって書いたほうがわかりやすいからね。

　だからね，あんまり規範は何ですかと聞かれるとちょっとねえ。結論を言うと，社会通念上相当と言えるかなのよ。この行為のせいでこの結果が起きたことが社会通念上相当と言えるか否かが規範。で，あてはめの時にごちゃごちゃ書くっていう。書きにくかったら相当因果関係説で書いててもいいし，危険の現実化説で書いててもいい。要は，あなたがなぜ因果関係をわざわざ問題にして，なぜあなたはそれでも因果関係があると考えたのかっていうのが見えればいい。と私は割り切って答案を書いてました。聞きたいのはそこだけやから。

受験生：判例は因果関係について何か確たることを言っているわけじゃないから，今回の場合は判例を参考にって言っても困るということですね。

山　田：うん。判例を読むと，お前のせいで起こったんじゃないからいいよって言ってるように読めるよ。あなたのせいで起こったわけちゃうから，ごめんちょっと帰責するの無理やわって，中身読んでみると，当たり前のことが書いてある。

受験生：調査官がたまたまこのフレーズが好きだったぐらいの感じですかね。

山　田：そのイメージでいいんちゃう。因果関係が問題になりそうだってことに私は気づいてますっていうことと，でも私は因果関係があると思ってますっていうことをちゃんと説得的に説明できたらそれでいいと思う。それ以上書けって言われても難しいんとちゃうかなあ。自分がどう考えたかを書けば大丈夫やと，私は思うよ。

(3) 違法性

受験生：それでは次に，違法性の話に入りたいと思います。いきなりですが，行為無価値という考え方はもう古いんでしょうか？

山　田：えーと，おそらく判例は行為無価値・結果無価値二元論を採っているであろうとみんなが言っとるので，結果無価値じゃなくて行為無価値・結果無価値二元論を採っておくのが無難だと思う。

　　　　で，昔よく行為無価値・結果無価値二元論か，結果無価値かどうかで論点の結論が変わるって言われてたんやけど，んなわけないやん。筋道違うだけで，最終的な結論は絶対一緒やから。だから筋道をちゃんとたどれるようにしとこうね。で，自分が行為無価値・結果無価値二元論を採っている，だったらある論点ではこう考えるのが素直だ。もし違う考え方を採りたいんだったらちゃんと説明しなきゃいけない，ということを理解しといてくれたらそれでいい。でも変なこと書く時は説明してね。

受験生：逆に，今結果無価値で答案を書く人もあまりいないと思うんですけど，それで試験に落ちるってこともないんでしょうか。

山　田：「防衛の意思を書かせたい」というアピールをしてる問題で，「防衛の意思は要らん」って書いたら，問題文の事実を使わないから，その部分の点数が入らない可能性はあるかな。やから，ちゃんと考えて書けば絶対点は来るし，ただその認識不要説が判例じゃないから説明はしないといけないよね。「なんで私はこんな考え方を採っているのかと申しますと」って言わないといけないから，その分の点数でうまいことバランスがとれればいいと思うんだけどね。

受験生：平成27年の出題趣旨を読むと正当防衛か自救行為かのどちらかが問題となって，誤想していた場合には誤想自救行為という言葉が出てきます。こんな言葉僕初めて見て，普通の本にこんな言葉全く載っていないと思うんですよね。そうすると，もう論証の切り貼りだと絶対に対応できないな，ここの部分はもうその場で自分で考えるしかないんだなっていうのが，これを読んだ時にすごく思いました。

山　田：自救行為も違法性阻却事由の一つやないですか。誤想防衛とか誤想避難」，誤想過剰防衛，誤想過剰非難というのも全部，結局状況を勘違いしてるんです。「あいつが襲ってきてるからおれはあいつに対抗する」ぐらい思ってるやんか。そう思ってたら，あいつ実は襲う気なかったっていうのが典型的な誤想防衛の時やけど，別に誤想自救行為なんて書かんでええねんけど，今私は自分の物を取り返そうとしていると思たんやな。でもそれは自分の物じゃなかったんだ。一緒やん。たまたまそれが侵害がもう終わってたよ，ってただそこが違うだけやろ。

　　　　後は考え方は一緒やから，いつも通り書いたらいい。自救行為，すなわち自力救済として違法性を阻却するって言うんやったら，違法性阻却事由に関する事実の錯誤なんやから故意責任を否定するべきやんな。ただし，今回の事案では自力救済は認めないと，違法性阻却は絶対しないんだとするんやったら，それは誤想してようがしてまいがお前悪いことしたやろって言えるから責任認めてええやんな。それだけ。別に何も難しくない。ただし，誤想防衛の時はこう，誤想過剰防衛の時はこう，誤想避難の時はこうって覚えてると，知らんねんけどってなって，頭固まって終了するから，まあそれを振り分けたかったんかな。まあここらへんにいくまでに何回も罠があるから。

受験生：切り貼りでは通用しないっていうのは先生が今おっしゃった通りで，もう覚えてるだけだとパニックになっちゃうっていうのが原因なのかなと思います。

山　田：だと思う。冷静な時には誰でも考えられるはずやからね。

受験生：自救行為は条文上の根拠が全くない概念なので，その誤想なんて本当にこれでいいのかと思いました。

山　田：違法性阻却事由って，正当防衛と緊急避難もあるけど，正当行為があるやん。正当行為に基本的に自救行為も含めるっていう考え方をとっとけば，35条があんねんやから，まあいいじゃないかと。

後は超法規的違法性阻却事由っていうのを認めるっていう人もいるから，結局違法というのはいやこれ結局悪いことですよと。悪いことしたし結果も悪いやんか，だから悪いことにしとこうやっていう話やからね。
受験生：刑法だから形式を守らなきゃいけないのかなっていうことを思う受験生もいるかもしれません。
山　田：**形式を守らないといけないのは，罪を認める方向に行く時で，違法性を阻却する時はそうでもない**。なんでかっていうと，罪を認める場合は，法的安定性をちゃんと守って人権侵害を減らそうとしているわけやから，そりゃ形式守れよって言われるんやけど，今回は違法性を阻却して解放してあげるんですよね。だけど，形式が大事なんだってことだけを思っているとこう書くのが怖くなるんですよね。

　条文には書いてない，でも書いてないけど阻却事由いっぱい作ってますよね。期待可能性がないとか，責任故意阻却とか。責任故意ってどこに書いてあるんだっていうみたいな。まあ書いてることにしてんやなあれ。ていうのを見ていくと，罪を認める時はかなりガッチガチに書かなあかんけど，違法性を阻却するときはまあいっかと。
受験生：そこらへんの判断が怖い部分があって，試験の現場でモヤモヤしたり，固まってしまったりすると思うんですね。普段から先生のように，下の方まで根を張って，そこからさかのぼって考える勉強をしている方だと，まあそれ程怖くなくないとも思えるんですけど，知識の切り貼り専門みたいな感じの人だと，「はい，ないものは見たことない」で終わってしまいますし。

　ところで，そもそも責任故意という概念はどうして出てきたんでしょうか。
山　田：結果無価値論の人は，主観的なことを最後に考えるんですよね，全ては責任で考えると。あなたがどう思っていたか，どう見てたかっていうそういうものは全部あとで考えるからっていうので全部責任で考慮しているんです。行為無価値・結果無価値二元論は，行為も悪いし，結果も悪い。行為は主観と客観の統合体やから，主観的違法要素を認める方向へ行く。ほんで，構成要件は悪い行為のカタログ。なので，主観面もカタログに取り込まれるよ，と。

　私が今採っている立場は，構成要件とは違法かつ有責な類型であるとするものです。だって，悪いものを類型化したんですよね，構

成要件は。そして，悪いものって違法で有責なものなんですって考えると，構成要件に故意が混じるんですよね，責任の話，主観の話だから，有責すなわち君が悪いことをあえてしたんだよって言わないといけないよってことで。

でも，構成要件っていうのは違法な行為を類型化したんだという考え方もあります。構成要件に関する考え方が違う場合故意が上にあがってこない場合がある。

ややこしいでしょ。うまく説明できないけど，そういう考え方もあるので，今から私がする話は全部構成要件とは違法かつ有責なものを類型化したものですっていう前提で話していると思っておいてください。まあ，受験生の大半は同じ立場やと思うねんけど。で，責任故意というのが出てくるのは，構成要件に該当する事実に加えて，違法性阻却事由の不存在も認識していないとあなたが悪いことしてるって言えないっていう理解っすな。色んな考え方が出てくるから難しいですねえ。

(4) 共犯

受験生：次に，司法試験頻出の共犯について伺います。共謀共同正犯の成立要件は，どのように考えたらよいですか。共謀共同正犯を論じる時には，どのように論じたらいいのでしょうか。

山　田：正犯者というか実行行為やったやつを先に特定して，構成要件違法有責は多分問題ないから，構成要件書いてこいつ何罪だって書いた後に，こいつ共犯やって書いて，共謀共同正犯やから共謀の内容書いて，かな。

共犯性のところで，共謀，すなわち，意思連絡とと正犯意思を書くんやけど，**大事なのは共謀した内容ね**。共犯の定義がここで問題になってくるんやけど，特定の犯罪を共同で一緒にやりましたよと。みんな「やわらかい犯罪共同説」って言われてる見解を採るから，まあ重なり合ってたらいい。共謀するときに○○罪をするって意識するわけはない。ある行為を一緒にやるって実際には考えているから，そこも注意して。

それで，2人一緒に物を盗ろうぜって言って物盗りに行ったってのが大事なんで，そこの共謀の内容を特定すると。特定して意思連絡しましたよと。で，正犯意思がありますよっていう話を書いてくれればいい。

　　　　　　意思連絡と正犯意思は分けてな。違う概念やから。「こういうこと一緒にしようね」っていう話と「おれのために今から悪いことすんねん」っていうのは違う話やから。意思連絡の特定をした後にそれは正犯としてやるつもりがあったっていうこと。意思連絡だけやと教唆犯でも一緒やから。まあ、「一緒にやろうぜ」か「おれ手伝うわ」か「お前にやらせる」かのどっちかやけど。
　　　　　共謀共同正犯は、かなり教唆犯と親和的で、「お前にやらせる」ってな話やから、意思連絡は、こういう犯罪をするっていうのとお前がこれをするっていう内容になる。で、おれのためやけどなっていうのを後で書くっていう理解でいいんじゃないかなって思う。後は順番通りに書いてくれりゃそれでいいかな。
受験生：結論として、何をどういう順番で書いたらいいのかについては、まず正犯の構成要件を書いて、それから共犯性。共犯のところはまず、意思連絡を書く。
山　田：意思連絡を書いて、正犯意思を書いて、そうすると正犯者で実行行為やるところは終わるから、次のところで、同じようにこの人は実行行為してへんねんけど共謀してたんだよって書いってたらいいと思う。意思連絡と正犯意思については、この順序じゃないとあかんってことはないから、説明しやすい順序で書いてくれて大丈夫。説明するためにどちらを先にした方が良いかっていう柔軟な気持ちでいて。
受験生：60条の条文上だと「2人以上共同して犯罪を実行したもの」っていう、ここの解釈論から説き起こして書くという必要はないわけですか。
山　田：ないね。本当はしたいんだけど、共謀共同正犯はもう所与のものとしてみんなが認定してるから、ここはいいわ。共謀の内容を練馬事件みたいな感じで書いてくれた方がいいけど、一緒にやろうぜって誰かが言って、みんなで一緒にやろうぜって言ったんだみたいなことさえ書いてくれれば。まあ、でもここにエネルギーを割かんくてもいいかな、どっちかというと**共同正犯か教唆犯かが微妙な事案が出るから、正犯意思のところでがっつり書く。**
受験生：そうすると、意思の連絡はまずあると認定して、それから自分のためにやったというところを書く。
山　田：うん、その順序で書くことが多いかな。正犯意思についてしっかり書かないかんことが多いやろね。ただし、意思の連絡の内容をしっかり認定しておかないと、後で共犯の錯誤の時に書きにくいから。

甲はこう思ってたよ，乙は違う風に思ってたよ，とか，甲はこういう実行行為をしたよと，共謀は違ったよ，とか書いておく。

(5) 罪数

受験生：罪数の重要性についてはどうお考えですか。
山　田：**めっちゃ重要やからやっといてな。**
受験生：罪数にもかなり配点はされてるって考えていいですか。
山　田：されてる，絶対されてる。
受験生：罪数が苦手な受験生は多いですよね。
山　田：私も嫌いでやってなかったんですよ。検察修習の時に勉強したらいいやんってなったんやけど，こまったよ。公訴事実の同一性の時も罪数が絡んでくるじゃないですか。横領後の横領って罪数ですよね。これって1罪？2罪？逮捕するときもそうやんな。一罪一逮捕一勾留の原則の時の一罪ってなんでしたっけ，とか。
　　後はもう吸収関係とか，包括一罪やったら実行行為はこんだけって特定出来るけど，罪数違うとやっぱり全部一個ずつバラさなあかんから。
受験生：罪数の相場観を身に着けるには，いろんな判例を読めばいいんでしょうか。
山　田：**罪数は取りあえず，なんか基本書を1冊読むといいですね。**読んでもらって判例見てもろて，大概主観で判断してるんで，犯意の個数で判断することが多いから，共犯行為もそうやし，その犯意の個数とかで見て，ああこれは1回の悪いことやな，なのか，大分いっぱい悪いことしたな，なのか。ざっくりと分けてもらえればええんちゃうかなと思うけど。

(6) 刑法各論①～財産罪

受験生：それでは刑法各論の話に移ります。刑法各論を学習するためのポイントのようなことは何かあるのでしょうか。
山　田：**保護法益かな。**何でも保護法益から考えれば，ある程度結論出るんですわ。たとえば，放火罪だと家が1個燃えたからって終わらへんくて，他に燃え移る可能性があるから，あいつが燃えると全部危険みたいなイメージなので，かっこよく言うと公衆の安全。ざっくり言うと，火怖いからまじやめてっていうことです。

かっこいい言葉と自分だけの言葉，それだけで覚えてんねん自分で。あれも燃えるこれも燃えるそれも燃えるどれも燃えるみたいな。なので，そういう自分だけのフレーズ，自分が理解するために最も大事なフレーズを自分の中で作ってもらって，絶対忘れへんよっていう状態にしといてもらえたらいいかなって思います。

　財産罪は大事なところが多すぎて嫌になるんやけど，**全体財産の罪と個別財産の罪でまず分けて**。ほとんどが個別財産に対する罪で，背任罪だけが全体財産に対する罪だと。なので，結局プラマイゼロだったとしても，物が盗られただけでアウトっていうのが基本的な考え方です。

　次に，物と利得があって，**物を取るものと利得を取るもので分けます**。窃盗罪の時には，物を盗られないとまずいから，物以外の利得が盗られた時には窃盗罪では絶対無理だと。でもなんか罰したいなって時には背任罪で頑張ろうっていうイメージやけど。

　あと，**占有を守っているのか所有権を守っているのかっていう視点**。民法だと，物の奪い方が売っ払うとかやん。所有権があったら民法やと取り返せるやん。実際は所有権があっても取り返せへんけどな。実際は取り返せないっていうものも守りましょうってことで，占有も守っとこうかっていうイメージなんだよね。

　窃盗罪の時も所有権者と占有権者がバラバラやったとしても，誰かの占有を取ったら，お前あかんねんっと言うべきだぐらいのイメージから入ってくれたらいいと思う。で，横領罪みたいに，もう占有は自分のもとにあるから所有権を侵害してるんですって場合には，ああ占有の有無が問題なんだってそこをわかってもらえるといいですね。占有を奪う奪取罪なのか，それとも奪取罪ではないのかっていう違いを意識して，法律を見た方がいいんじゃなかろうかと思います。

受験生：それぞれの財産犯のどこが違うのかを意識して勉強しておくってことですね。

山　田：多分盗品等関与罪だけ，忘れんねん。何が悪いかっていうのもまた考え方が違うから。なんで盗まれた物を売っぱらったらおれまで処分されなあかんねんっていうのを理解しといてな。気づかへんやん。なんで盗まれたもんをその後売ったらあかんねんっていう。

　人の物を直接盗んだり，奪い取ったり騙し取ったりこっそりポッケにナイナイしたりするのが悪いっていうのは直感的にわかるけど，誰かから盗まれた物を受け取るだけで私アウトってちょっと直感的

にわかりにくいから、「あ、これ悪いことや」って直感的にわかりにくいことほど、ちゃんと勉強しといた方がいい。

　各論全体を通して、保護法益と解釈との関係性を1個ずつ見ていくべきやね。業務上横領罪はなんで加重されてんやとか、遺失物等横領罪はなんであかんねやと。落ちてるもん拾うたぐらいでなんで横領で処罰されないかんねやと。所有権を守っている横領という罪の中でも遺失物等横領罪は預託関係がない。単純横領は預託関係がある。業務上横領はそれを業務としてやっててお前金もろうてんねやろみたいな感じやと。ただし金もろうてんやろは書いたらあかんで。業務として行ってるって書かなあかんから。

　こう、1個ずつ整理していく。もちろん私の整理がわかりやすくて、ストンとくるんやったら私の整理のままでええんやけど、そうじゃないことも絶対あるはずやから自分でなんでこの似てるやつは違うんやろって1個ずつ考えていく方がええわな。

(7)　刑法各論②〜財産罪以外

受験生：財産罪以外のポイントは何でしょうか。

山　田：えーとね、まず守るべきものは自分の生命身体です。遺棄罪の遺棄の概念については学説がいろんなことめっちゃ言っとるやん。難しいから、頑張りすぎずに、判例でいけ。学説もちゃんと勉強しましょうというのが基本的スタンスやけど、時間もない受験生やったらもうやめといていい。いつかしっかり勉強するって決めて、判例を書く。

　あと、名誉は憲法で勉強するから頑張れ。信用および業務。やっぱ守らなあかんものってぎょうさんあるよねっていう話になるしな。出るやつだけいくと、傷害罪と過失傷害罪、殺人罪と遺棄罪とか過失傷害罪とか不作為の殺人罪とかすごい問題になりやすいから、そういう問題になったところ、択一でも出たし、過去の論文でも出たところを中心に自分の理解を深めていってください。社会的法益でめちゃくちゃ出るのが文書偽造罪。公務執行妨害罪もよく書くかもしれないから頑張れ。

　基本は個人的法益についてきちんと書けないといけません。なんでかというと、自分たちにとって一番身近で、なんでこの行為が悪いのか、この行為が悪い理由がすぐわかるのが個人的法益やから、個人的法益ができひんやつに社会的に悪いかとか国家にとって悪い

かってつってもわからへんから，個人的法益を頑張ってくれ。
　で，社会的法益で出そうな放火に関しては火怖いっていう，今やと多分鉄筋コンクリートばっかりで火怖いっていうイメージはあまりないと思うけど，昔これ作ったときは木造家屋ばっかりで1個燃やしたら全部燃えるから，そういうつもりで作られたんやっていうことを意識して。

第4章 大切なのは「相手に伝える」という気持ち。短期合格のための効率的学習法

(1) 試験全般について

受験生：最後に，司法試験全般について伺いたいと思います。この試験で特に大事なことって何でしょうか。

山　田：うーん，**相手に伝えるっていう気持ち**かな。覚えたものを書きゃ終わるっていう話じゃなくて，あなたが授業受けたとか，まあちゃんと勉強してきたっていうことをちゃんとわかった上で，採点者が「こいつは通してやろう」と思わへんかったら点数をくれないんで，人間やから。

> 大切なのは「相手に伝える」という気持ち。

なので，**自分のわかっていることを先生が聞いてる限りで答えてねっていうこと。先生が聞いてることに答えへんと，先生は絶対イラッとするから。先生の問いに答える。その問いに答えるために，必要なことを1個ずつ丁寧に相手に伝えるために書いてっていうことですね。**

だから，自分があとから読んで，何言ってんのかようわからへんなっていう文章は絶対にダメやし，相手に読んでもらう，**相手に自分がちゃんと勉強したことをわかってもらうために書くんやって意識しないといかん**かな。それさえできていれば別に，予備試験もそんなに難しくはないかなと。

受験生：なるほど。その他に何かポイントはありますか。

山　田：試験全般なんでも言えるけど，**自分の性格と体力をちゃんと把握しておく**ことが重要かな。私飽き性で移り気で，集中してる時はすごいけど，一回切れるとその集中二度と戻らないっていうのが自分でわかってるから，集中してるときはガッとやって，飽きたら帰って，でその日は終わり。

> 自分の性格と体力を把握する。

でも，気持ちが焦っている時は自分の気持ちを落ち着かせなあかんから，択一をする。自分なりに自分の操縦方法があるはず。自分の性格をきちんと把握して，こうなった時はこうしようってのを自分で決めとかないといかん。まあ，私のやり方が全員に通用するわけでは絶対ないし，私と同じぐらい飽き性で移り気で集中力無くて，

第3編　対談形式で完全解明！合格思考法・総論

やる気ないやつなんて絶対受からへんから。
受験生：（笑）
山　田：よっぽどなんかラッキーないと受からへんから，なんとかしてあげてね自分を。あなたはどんな性格ですか。
受験生：移り気で飽きっぽいところは私も先生と共通ですね。その割に細かいことはこだわる感じでしょうか。だからどっちかというと，カチッと固めてやりたい割には飽きっぽいっていう性格でしょうか。
山　田：それやと，多分飽きっぽい自分のこと許してあげなあかんわな，最初にね。飽きた時のために，私はよく勉強するときに3種類持って行ったんですね，法律。
受験生：3種類？
山　田：憲法，行政法，刑法って。今日どれ勉強しようかなみたいな。やらへん2科目あったり，逆に3科目全部やったりする日もあるもん。自分をコントロールするのは難しいから，もう飽きに飽きたらとか，自分がこうなったらこうするっていうのは自分の中で作っとかないと。で，長い受験生活1年の間に，まあ，最初の1か月ぐらいで自分の傾向ってわかるんで，自分の傾向をつかんで，こういう時はこうしよう，こういう時はこうしよう，やる気なくなったら放り出して3日間ぐらいやらへんかったらまたやる気が出てくるんやったら，3日ぐらい放り出しても構へんし。いや，やっぱり怖いって自分で思ってその気持ちで焦っちゃうんやったら，もう，択一だけやっとこうとか。これだけはせめてやっとこうとか。そういう風にうまいこと自分を操縦する。
　　　　試験の時に最高の状態に持っていくのは無理やから。最高の状態に持っていこうとすると，またそこでプレッシャーでカクンってなっちゃうからどうせ。まあまあ，**真ん中ぐらいで**。とりあえずまあ，受けたら受かるよぐらいにまで持ってこうって思って。

> 試験本番の時に最高の状態に持っていくなんて無理。

　　　　試験って5月でしたよね。来年の人はあと数か月で，自分をどう操縦するかぐらいは決めといた方がいいわな。私と同じタイプの人がもしいるんやったら，頑張れ，なんとかしてやれって。自分のことは自分がよくわかってるはずやから，まあわかってへんやったら誰かに聞いて，こうしときって言われたらわかるって。
　　　　体力は，なかなかつきませんよね。腹筋してたら体力がつくわけ

でもないですし。自分の体力と自分のなりたい職業との相談なので。**司法試験，体力がなくなってもいけるようにしとかないといけないから，体力ない人ほど勉強しないといけない**。体力がないなりに精度あげてどんなにへろへろの状態でも普通の受験生よりかは書けるようにする。つらい道ですね。

　そうやって自分の体力がない，体力がないにもいろいろ種類があって，たとえば書けないのか，体力がなくなったらもう読めなくなるのか，頭に入ってこなくなるのか，それとも読めるし書けるんやけど，ただの疲労なのかとか，自分の体力のなさもちゃんと分類して，こういう時はこうしたほうがいいとか。考えておいてね。

(2)　判例の学習

受験生：受験生の中には，判例の学習を上辺だけやっておいて，後は事案をパパッと処理する能力さえあれば，刑法では合格点取れちゃうみたいなイメージを持っている人もいると思うんですが，先生のお話を伺うとそうでもないのかなと思いました。

山　田：本試験の問題は判例と事案違うしねえ。さすがにそんなに甘くないと思う。周りの受験生のレベルが適切に測れなかった場合には落ちるから，あんまり私はお勧めしないな。**予備校の模試とかである程度自分の位置を把握しておいて，「このままこの位置を維持できたら受かる」っていう勉強法をとっている人は，そのままいけばいいと思うんだよね。ただし，その方法で絶対受かるという保証は私はしない。ちゃんとやることやってて，やるべきことを全てやっていれば，周りの受験生がどんなレベルでも絶対受かる。どっちがいいかは人による。これは考え方の違い。**

　判例の学習しといてあてはめときゃ受かる？完璧にあてはめられればね。でも，微妙に事案が違うから，本当は完璧になんてあてはめられないはずなんだけどね。

　旧試験の頃は，かなり論点というか論理が先行してましたよね，あてはめが少なくて。刑法は今の司法試験でもかなり論理型ですよ。少なくとも平成27年は。この本で取り扱う平成22年も24年も，結構論理問題だったと思うんですよ。問題文の分析をしていくと，こことこことここがわかっていないと多分この論点は出てこない，この事実をきちん

> やるべきことを全てやっていれば，周りの受験生がどんなレベルでも絶対受かる。

と見ていかないと正確に事案の処理ができない。
　問題文の事実を見ずに，判例の知識だけで押すのは正確な処理じゃないから。「判例とどうせ一緒だから乗っかっときゃいいや」っていうのはあんまりおすすめしないかな。だって**判例通りの事案って出てこない**しね。ただ，判例学習が必要なのはその通りで，基本書にがっつくよりは判例集にがっついてくれたほうが安心するし，どっちかと言うと判例解説本をちゃんと読んでほしいと思います。

受験生：判例の結論はきちっと覚えて，その理由づけも自分で考えていれば，試験にも対応できるということですね。

山　田：できる。理由づけっていうのは必要性と許容性ですね。**まずは条文を疎かにしないでほしい。**「判例，判例」って言ってると，条文がどっかにパーンって飛んじゃうから。判例についての詳しい話をしていると夜が明けてしまうので，**『判例とその読み方』〔三訂版〕（中野次雄編，有斐閣）**っていう本の一読をお勧めします。

　有名な話ですが，判例は法源じゃないからね。「判例に書いてあるからこうしなきゃいかん」ということではない。あれは規範ではない，定式です。判例が「わたしゃこう思います」と言うとるやつです。しかも，傍論は判例にはなりません。ならないんだけど，最高裁が言っていることと反対のことを書く裁判官はあまりいないので，どこの裁判所でも同じように考えはる，だったら乗っかっとこうぜっていう感じですね。

　で，判例を勉強するんですけど，判例というのは基本的には条文の解釈をしていくと，こんな問題が出てきましたと。で，問題になったのでわしらはこう考えましたっていうものなので，どこの条文を考えた時に出てきた問題なのか，そしてどういう問題だったのかに注意してほしい。事案の特殊性ね。

　事例判例と言われるものがあって，こんな特殊なケースやからこうなったんやっていうのは一般化できひんから，それは一般化しちゃあかんですよね。そこでは「こんな特殊なケースがもう１回出てきたら同じように考えてな」って言われてるだけやから，答案に書く時も「この事案はこんなに特殊なケースなんかな」って考えなあかん。

　で，一般的に皆が使う判例は，民法の「賃貸借契約の解除とは」みたいに，最高裁の考え方がかなり一般化されてるものですよね。刑法でそんなんあったっけ。「不作為犯とは」って何かの判例に書いてあった？

受験生：ないです。

山　田：「因果関係とはこのように考えるべきである」って判例あった？

受験生：ないです。

山　田：ないですよね。あれは事例判断の集積なんですわ。こんときはこう、こんときはこう。で、刑法学者が後から見て、「こういう時ってこう考えてるっぽいんやけど」って必死に理由づけを考えてくれてるんですよ。「こことここはこうで、こことここはこうで」って整合性を取ろうとしてくれてんねんな。

　でもさ、同じ人が判決文書いたわけじゃないんやから、違って当たり前やんと思わへん？ただ、「一般的にどうもこういう風に考えているらしい」っていうぐらいは一致してないとおかしいですよね。そうやって判例を勉強してもらって、そうすると最初に言ったみたいに**「裁判官はどうもこう考えているらしい。この問題についてはこう考えているらしいから、自分もこの問題について裁判官と同じように考えたらこうなりました」っていうのを答案に書けばいい。**

　「判例学習をしてあてはめたら受かる」というのは、それは確かにある一面ではその通り。ただし、その判例だけじゃなくて、いろんないっぱいの判例をちゃんと考え、そっから考え方を抽出して解かなあかんから、勉強することは結構大量よ。ケースブックぐらいはやろうね。『判例刑法総論　第6版』『判例刑法各論　第6版』（有斐閣）は私は全部読んだけど、イマイチようわからんかった。わからんときは『条解刑法〔第3版〕』（弘文堂）を読むんですよね。本の後ろを見てもらったらわかるんですけど、書いてる人がどういう人かっていうのが出とってですな、高裁長官、高裁長官、高検検事長、裁判所長、検事長、所長、裁判所判事、刑事法制管理官、判事、検事正、長官、所長。

受験生：すごい経歴の人ばかりですね。

山　田：そういう人たちが、「おれこうやって考えててん」って言ってくれてはるから、そうやって考えたらええやん。読んだら、ああ、そう考えてたんやっていうことがわかる。判例を読む、考え方をつかむ、実際に問題を解いてみる、考え方をちゃんと適用できたかどうかを検証するの繰り返し。そういう中で『事例から刑法を考える　第3版』（有斐閣）みたいな問題集を使いながら、こういう考え方で大丈夫らしいっていうのを一つずつ検証していくっていうのを何回も何回もやっていくと択一で見た瞬間に肢の○×がわかる。そこまでいったら、多分もう判例学習という点ではある程度の位置まで来てる

からあとはもう答案書くだけ。問題文をちゃんと確認するだけ。

(3) 出題趣旨・採点実感の重要性

受験生：出題趣旨と採点実感は，どの程度重視したらいいのでしょうか。

山　田：うーん，**受験生に無茶を強いてる部分はある。でも，それを無茶だと思わないレベルまで勉強してほしいという希望がある**。ただ無茶は強いているから，これを見て「あぁこういう事を書いて欲しいんだ相手方は。じゃあ書けるように一応勉強しよう，でも本番ではおれ頑張ったんやからええやんけ」っていう気持ちで書く感じかな。**勉強する時と書く時と気持ちは切り替えてほしい。**

> 出題趣旨・採点実感には無茶なことが書いてあるが，それを無茶と思わないレベルまで勉強する。

　勉強するときは出題趣旨に書いてあるようなことを自分でちゃんと見つけられるような勉強をする。で，書く時は今からおれ必死に頑張んねんから，とりあえず「頑張った」を読んでくれっていう気持ちで書く。出題趣旨通りに書かなあかんって思うと，変な読み込み方をしちゃうから，素直に事案を見て自分やったらどういう処理をするか，どういう解決方法を探るかっていうのを考えて書いて，そしたら，ああ出題趣旨と一緒やった，ただそれだけ。というかまあ，**普通に素直に読んで素直に取り組んだら，多分出題趣旨通りの処理方法以外ないから。**

受験生：問題文がミスリーディングで，みんなが違う方向にいくっていうことはそこまでないですか。

山　田：ないっすね。ちゃんと事案を解決しようと思ったら引っかかるように事実を書いてくれてるから，問題文が。だから，問題文を分析するときにはある論点に特徴的な言葉であったり，ある論点に特徴的な事実っていうものをしっかり把握しておくと，あ，わざわざこれをここに書くっていうことはこれを書いて欲しいってことですね，みたいなことがわかる。

受験生：ちゃんと勉強すれば，出題趣旨どおりの答案を書けるようになるもんでしょうか。

山　田：**書けるよ。ちゃんと勉強してれば書ける。ただ当てにいったらあかん。これが出題趣旨だって思っても，この問題，この事案をちゃんと解決するためには全部の疑問点をクリアしなきゃいけないと思**

って，全部の疑問点に素直に答えを出していく。

　それをやっていくと，多分疑問が疑問のまま残るところもあると思う。でも**疑問をそのまま残しといたら印象悪いやんな。悪いからなんとか自分の言葉で，僕はこう思うと，そのためには基本から説き起こす**。正犯意思が正犯には要るって僕考えてるんですけどって，基本からいく。自己の犯罪をする意思なんです，で，乙を助けるためとはいえ，自分で悪いと思ってることをやってるんやから，あると思っていいじゃないですか，それが合ってようが間違ってようが多分間違ってんねやけど，それは，正犯意思の読み替えやから，合ってようが間違ってようが取りあえず書く。

　で，書いて，終わって，後で返ってくる順位によってはひょっとしたら基礎的な事がわかってなくて，君が頑張ったのは認めるけど，知ってなあかんこと知らなかったんやからさすがにアウトって言われているかもしれへんし，ひょっとしたら，ああ頑張ったねと，ここはわかってなかったけど，でもちゃんと考えてくれてたから通すよっていうんで通してくれるかもしれない。問題文に出てくる人数が少なければ少ない程，わかってなあかんことや考えないといけない量が増えるから，難しくはなるけどやることは全部一緒ですわな。

> 出題趣旨を当てに行くのではなく，事案に即して素直に答えていく姿勢。

(4)　ロースクール入試，予備試験，司法試験の違い

受験生：「全ての道はローマに通ず」と言います。試験も全部同じとは思うんですけど，あえていうと予備試験，司法試験，ロースクール入試のそれぞれに特徴ってあるんでしょうか。

山　田：ロースクールはなんで受かるのか落ちるのかわかんないよね。私，ロー受けてないしなあ。ローは，わからんわ。

受験生：予備試験，司法試験で気をつけること，アドバイスのようなものは何かありますか。

山　田：**司法試験はヒントが多いから，全部ヒント拾ったらいいよ，問題文に答えが全部書いてあるから。**

受験生：司法試験は問題文が長いですからね。

山　田：全部拾ってったら何書いて欲しいかが全部書いてあるから，それに全部乗っかってポー

> 司法試験は，問題文に答えが全部書いてある。

ンポーンって書いたら受かっちゃうから。司法試験の方が予備試験よりも受かりやすい。**予備試験はね，論点に1個気づかなかっただけで終了だから**。ものすごい特徴的な事実が出てるか，ほんとに本質からわかってて，「こういう論理でつないでったら，ここはやっぱり引っかかる」っていうのがわかってないと。

受験生：予備試験の方がヒントが少ない。確かに。

山　田：そうそう，ツルッとしてるから，下手したら全部読み飛ばして終わっちゃう。全部ヒントあるんだけど，ヒントがホントに1個の単語で全ヒント詰め込みました，これで全部気づいてね，みたいな感じ。予備受ける人の方が練習いっぱいしないといけないかもしれない。

　だからこそ，**予備試験に受かった人はヒントにちゃんと気づける人のはずだから，司法試験も受かるんだと思います**。まあ今は予備試験の合格者数も多いから，気づいてないけどなんかいっぱい書いたら受かっちゃったみたいな人もいて，そういう人は司法試験に落ちちゃうんだろうね。予備試験の方が司法試験よりも事実が少ない分，あてはめにエネルギーが割きたくても割けなくてどうしても論理をいっぱい書きがちになるから，そのままで司法試験まで引きずっていくとまずい。

> 予備試験はヒントが少ない。だからこそ，予備試験に受かる人はヒントに気づける人なので，司法試験にも合格しやすい。

　司法試験ってホントにいろんな事実を引き比べて，こうだからこの論点が出てくる，こういう問題が出てくるし，この問題を解く時にはこういう事実をちゃんとこの定式とか規範に当てはめていったら，ほらこうなったでしょってちゃんと説明しなきゃいけない。事実をあてはめて説明することを怠るとやっぱり落ちちゃうから，そこは気をつけてね。でも，法律を使って問題を解決するところの本質は一緒。問題の性質の違いで力点が微妙に変わっちゃうだけだと思う。

(5)　これから勉強する人へのアドバイス

受験生：これから勉強を始めて，在学中に予備試験に受かりたいという読者もいると思うんですが，そういった方へ何か勉強法のアドバイスなどありましたらお願いします。

山　田：そうやねえ，択一の問題を1回最初に解いてもらって，まあわか

らんことばっかりやし間違えまくると思うけど，そんな恥ずかしいことじゃないから，間違えた問題1個ずつ理解していこう。で，1個間違えたらその論点についてしっかり勉強してって，ちょっとずつちょっとずつ理解を深めていきましょう。そうすると，きっと全体が気になってくると思うから，そん時に全体を勉強してみてください。そしたら「ああ次ここの話がここで出てくるんやな」って感じで，全体のつながりが見えてくるから，そうやって知識を入れてもらうといいかな。問題やった方が頭に入るしね。

　絶対最初に択一。元気やねんけどやる気がなくて，でも勉強せなあかんとなぜか気が焦ってる時，私は択一の問題を500問ぐらいバーンと積んで全部解いてた。

　で，間違えたやつだけリストアップして，間違えたやつの復習をやると時間も結構過ぎるし，なんか勉強した気になるし，気だけなんやけどね。知識の再確認なんで，さらに深まるわけじゃないから。**理解を深める勉強が重要ですね**。間違えた理由を考えて，正確に理解できるように頑張る。わかってないこといっぱいあるけど，こんな風に話している今も，わかんないこと山ほどあるけど，一個ずつ頑張れば，大丈夫やと思うよ。

第3編　対談形式で完全解明！合格思考法・総論

第5章　第4編・第5編を読む前に～問題文・出題趣旨・採点実感等・再現答案の読み解き方

1　問題文の読み解き方

(1)　問題作成者の気持ちになること

　問題文を読むときに大切なこと，それは，問題作成者が問題を解く人に対して何をもとめているのかを正確に把握することです。シュークリームをくださいな，と言われて，エクレアを渡したら怒られるように，Aを解決してくださいと言われているのに，Bを解決してはいけないのです。

　シュークリーム，とわかりやすく言われれば誰でもわかるわけですが，甘くて，生地は焼かれてサクサクで，クリームが詰まってて……と言われればどうですか？何やらいろんなものが思いつきますね。ここから，シュークリームという答えを導き出さないといけない状況にみなさんはいるわけです。さて，どうしたものやら……。

　安心してください！問題文作成者は，みなさんに問題を解いてほしくて，問題文を作っているのです。基本的には，上の例のような（山ほど思いつくわい！というような）問題は出ません。想定される答えが一つくらいに絞れるように，ヒントが山のように詰まった問題文を作るわけです。そうしないと，採点しにくいですよね。採点するときは，ヒントにどれだけ気づいたか，どれだけヒントから問題の真の姿を導き出せたかを見ればよいわけです。

　翻って考えてみれば，問題文には答えを一つに絞るためのヒントが書いてあるはずなんです。このヒントを見つければ，あとはそのヒントにしたがって考えていけば答えはおのずと出る……ということになります。

　ヒントを見つけるのにもっとも有効な方法が問題作成者の気持ちになることです。問題作成者がなぜこんなことを書いたのか，ここであえて強調しているのはなぜか，などを考えていけば，何のヒントなのかはさておき，これが答えを一つに絞るためのヒントであることに気づけるはずです。

(2)　ヒントの意味に気づけ！

　ヒントから答えを絞ろうにも，そのヒントが何を意味しているかわからなければ，問題が何を問うているのかはわからないわけです。この，ヒントが何を意味しているのか，というのが，今までの法律の勉強を生かす場所です！

　司法試験は実務家登用試験です。条文・判例を正確に理解していて，法的問題を，条文を解釈し，判例を参考にして，解決できるかが試されているわけです。ですから，ちりばめられているヒントも，条文に照らし，判例と比較してみて，本件の解決をど

のように行いますか？という問いを支えるものなのです。

　条文が想定している問題や，判例が解決している問題と似たような状況を作らないと比較はできません。比較という行為は，共通部分と違う部分があることを前提として行う作業です。必然的に共通部分を作らないといけないのです。これは重要です。条文・判例を正しく理解していれば，問題文が作っている状況が判例と似たような，共通部分がある状況であるということがわかる，すなわち，問題は，この条文・この判例の理解を問うているのだということがわかるわけです。

　1で気づいたヒントは，別の条文・判例を想起させないために置かれた置石なのです。「右に行け」とか「まっすぐすすめ」とか，書いてあるようなもんですよ。ヒントを一つ読み落とせば，別の判例を想起してしまう可能性がある，その判例は聞かれていない……ということになります。

　実際は，一つ読み落としたくらいで影響はありません。10個くらいヒントはあるんじゃないでしょうか。大事なのは，ヒントから条文・判例を正しく想起すること，その条文判例を正しく理解していることの二つです。まあ，条文・判例が正しく理解できていなければ，ヒントから条文・判例にたどり着けないわけですから，実質的には，判例を正しく理解していること，が大事になるわけですね。

　ヒントの意味に気づけ！と書きましたが，要は，条文判例を学習せい！ということになります。

(3)　条文・判例を参照し，問題文から，法的解決に必要な部分を抽出せよ！

　適用条文・参照判例がわかれば後は，問題解決のために必要な事実を抽出し，あてはめるだけです。この必要な事実というのは事前学習で会得しておかなければいけないところです。丸覚えじゃないですよ！条文の趣旨，判例が形成された経緯等をしっかり学習していれば，おのずと必要な事実が何かがわかると思います。事前学習の際には，なぜこの事実が必要なのかを趣旨等からちゃんと考えておいて，本番でもう一度その思考過程を再現すればよいのです。丸覚えで書かれた答案は見ればすぐにわかりますから，きちんと事前に趣旨から考えておいてください。

　趣旨から考えるくせがついていれば，「なんじゃこれ！」って問題が出ても大丈夫，趣旨から考えたらこうなるはず！ってわかるはずです。

(4)　ちゃんと解決できているか確認せよ！

　必要な事実が抽出できたら，結論も見えたでしょう。さて，その結論は社会通念上妥当ですか？

　論理的に考えるとA，でも，座りが悪い……ということが起こるかもしれません。

そういう時は，細かいところばかり気にしていないか確認しましょう。正当防衛なぞおよそ認めるべきではないと思われるが，あてはめていくと，なぜか正当防衛を認めることになりそうだ……そういう時は細かい法理論一つずつを考えすぎている可能性があります。条文の，判例の，趣旨は何だったかともう一度確認しましょう。

また，素直にあてはめると不都合な結論が出た場合，何かしらフォローができないかも考えましょう。刑法ではあまりないことですが，民法ではよくある事態ですね。

2 出題趣旨の読み解き方

(1) 自分の思考過程がわかる答案を書け！

問題作成者は，法的思考能力があるか，を問うために，問題を作成し，それに対する答案を書かせています。私たちは，法的な思考ができているということが書面で伝わるようにしなくてはいけません。書面で伝えること自体が難しいので，後で詳しく説明しますが，とにもかくにも，そもそも，法的思考ができなければいけないのです。できてないものを書くことはできませんよね。

さて，では法的思考とは何なのでしょうか。私自身もようわかりません。条文を使って，問題を解決していく……ということだとは思います。あとは，文理解釈・縮小解釈・拡大解釈・類推解釈等，条文の文言を解釈し，問題解決を行っていく，解釈する際には利益衡量を頭で行い，うまく社会通念上おかしい結論にならないようにする……といったところでしょうか。本格的に知りたければ，法哲学（関西だと，法理学の方がわかるんかな？）の本一冊読むくらい必要なんですが，まあ，受験用なのでこれくらいわかっていればよいのでしょう。教授には怒られそうですね。基礎理論はほんとは大事なので，できたら，法思想史とかやっといた方がいいんでしょうね。

とにもかくにも，法的な思考とは，条文を解釈し，事実をあてはめ，問題を解決することということです。その思考ができていますよ，ということが相手に伝わるように書かなくてはいけません。このことを示すために，自分が考えたことを一つ一つ丁寧に書いていく必要があるのです。

(2) 法的三段論法を意識せよ

法的三段論法は，法的思考が端的に示せるよいツールです。条文があり，事実があり，あてはめると結論が出る，ということをありのままに見せることができるからです。

常に法的三段論法で書く必要はありません。私の答案でも，問題文にきちんと解答を示すために，あえて法的三段論法を明示することなく書いているものはあります。

しかし，法的思考が端的に表れている法的三段論法を意識しないと，法的思考がで

きていないような答案になってしまいます。条文がない，事実がない，あてはめがない，といった具合でしょうか。
　ですので，どんな時でも法的三段論法を意識しておいてください。大丈夫，意識していれば，法的三段論法のように見えない答案でも，法的三段論法がわかっていることが相手に伝わる答案になりますよ。

(3)　問題文にこたえよ

　問題文を読む，で書いたように問題文を正確に把握すれば，あとは，設問の形式にしたがって自分の思考過程を書けばよいのです。
　いいですか，設問の形式に従ってください！正しいことを書いていても，設問の形式にはまってなければ，点数はつかないものと思ってください。なんでって？依頼者の求めにこたえる弁護士さんになるからです。検察でも裁判官でも同じです。求められたことに対応していく能力も見られているのですから，自分はあなたの求めにこたえてますよ，とキチンと明示してください。

3　採点実感等・再現答案の読み解き方
(1)　誤字脱字に気を付けよう・一文一文気合い入れて書こう

　試験委員に読んでいただく文章を書くわけです。誤字・脱字などもってのほか！漢字も正確に，ごまかさない方がよいでしょう。だれでも漢字で書くところは頑張って漢字で書くとか……。私，パソコンだと誤字脱字多いんですけど，書くときはあんまりないです。慣れの問題もあるんですかね，いっぱい文章を書きましょう。
　一文一文気合い入れて……というのはですね，みなさん，一文がすべてなんですよ。どんなに素晴らしい文章を書いていても，途中で重文だか複文だかようわからん文章が出てきて主述不一致なんて起こされたら……「この人，大丈夫かいな？」と思うわけです。思考がしっちゃかめっちゃかで，整理できてないんだろうなぁ，と思うわけですよ。整理されていれば，単文を連ねていくはず，たとえ重文や複文になっても，主述不一致にはならないはずだ……あれ？と。
　そう思えば，一文一文気合い入れて，趣旨明瞭な文章を書かざるを得ないわけですよ。気が抜けません。一文読めば，その人の力量がある程度わかるのではないかな，と思います。

(2)　文章を書く順序，つながりを考えよう

　試験委員に対して，自分の思考を伝えるために重要視してほしいのが，一文一文のつながり，順序です。思考整理ができていれば，順序よく，つながりがわかるように，

答案が作成されるはず……ですよね。とりあえず，論点書いとけばいいわけではありません。思考した順序，先に検討すべき事項，ある事項の検討が終わってなければ出てこないはずの検討事項など，適切なタイミングで書かなければいけないことを，不適切なところに書いていませんか？

(3) 論証パターンを吐き出すな！

　論証パターン！これほど有害なものはありません。自分で一から考えて作ったものは別です。それはあなたの思考の結晶です。大事にしてください。たまに見返してブラッシュアップしてください。
　自分で考えてないもの，覚えないでください。自分で考えるよすがにするのは良いですが，一番大切なのは自分で思考することです。自分で一度も考えたことがないものを，本番で考えられますか？無理でしょう。
　論証パターンを吐き出すと一目瞭然です。なにやらわけのわからないものが浮いているように見えるんですよ。思考がいったんぶつ切りにされて，異物が入って，また思考らしきものが続いている……。
　思考してないことを試験委員にしめすようなものです。自分で考えていないことをぺっと吐き出すのはやめましょう。

(4) とりあえず事実あげとけはやめましょう。

　（新）司法試験は，旧司法試験より問題文が長くなりました。あてはめる際に使う事実も多くなっています。だからって，とりあえず事実あげとけ！ってのはやめましょう。思考していないことがもろにばれます。
　仮にこの方式で受かっても，起案で苦労しますしね……。

第4編

過去問徹底分析①

司法試験平成22年刑法

第1章　問題文
第2章　問題文を読み解く
第3章　出題趣旨を読み解く
第4章　採点実感等を読み解く
第5章　再現答案を読み解く
第6章　講師答案

第4編　過去問徹底分析①　司法試験平成22年刑法

第1章　問題文

〔第1問〕（配点：100）
　以下の事例に基づき，甲，乙及び丙の罪責について，具体的な事実を摘示しつつ論じなさい（特別法違反の点を除く。）。

1　V（78歳）は，数年前から自力で食事や排せつを行うことができない，いわゆる寝たきりの要介護状態にあり，自宅で，妻甲（68歳）の介護を受けていたが，風邪をこじらせて肺炎となり，A病院の一般病棟の個室に入院して主治医Bの治療を受け，容体は快方に向かっていた。
　　A病院に勤務し，Vを担当する看護師乙は，Vの容体が快方に向かってからは，Bの指示により，2時間ないし3時間に1回程度の割合でVの病室を巡回し，検温をするほか，容体の確認，投薬や食事・排せつの世話などをしていた。
　　一方，甲は，Vが入院した時から，連日，Vの病室を訪れ，数時間にわたってVの身の回りの世話をしていた。このため，乙は，Vの病状に何か異状があれば甲が気付いて看護師等に知らせるだろうと考え，甲がVの病室に来ている間の巡回を控えめにしていた。その際，乙は，甲に対し，「何か異状があったら，すぐに教えてください。」と依頼しており，甲も，その旨了承し，「私がいる間はゆっくりしていてください。」などと乙に話し，実際に，甲は，病室を訪れている間，Vの検温，食事・排せつの世話などをしていた。

2　Vは，入院開始から約3週間経過後のある日，午前11時過ぎに発熱し，正午ころには39度を超える高熱となった（以下，時刻の記載は同日の時刻をいう。）。Bは，発熱の原因が必ずしもはっきりしなかったものの，このような場合に通常行われる処置である解熱消炎剤の投与をすることにした。ところが，Vは，一般的な解熱消炎剤の「D薬」に対する強いアレルギー体質で，D薬による急性のアレルギー反応でショック死する危険があったため，Bは，D薬に代えて使用されることの多い別の解熱消炎剤の「E薬」を点滴で投与することにし，午後0時30分ころ，その旨の処方せんを作成して乙に手渡し，「Vさんに解熱消炎剤のE薬を点滴してください。」と指示した。そして，高齢のVの発熱の原因がはっきりせず，E薬の点滴投与後もVの熱が下がらなかったり容体の急変等が起こる可能性があったため，Bは，看護師によるVの慎重な経過観察が必要であると判断し，乙に，「Vさんの発熱の原因がはっきりしない上，Vさんは高齢なので，熱が下がらなかったり容体が急変しないか心配です。容体をよく観察してください。半日くらいは，約30分ごとにVさんの様子を確認してください。」と指示した。

3　Bの指示を受けた乙は，A病院の薬剤部に行き，Bから受け取った前記処方せ

96

んを，同部に勤務する薬剤師丙に渡した。
　A病院では，医師作成の処方せんに従って薬剤部の薬剤師が薬を準備することとなっていたが，薬の誤投与は，患者の病状や体質によってはその生命を危険にさらしかねないため，薬剤師において，医師の処方が患者の病状や体質に適合するかどうかをチェックする態勢が取られており，かかるチェックを必ずした上で薬を医師・看護師らに提供することとされていた。仮に，医師の処方に疑問があれば，薬剤師は，医師に確認した上で薬を提供することになっていた。
　ところが，乙から前記処方せんを受け取った丙は，Bの処方に間違いはないものと思い，処方された薬の適否やVのアレルギー体質等の確認も行わずに，E薬の薬液入りガラス製容器（アンプル）が多数保管されているE薬用の引き出しからアンプルを1本取り出した。その引き出しには，本来E薬しか保管されていないはずであったが，たまたまD薬のアンプルが数本混入していて，丙が取り出したのは，そのうちの1本であった。しかし，丙は，それをE薬と思い込んだまま，アンプルの薬名を確認せず，それを点滴に必要な点滴容器や注射針などの器具と一緒にVの名前を記載した袋に入れ，前記処方せんの写しとともに乙に渡した。
　なお，D薬のアンプルとE薬のアンプルの外観はほぼ同じであったが，貼付されたラベルには各薬名が明記されていた。
　また，D薬に対するアレルギー体質の患者に対し，D薬に代えてE薬が処方される例は多く，丙もその旨の知識を有していた。

4　A病院では，看護師が点滴その他の投薬をする場合，薬の誤投与を防ぐため，看護師において，薬が医師の処方どおりであるかを処方せんの写しと対照してチェックし，処方や薬に疑問がある場合には，医師や薬剤師に確認すべきこととなっており，その際，患者のアレルギー体質等については，その生命にかかわることから十分に注意することとされ，乙もA病院の看護師としてこれらの点を熟知していた。
　しかし，丙から前記のとおりアンプルや点滴に必要な器具等を受け取った乙は，丙がこれまで間違いを犯したことがなく，丙の仕事ぶりを信頼していたことから，丙が，処方やVの体質等の確認をしなかったり，処方せんと異なる薬を渡したりすることを全く予想していなかったため，受け取った薬が処方されたものに間違いないかどうかを確認せず，丙から受け取ったアンプルが処方されたE薬ではないことに気付かなかった。また，乙は，VがD薬に対するアレルギー体質を有することを，Vの入院当初に確認してVの看護記録にも記入していたが，そのことも失念していた。
　そして，乙は，丙から受け取ったD薬のアンプル内の薬液を点滴容器に注入し，午後1時ころからVに対し，それがE薬ではないことに気付かないままD薬の点滴を開始した。その際，Vの検温をしたところ，体温は39度2分であったため，

乙は，Ｖのベッド脇に置かれた検温表にその旨記載して病室を出た。

　乙は，Ｂの前記指示に従って，点滴を開始した午後１時ころから約３０分おきにＶの病室を巡回することとし，１回目の巡回を午後１時３０分ころに行い，Ｖの容体を観察したが，その時点では異状はなかった。この時のＶの体温は３９度で，乙はその旨検温表に記載した。

5　午後１時３５分ころ，甲が来院し，Ｖの病室に行く前に看護師詰所（ナースステーション）に立ち寄ったので，乙は，甲に，「Ｖさんが発熱したので，午後１時ころから，解熱消炎剤の点滴を始めました。そのうち熱は下がると思いますが，何かあったら声を掛けてください。私も３０分おきに病室に顔を出します。」などと言い，甲は，「分かりました。」と答えてＶの病室に行った。

　甲は，Ｖが眠っていたため病室を片付けるなどしていたところ，午後１時５０分ころ，Ｖが呼吸の際ゼイゼイと音を立てて息苦しそうにし，顔や手足に赤い発しんが出ていたので，慌ててＶに声を掛けて体を揺すったが，明りょうな返事はなかった。

　Ｖは，数年前に，薬によるアレルギー反応で赤い発しんが出て呼吸困難に陥って次第に容体が悪化し，やがてチアノーゼ（血液中の酸素濃度低下により皮膚が青紫色になること）が現れるに至ったが，医師の救命処置により一命を取り留めたことがあった。甲は，その経過を直接見ており，後に医師から，「薬に対するアレルギーでショック状態になっていたので，もう少し救命処置が遅れていれば助からなかったかもしれない。」と聞かされた。

　このような経験から，甲は，Ｖが再び薬によるアレルギー反応を起こして呼吸困難等に陥っていることが分かり，放置すると手遅れになるおそれがあると思った。

　しかし，甲は，他に身寄りのないＶを，Ｖが要介護状態になった数年前から一人で介護する生活を続け，肉体的にも精神的にも疲れ切っており，退院後も将来にわたってＶの介護を続けなければならないことに悲観していたため，このままＶが死亡すれば，先の見えない介護生活から解放されるのではないかと思った。また，甲は，時折Ｖが「こんな生活もう嫌だ。」などと嘆いていたことから，介護を受けながら寝たきりの生活を続けるより，このまま死んだ方がＶにとっても幸せなのではないかとも思った。

　他方，甲は，長年連れ添ったＶを失いたくない気持ちもあった上，Ｖが死亡すると，これまで受け取っていた甲とＶの２名分の年金受給額が減少するのも嫌だとの思いもあった。

　このように，甲が，これまでの人生を振り返り，かつ今後の人生を考えて，これからどうするのが甲やＶにとって良いことなのか思い悩んでいた午後２時ころ，乙が，巡回のため，Ｖの病室の閉じられていた出入口ドアをノックした。し

かし，心を決めかねていた甲は，もうしばらく考えてからでもＶの救命は間に合うだろうと思い，時間を稼ぐため，ドア越しに，「今，体を拭いてあげているので２０分ほど待ってください。夫に変わりはありません。」と嘘を言った。

　乙は，その言葉を全く疑わずに信じ込み，Ｖに付き添って体を拭いているのだから，Ｖに異状があれば甲が必ず気付くはずだと思い，Ｖの容体に異状がないことの確認はできたものと判断し，約３０分後の午後２時３０分ころに再び巡回すれば足りると考え，「分かりました。３０分ほどしたらまた来ます。」とドア越しに甲に言って立ち去った。

６　乙が立ち去った後，甲がＶの様子を見ると，顔にチアノーゼが現れ，呼吸も更に苦しそうに見えたことなどから，甲は，Ｖの容体が更に悪化していることが分かった。

　甲は，しばらく悩んだ末，数年前にＶが同様の症状に陥って助かった時の前記経験から，現時点のＶの症状ならば，速やかに救命処置が開始されればＶはまだ助かるだろうと思いながらも，事態を事の成り行きに任せ，Ｖの生死を，医師等の医療従事者の手にではなく，運命にゆだねることに決め，その結果がどうなろうとその運命に従うことにした。

　その後，甲は，乙の次の巡回が午後２時３０分ころに予定されていたので，午後２時１５分ころ，検温もしていないのに，検温表に午後２時２０分の検温結果として３８度５分と記入した上，午後２時３０分ころ，更に容体が悪化しているＶを病室に残して看護師詰所に行き，乙に検温表を示しながら，「体を拭いたら気持ち良さそうに眠りました。しばらくそっとしておいてもらえませんか。熱は下がり始めているようです。何かあればすぐにお知らせしますから。」と嘘を言ってＶの病室に戻った。

７　乙は，他の患者の看護に追われて多忙であった上，甲の話と検温表の記載から，Ｖの容体に異状はなく，熱も下がり始めて容体が安定してきたものと信じ込み，甲が付き添っているのだから眠っているＶの様子をわざわざ見に行く必要はなく，午後２時３０分ころに予定していた巡回は行わずに午後３時ころＶの容体を確認すれば足りると判断した。

　午後２時５０分ころ，甲は，Ｖの呼吸が止まっていることに気付き，Ｖは助からない運命だと思って帰宅した。

　午後３時ころ，Ｖの病室に入った乙が，意識がなく呼吸が停止しているＶを発見し，直ちに，Ｂらによる救命処置が講じられたが，午後３時５０分にＶの死亡が確認された。

８　その後の司法解剖や甲，乙，丙及び他のＡ病院関係者らに対する事情聴取等の捜査の結果，次の各事実が判明した。
⑴　Ｖの死因は，肺炎によるものではなく，Ｄ薬を投与されたことに基づく急性

第4編　過去問徹底分析①　司法試験平成22年刑法

アレルギー反応による呼吸困難を伴うショック死であった。
(2)　遅くとも午後2時20分までに，医師，看護師等がVの異変に気付けば，当時のA病院の態勢では直ちに医師等による救命処置が開始可能であって，それによりVは救命されたものと認められたが，Vの異変に気付くのが，それより後になると，Vが救命されたかどうかは明らかでなく，午後2時50分を過ぎると，Vが救命される可能性はほとんどなかったものと認められた。
　　なお，本件において，Vに施された救命処置は適切であった。
(3)　VにE薬に対するアレルギーはなく，VにE薬を投与してもこれによって死亡することはなかった。
　　なお，BのVに対する治療方針やE薬の処方及び乙への指示は適切であった。
(4)　E薬用の引き出しには数本のD薬のアンプルが混入していたが，その原因は，A病院関係者の何者かが，D薬のアンプルを保管場所にしまう際，D薬用の引き出しにしまわず，間違って，E薬用の引き出しに入れてしまったことにあると推測された。しかし，それ以上の具体的な事実関係は明らかにならなかった。

第2章　問題文を読み解く

1　はじめに

　それでは，平成22年司法試験論文式試験の問題を使って具体的な検討を始めていこうと思います。
　問題文の分析をしていく中で随時，論点の解説もしていきます。できるだけわかりやすく，分析的にお話ししていこうと思いますので，私の思考過程を自分で追っかけて理解するようにしてください。
　そして，私の思考過程による分析をした後に，その分析が正しいのかについて，出題者である法務省が発表した「論文式試験出題の趣旨」（以下「出題趣旨」）および「採点実感等に関する意見」（以下「採点実感」）で確認していこうと思います。
　初めに問題文を少しずつ読み上げ，それから私の分析をお話しします。また，ポイントとなる部分は下線を引くように言いますので，下線を引く理由を考えながら聞いてください。
　では，前置きはこれくらいにして，早速始めていきましょう。

第2章　問題文を読み解く

2　本文を読む前に

> 〔第１問〕（配点：１００）

　配点のところにひょっとしたら，いつの日か「甲何点，乙何点」とか点数が振られるかもしれないので，一応確認だけはしてください。今回は何もありません，配点100点のままですね。

> 甲，乙及び丙

　司法試験では，「甲と乙」のように，登場人物は２人のことが多いです。しかし，本問では丙が加わりました。これを見た瞬間，私は「ああ，３人なので書く量が多くなる」と思います。甲と乙だけでもいつも８ページ書くのに，甲，乙，丙で８ページ。ということは**論点をきちんと理解して，争点の部分を厚く書いて，争点でない部分はきちんと簡潔に要領よくまとめていかないといけない**ということが想像できます。一応線を引いておきましょう。甲さんと乙さんでホッとしていたら丙さんを忘れていたとか，ありそうな事態なので，とりあえず３人いることは意識しておいてください。

　そして，司法試験ではいつものことですが，甲さん，乙さん，丙さんが登場した場合，この３者は共犯関係にあるのが通常ですよね。先入観はちょっとまずいんですけど，とりあえず共犯関係にあるかもしれないということは頭に置いておくようにしてください。頭に置かないままずーっと読んで行って，読み終わった後に「あ，共犯でしたか」ということはちょっとまずい。共犯として必要な要素を拾うために，もう一度問題文を読まなきゃいけなくなります。特に刑法は時間との勝負です。一分一秒たりとも無駄にできません。ですので，「**共犯かもしれない，違うかもしれない**」ということを頭に置きながら，甲さんと乙さんと丙さんがどのような関係性にあるのかということぐらいは**問題文を読むときから把握しておいてください**。

　さて，最初は問題文全体でどれぐらいの量があるかを見ていきましょう。段落は「８」まであります。「５」は長いですね。**段落を無意味な形で分けることはあり得ないです。**段落が変わるときは，場面が変わるときです。本問では，８つの場面設定がなされていると考えられます。もっとも，最後は司法解剖をした結果明らかになった死因の部分なので，７までが場面設定と考えたほうがいいですね。７つ違う場面が登場するので，どうして分かれているのかということを考えながら，問題文を読むようにしてください。設定の部分なのか，それとも殺人やったら人が死んで，財産犯なんやったら物盗られて……というのがどこにどうあって，どういう形でその前後と繋がりがある

のか，ということを考えてください。

　刑法で一番怖いのは，行為前と行為後の事実がある中で，行為後の事実をそのまま使って構成要件該当性を判断してしまうことです。構成要件該当性を判断する要素は，基本的には実行行為時もしくは実行行為より前の事情に限られます。これは，行為無価値・結果無価値二元論をとるか，結果無価値一元論をとるかによって分かれうるところです。行為後の事実から行為時の行為者の認識を判定しなさい，という問題が出ているにもかかわらず，「行為後このように考えていたのだから殺意があった」なんてストレートに認定したら，大間違いになります。なので，どの時点が実行行為で，どの時点で結果が発生して，どの時点の要素が最も争点に関わっている部分なのか，ということはしっかりと認識するようにしてください。

　これから解説をしていきます。犯罪は構成要件の形で規定されています。そして，構成要件とは違法有責類型でしたよね。私は多数説に従っているので，違法有責類型と考えています。みなさんも，そのつもりで読んでください。この違法有責類型であるということを意識して答案を書くようにしてください。
　そして構成要件は，客観的構成要件と主観的構成要件とに分かれています。それは違法有責類型をとっているからだ，ということも意識してください。司法試験は実務家登用試験なので，判例がとっている説を中心に書くのが一番無難かなと思います。判例がようわからんときは，判例に近いと言われている学説をしっかり理解して書くのがいいと思うんです。そのために，まず判例がどのような理論で，どうしてこのようなことを言っているのか，考えてみて下さい。判例は，主観的構成要件としての故意，過失を認めています。そうすると，とりあえず主観的構成要件としての故意，過失は書かなければならないんだな，ということは意識できますよね。
　客観的構成要件としては，実行行為，結果，因果関係がありますよね。**大事なのは，実行行為と結果です。実行行為がどれかわからないと，どの行為に対して犯罪が成立するのかがわからなくなってしまいます。**なぜこんなことを言っているのかというと，実行行為をふんわり書かれると，「どの行為ですか？」と聞きたくなるんですね。たとえば，Ａという行為をした後にＢという行為をして，ＡとＢが相まってＣが発生したという場合に，ＡとＢを一連の行為としてみるのか，Ａという行為とＢという行為を別個にしてみた上で，どちらを実行行為として考え，因果関係を考えるのかでは大きな違いがあります。つまり，**自分がどのように行為を捉えて実行行為として認定したか**，ということをきちんと明確に書かないと，その後の結果，因果関係をきれいに認定することができなくなってしまいます。ですので，実行行為は，必ず丁寧に書くようにしてください。
　どの問題に接したとしても，まず犯罪が成立するであろう行為は何なのか，ということを一つずつ丁寧に抽出するようにしてください。私は平成22年度まであった「旧

第2章 問題文を読み解く

司法試験」を受けていたんですけど，旧司法試験の問題は問題文が短いので，行為の抽出は楽やったんですよね。実行行為になりそうな行為がそんなに多くはなかった。しかし，理論的に難しかった。たまに行為の抽出が難しい問題もありましたが，数は多くなかった。ところが，現行の司法試験は問題文が長いので，「誰が」「どのタイミングで」「何をしているのか」そして「どの行為が刑罰の対象となり得る犯罪が成立する行為なのか」ということが，とても読み取りにくくなっています。本問は問題文の分量が多いので，上記のことを読み取るのがかなり難しいですよね。問題文を読むときには，何とか，「どの行為が，犯罪が成立する実行行為なのか」ということがわかるように，この点を意識して読むようにしてください。

3　段落「1」について

> （78歳）

　嫌ですね。なんで歳が書いてあるんですかね，これ。でも気になるんで，線を引いておきましょうか。

> 数年前から自力で食事や排せつを行うことができない，いわゆる寝たきりの要介護状態にあり，

　「寝たきりの要介護状態」と聞くと，保護責任者遺棄罪とかを思い出してしまうのは私だけでしょうか。ここも線を引いておきましょう。

> 自宅で，妻甲

　甲，乙，および丙の罪責なので，甲さんは何かするんです。注意しておきましょう。

> 介護を受けていたが，風邪をこじらせて肺炎となり，A病院の一般病棟の個室に入院

　「一般病棟の個室に入院」とわざわざ書いてあるんですね。普通に「入院」でいいのに，なぜ書いたのか気になるので，波線でも引いておきましょう。出来れば，頭の中で，一般病棟の個室を思い浮かべてください。

第4編　過去問徹底分析①　司法試験平成22年刑法

Question ①

学生　引用された事実のうち,「寝たきりの要介護状態」及び「個室」という事実は,甲の不作為による殺人罪（刑法199条）を認める際の作為義務を認める根拠のうち「排他的支配領域性」の根拠要素,乙が甲の「妻」であることは甲の不作為による殺人罪を認める際の作為義務を認める根拠のうち「法令（民法752条の扶助義務）」にあたる要素であると考えましたが,このような理解で先生の思考過程と齟齬はありませんか。

　また,その他の事実で先生があてはめの要素として使えるとお考えのものがあれば思考過程のご教示をお願いします。

先生　そもそも,考え方が違うようです。排他的支配領域性があるからなんなのか。**結論として因果の流れを掌握していたということについて説明できればいいだけ**で,法令だの排他的支配領域性だのと言った,判例があてはめで使っていないことをわざわざ書かなくていいと私は思います。また,後で述べておりますように,こうしたぶつ切りの事実があればそれだけでよいのではなく,全体的観察のもとで,この人の「ある行為をしなかったこと」が「積極的に相手を殺すこと」と同視できることが重要です。

　さらに「妻」だから「法令」に基づく義務があるとすぐに結び付けて考えることは出来ません。保護責任者遺棄のような類型ならいざ知らず,殺人において「**扶助しなければならない**」ことがどれだけ「**積極的に殺した**」ことにつながるでしょうか。「扶助しなければならない」という民法上の義務についての理解にも関わっていますが,せいぜい助け合って生きていきましょうね,くらいの扶助義務があるからといって,「積極的に殺した」とは言えないでしょう。

　排他的支配領域性・法令などといった一般にあてはめ要素とされるものにぶつ切りにあてはめていく思考過程ではありません。ですので,質問の答えとしては,私の思考過程と齟齬があるということになります。

　詳しくは,また出題趣旨を検討する際にお話しします。まずは,問題文を私と一緒に読み込んでいきましょう。

> 主治医Bの治療を受け,容体は快方に向かっていた

　ああよかったなあ,というぐらいで終わるのかな,と思いますね。段落「1」は,どうやら前提の話をしているようですね。

第2章 問題文を読み解く

> A病院に勤務し，Ｖを担当する看護師乙

というわけで，何かする人間がまた増えました。乙さんです。何するんでしょうねこの人。

> Ｖの容体が快方に向かってからは，Ｂの指示により，

Ｂさんの指示だそうです。

> ２時間ないし３時間に１回程度の割合でＶの病室を巡回

巡回しているんですね。「２時間ないし３時間」ごとに，看護師さんがＶさんの様子を確認しにくるようです。頭の中に，巡回にくる乙さんを登場させましょう。

> 検温をするほか，容体の確認，投薬や食事・排せつの世話などをしていた。

この事実が何の意味を持つのか？というのは後を読んでいかないとわからないんです。けれど，なんとなく「病室を巡回」というのが入っているのが嫌ですね。まあ一般病棟なので，「病室を巡回」はするかな，とは思います。というようなことを考えながら，次を読んでいきましょう。

Question ②

学生 看護師乙による病室巡回は，乙の「業務」性を根拠づける事実なんでしょうか。もっと大事な意味もあるような気がするのですが，よくわかりません。

先生 後でもお話しするように，病室巡回はそもそも甲に殺人罪の作為義務が認められないのではないか，という疑念を抱かせる事実です。Ｖの死に至る因果の流れを甲が掌握しておらず，(不正確になることを恐れずいえば，甲の不作為に「人が死ぬ」という高度の蓋然性を惹起する力がないということになり，)殺人罪が成立しないというおそれがあるわけです。ですので，この「看護師による病室巡回」というＶの死に至る因果の流れを遮断する要因を甲がいかにして排除してい

> るか，ということが甲に殺人罪の作為義務を認められるか否かの判断の分かれ道になるわけです。

> 一方，甲は，Ｖが入院した時から，連日，Ｖの病室を訪れ，

　わざわざ書かなくてもよさそうな情報が書いてあったら，チェックしておきましょう。わざわざ出題者が書いているということは，問題を解く前提として必要だということです。甲は，連日病室を訪れているようです。

> このため，乙は，Ｖの病状に何か異状があれば甲が気付いて看護師等に知らせるだろうと考え，

　なんだか，「やる気のない看護師さん」という感じがしてきましたね。おまけにこれも，「わざわざ書かなくていいんじゃないか」という情報なので，線を引いておきましょう。ちゃんと仕事する人は，甲さんがいようがいまいが回ってくるはずなので。なんか，「**過失くさい**」という気がしてきましたね。「あんまり先入観を持っちゃだめや！」とは思うんですけど，使えそうだなと思ったら線を引いておいてください。
　司法試験論文式試験の刑法では，平成19年から21年まで毎年財産犯が問われていました。しかし，すでにこの時点で財産犯が出るタイミングがどこにもないので，「**21年までの傾向とは違う！**」というのは，多分この年に受けていたら思っただろうなと思います。

> 甲がＶの病室に来ている間の巡回を控えめにしていた。

　決定的な情報がありましたね。「控えめ」って，ちょっと気になる文言ですよね。「**2時間ないし3時間に1回**」を，3時間に1回にしていたのか，たまにさぼっていたのか，よくわからないですが，とりあえず「**控えめ**」だったそうです。「そんなんで**容体が急変したら気づくんだろうか？**」と思いますね。

> その際，乙は，甲に対し，「何か異状があったら，すぐに教えてください。」

　「いや，甲さんに頼むことではないでしょう！」と思いますけど，わざわざ書いたということは，これも何かを判断する際に使うんでしょうね。

第2章　問題文を読み解く

> 甲も，その旨了承し，「私がいる間はゆっくりしていてください。」

　ありがちな会話ではあるんですけど，これ犯罪に関わるとなると，「どうしましょうかね？」という感じがします。乙さん，巡回さぼりそうですね。この事情が何につながるのか。とりあえず気にしながら読んでいきましょう。

4　段落「2」について

> Vは，入院開始から約3週間経過後のある日，

　「3週間」は気になるけど，多分関係ないかな。使い道があるとしたら，甲さんが「3週間」も看護を頑張っていたぐらいですね。

> 午前11時過ぎに発熱し，正午ころには39度を超える高熱となった（以下，時刻の記載は同日の時刻をいう。）。

　時刻の記載が細かくなされているということは，「時刻が大事や！」ということですね。以下，時刻には全部マークをしていきましょう。

> Bは，発熱の原因が必ずしもはっきりしなかったものの，このような場合に通常行われる処置である解熱消炎剤の投与をすることにした。ところが，Vは，一般的な解熱消炎剤の「D薬」に対する強いアレルギー体質で，

　ここ，ちょっと気になりますね。「強いアレルギー」です。そして，間違ってD薬を投与したら死にますね，ということが次にちゃんと書かれています。

> D薬による急性のアレルギー反応でショック死する危険があった

　ここはキーポイントですね。もうこんなん書かれていたら，「ああ，Vさん死ぬんや」ということがわかりつつ，そして「結局，D薬が投与されるんじゃないかな」と思いますよね。検討すべき構成要件が絞れてきました。

第4編　過去問徹底分析①　司法試験平成22年刑法

> Bは，D薬に代えて使用されることの多い別の解熱消炎剤の「E薬」を点滴で投与することにし，

D薬とE薬，まあ間違えへんと思うんですけど，多分間違えるんでしょうね。

> 午後0時30分ころ，

時刻が出てきたんで線を引きます。

> その旨の処方せんを作成して乙に手渡し，

乙さんに処方せんを手渡した時点では，E薬なんですね。

> 「Vさんに解熱消炎剤のE薬を点滴してください。」と指示した。

ちゃんと「E薬」って言っていますね。

> そして，高齢のVの発熱の原因がはっきりせず，E薬の点滴投与後もVの熱が下がらなかったり容体の急変等が起こる可能性があったため，

ここ大事ですね。「点滴投与したら放っておいていいよ」ということではないようです。

> Bは，看護師によるVの慎重な経過観察が必要であると判断し，乙に，「Vさんの発熱の原因がはっきりしない上，Vさんは高齢なので，熱が下がらなかったり容体が急変しないか心配です。容体をよく観察してください。半日くらいは，約30分ごとにVさんの様子を確認してください。」と指示した。

ここも大事ですね。いつもは「2時間ないし3時間に1回」でよかったんだけど，熱出て，まあ端的にいうと「ちょっと危ないかもしれんから，30分ごとに見てください」ということですね。「だからさっき『2時間ないし3時間に1回』と書いてたんかな？」と思いながら，「30分」に線を引いておきましょう。

ここでまた段落が変わっているので，ここまでが乙さんに対する指示ですね。「指示

内容である」ということを覚えておくために，**2の横に「乙に対する指示」と書いておきましょう**。問題文が長いと，何の話をどこでしていたか私は忘れるので，「こう書いておくと忘れない！」かな，と思って書いていました。

5　段落「3」について

> Bの指示を受けた乙は，A病院の薬剤部に行き，Bから受け取った前記処方せんを，同部に勤務する薬剤師丙に渡した。

出ましたね。最後の何かする人，丙さんです。なんだか医療関係の連鎖，やっぱり過失。さっきから言っているように，先入観はよくないんですけど，「過失かな？」と思う情報が並んでますな。

> A病院では，医師作成の処方せんに従って薬剤部の薬剤師が薬を準備することとなっていたが，薬の誤投与は，患者の病状や体質によってはその生命を危険にさらしかねないため，

いや，別にまだ誰も誤投与してないのに，「誤投与は」って書いているんで，確実に誤投与するんでしょうね。ちょっと線を引いときましょうか，ここ。「さらしかねないため」というのも，大事なところですね。患者の病状や体質というと，Vさんは発熱していて，解熱消炎剤D薬に対する強いアレルギー反応を持っていて，それでショック死するかもしれないということなので，ちょっと危なそうですね。

それでどうしていたかというと，次です。

> 薬剤師において，医師の処方が患者の病状や体質に適合するかどうかをチェックする態勢が取られており，

チェック態勢って言っているんで，「やっぱり過失やんけ！」って思うわけですね。実務に入った場合には，決め打ちで捜査するのはだめやと思うんですけど，これは問題文なので，ある程度わかってきたら決め打ちしてもいいかなと。「もうチェック態勢ときたら，過失やな！」

> かかるチェックを必ずした上で

　ということは，「チェックしろ」というのが病院内の準則になっていたわけですね。みなさんご存知の通り，ここから直接注意義務を導出することはできないわけです。けれど，この準則を尊重した上で**過失における結果回避義務**，そしてその**結果回避義務の中身としての結果回避措置行為**というものを認定するので，ここは必ず線を引いておきましょう。

> 薬を医師・看護師らに提供することとされていた。

　ということは，「医師の処方を鵜呑みにして，患者の病状とか体質とか確認せずに，薬をホイホイ出すのはだめだ！」ということですね。それは普通に考えてもだめなんです。「こうした態勢を基にしても，結果回避義務を認定することができるし，それをおそらく出題者側も望んでいるんじゃないかな？」というのがこの時点でわかることになります。
　「過失で決定か」という気持ちで，いっぱいですね。

> 仮に，医師の処方に疑問があれば，薬剤師は，医師に確認した上で薬を提供することになっていた。

　もうここは，確実に「薬剤師さんの注意義務がある程度重たいものであったということは間違いない」と言えるでしょう。患者さんの病状や体質の確認は，薬剤師が独自に行わなければならないのだ，ということは押さえておきましょう。

> ところが，乙から前記処方せんを受け取った丙は，Bの処方に間違いはないものと思い，

　もうこの時点で，「上で書いていることと，全然違うやん！」と思いますね。上では，医師の処方が患者の病状や体質と適合するかチェックしろと言われていたので，チェックしないといけないんですね。

> 処方された薬の適否やVのアレルギー体質等の確認も行わずに，

D薬とE薬を間違えると危ないというのは，結構ねちねちと書いてあったんで，気になるところですよね。

> E薬の薬液入りガラス製容器（アンプル）が多数保管されているE薬用の引き出しからアンプルを1本取り出した。その引き出しには，本来E薬しか保管されていないはずであったが，たまたまD薬のアンプルが数本混入していて，丙が取り出したのは，そのうちの1本であった。しかし，丙は，それをE薬と思い込んだまま，アンプルの薬名を確認せず，それを点滴に必要な点滴容器や注射針などの器具と一緒にVの名前を記載した袋に入れ，前記処方せんの写しとともに乙に渡した。

確かに医師の処方は間違ってなかったので，このままやとE薬で大丈夫なんです。ただ今回は，たまたまD薬のアンプルが数本混入していたんですね。「E薬と思い込んだまま」って書いていますが，「それが一番あかんやん！」。**丙さん，3つやらかしています。**
①処方に間違いはないものと思い込んでいる。
　そもそも，「医師の処方をチェックしてください」，と言われているんですけど。
②薬の適否やVのアレルギー体質等の確認を行っていない。
　（これは思い込んでいるのに含んでもいいかもしれないですけど，）ただ怖いことに，医師の処方せんはE薬で正しかったので，この過ちがVさんの生命身体を危うくさせることにはなっていないですよね。なぜかというと，医師の処方は合っているので，ここでミスをしてもVさんはまだ死なないです。なんでVさん死にそうになるか，その続きですよね。
③薬の名前の確認をしていない。
　薬の名前の確認をするべきとされていたとは問題文に載っていないですけど，普通やるべきことですよね。確認せずに処方せんの写しと一緒に渡したというところで，Vさんの生命に危険が生じそうになっていますよね。なので上の2つの，「Bの処方に間違いはないものと思い」のところと，「薬の適否やVのアレルギー体質等の確認を行わ」なかったというところは，確かに過ちではあります。過ちではあるんですが，**これが過失の実行行為だと言ってしまってはまずいわけですよね。結果に影響はないので，注意してくださいね。**なんか，長々とチェック態勢を書いていて，「ふむふむ」と思っていたら，「あれ？」と思いませんでしたか。「**これではVさん死にませんけど，どうしましょう？**」というのが**問題点**となります。これはトラップかなと思うので，気をつけてください。

　過失の実行行為を判断する際に，「**結果に影響があるか？**」を考えるというのは，思考ルートが逆であるとも思えます。ただ，考える上では，「**結果に影響を与えた最も重**

要な過失行為」を取り出すのが一番いいと思います。たくさんの行為の中から，答案で書かないといけない行為を取り出すには，点がありそうな行為，すなわち，一番結果に影響する行為を見つけるのが一番ですからね。薬の適否やVのアレルギー体質等の確認を行わなかったというところを取り出すのではなく，「D薬のアンプルを取り出して，確認すればよかったのに，アンプルの薬名を確認せずに，そのまま乙に渡した」というところが，**実行行為**とすべきでしょう。チェック態勢ときたときに喜んでしまったんですが，実はあまりチェック態勢は関係なかったですね。

> なお，D薬のアンプルとE薬のアンプルの外観はほぼ同じであったが，貼付されたラベルには各薬名が明記されていた。

だからこそですかね，「なお書き」があります。注意してください。わざわざ書かんくていいのに，「なお書き」なんか書くはずがないのです。「なお書き」がきたら，「**ああ今から大事なこと書くんですね！**」ということが，わかります。

　まあ，勘違いしやすいですね。貼り付けられたラベルには，「**各薬名が明記されていた**」というので，仮にラベルも何もなかったら（そんなことはまずないですけど）間違えても仕方がないかなと思うんです。けど，ラベルにちゃんと名前が書いてあるとされているんで，「ここはちゃんと気づけたよ」ということですね。気づけもしないのに，気づくことを要求する（注意義務を認める）ことはできません。この事情も重要になってきます。

> また，D薬に対するアレルギー体質の患者に対し，D薬に代えてE薬が処方される例は多く，丙もその旨の知識を有していた。

そして，「なお」のあとに「また」と書いてありますよ。改行もされていますし，かなり強調されていると思うので，ここも確実に読むようにしてください。
　ここ，線を引いておきましょうか。すなわち，E薬が処方されているということは，「この人アレルギー体質じゃないかな？」「気をつけないとだめだな」ぐらいは思えたんじゃないかということですね。過失のときには故意犯のときと違って，**結果回避義務，結果予見義務**というのが必要になります。ここはかなりややこしい話があったり，ちょっと間違えやすい点が潜んでいます。ここには「**丙の過失**」と書いておきましょう。丙の過失が終わったということは，次は乙の過失ですね。

第2章 問題文を読み解く

Question ③

学生 丙の過失については，たとえば丙が病院のチェック態勢に従うことでVのアレルギー体質を発見でき，またD薬に対するアレルギー体質の患者に対しD薬に代えてE薬が処方される例が多いことから推測することでもVのアレルギー体質を発見することができ，VにD薬が投与されればVの死という結果を引き起こすことを予見できたことから丙の結果予見義務違反を肯定し，アンプルのラベルを確認すればVにD薬を投与して死なせるという結果を回避でき，ラベルを確認することも容易であったことから丙の結果回避義務違反を肯定することができると考えることができると思います。なお，何者かがD薬のアンプルを間違えてE薬が保管されている引き出しに入れたという事情がありますが，一般的にはこのような人為的ミスがあることも予測でき過去にも病院内で同様のミスがあったことも十分に考えられることからこの事情だけでは結果予見義務を否定することはできないと考えました。

　本問ではたとえばこのような事案分析が考えられると思いますが，このような分析につきご意見をいただければと思います。

先生 いいと思いますよ。ただ，結果回避措置として何が考えられるか，そもそも，「結果」としてどこまでのことを想定しているのか，結果を回避するためには何を予見する必要があるか，それをある特定の時点（過失行為の時点ということになるでしょうか）で予見する義務を課すことができるか，など，もう少し一つ一つのことを詰めて考えた方がよいでしょう。試験中にそこまでするかは問題と残り時間によります。

　講師答案作成時には過失をきちんと書こうと意識しすぎて甲さんが薄くなってしまって……。答案を2時間で書ききることを意識して，メリハリがつけられるとよりよくなると思います。

6 段落「4」について

> A病院では，看護師が点滴その他の投薬をする場合，薬の誤投与を防ぐため，看護師において，薬が医師の処方どおりであるかを処方せんの写しと対照してチェック

乙さんは看護師なので，ここも線を引いておきましょう。

> その際，患者のアレルギー体質等については，その生命にかかわることから十分に注意することとされ，乙もA病院の看護師としてこれらの点を熟知していた。

熟知していたので，乙さんは患者のアレルギー体質等に注意できましたね。

> しかし，丙から前記のとおりアンプルや点滴に必要な器具等を受け取った乙は，丙がこれまで間違いを犯したことがなく，

「しかし」，とくるんですね，案の定。なんか怪しそうですね。

> 丙の仕事ぶりを信頼していたことから，

過失で「信頼」と書いてあったら，「信頼の原則」を思いつくと思うんです。ただ，信頼の原則に関しては適用が難しかったり，適用することで過失犯の成立要件のどの部分が否定されるのかも難しい論点です。交通事故に関する信頼の原則の判例が多いのはみなさんご存知の通りやと思います。また，チーム医療に関する信頼の原則に関しても判例はあります。ただ，かなり限定された事案で，一般化できるのかなあ，というものでした。信頼の原則は多分書かないといけないんでしょうけど，飛びつくのではなく，**信頼の原則がなぜ認められるのかということや自らの採っている立場からすると過失犯成立要件のどの部分が否定されるのか**，ということを明記するようにしてください。

過失犯は，理論的にかなり争いがあるところです。**理論的に争いのあるところについて答案を書く際には**，自分が立っている説（できるだけ判例の説に立って欲しいんですけど，判例が自ら旧過失論に立っていますとか新過失論に立っていますとか言ってくれないので，）**の理論的な根拠を確実に示しつつ書くことが，重要**であると思われます。

もちろん，ここまで見てもらってもあてはめに使う事実がすごく多いので，「あてはめにエネルギーを割いた方が点数になるんじゃないか？」という声が聞こえてきそうです。私は論証をネチネチ書く人間なので，「そんなに論証を書かなくても……。」と言われます。論証を書くのは理由がありまして，**わかった上で論証を簡潔に書いたか，わかっていないからごまかしたかというのは，確実に先生方には見破られる**，だから

論証を書いて，少しでもわかってないって思われないようにしようとしていました。書いてないとわかってないとみなされかねません。ですので，理論的なことに関しては，自分が持っている教科書や判例集，それからロースクールの授業で勉強したことをきちんと理解した上で，**理解が示せるような簡潔な論証をつくるように**，心がけてください。

　私は，簡潔な論証というのが苦手なので，書くスピードを速くして書く量を多くして，何とか一番自分の理解が伝わるような論証を作っていました。手を抜いて「こんなもんでいいや」という論証を貼り付けても，論証の中身を理解していないので，「まあこんなもんやろ」ってあてはめすることになると思います。私自身，何度もしましたよ！で，そのことがばれると印象が悪くなる。学部試験でも，予備試験でも，そうでした。**大きな論点だけでいいので，一つ一つその理論的背景（本問では，どうして結果回避義務が必要なのか，どうして結果予見義務が必要なのか，自分が立っている説からすると，信頼の原則というのはどうして認められるのか，ということ）を考えた上で，論証をするようにした方が良いと思います。**そうすると，あてはめにも方向性が見えてきたり，どの事実をどのように評価して，どの部分に入れればいいかということがわかりますし。この機会に，一つずつ勉強するようにしてください。

> 丙が，処方やＶの体質等の確認をしなかったり，処方せんと異なる薬を渡したりすることを全く予想していなかったため，

　嫌な言葉ですね。予想していなかったんですって，「全く」。これだけで予見可能性がないとか，書かないでくださいね。そこは気をつけてください。

> 受け取った薬が処方されたものに間違いないかどうかを確認せず，

来ました。確認しろと言われたのに，確認しておりません。

> 丙から受け取ったアンプルが処方されたＥ薬ではないことに気付かなかった。

ということは，このままＤ薬投与ですね。

> また，乙は，ＶがＤ薬に対するアレルギー体質を有することを，Ｖの入院当初に確認してＶの看護記録にも記入していたが，そのことも失念していた。

第4編　過去問徹底分析①　司法試験平成22年刑法

　大事なことが2つです。まず，①確認しろと言われていた薬の処方せんの写しとの対照チェックを怠った。これが1つですね。もう1つが，②アレルギー体質に注意してくださいということも，上で掲げられていましたが，それも忘れています。2つミスしていますね。すなわち，**同一人の過失が競合している**とも思えるわけですね。同一人の過失が競合している場合には，どう処理するかということは，とりあえず自分の中で決めておいてください。決めていないと慌てます！
　この過失行為を一つ一つ取り上げて，それぞれがなければ結果が発生しなかった，ということで因果関係を認めていってもいいですし，一番大事な，すなわち結果発生にとってキーであった行為のみを取り出して処理してもいいです。ただし，その一番大事な行為のみを取り出すときは，「なぜその行為のみを取り出したのか？」ということを，きちんと説明するようにしてください。
　直近過失一個説とか重要行為説とかありますので，なぜそれをとったのかということを確実に書くようにしてください。過失犯が成立するときは，大体同一人の複数のミスが重なって結果が発生しているので，よく問題となります。その場合が，おそらく問題点となって出てくることは予測されていたと思いますので，見た方がいいかなと。わからなかった場合には，一つ一つ丁寧に処理をしていって，一つずつ業務上過失致死罪が成立すると書いて，同一人の法益に対するものだから，包括一罪，吸収関係にあるとしてもいいです。また，「やっぱり難しい。甲乙丙と3人いるので，時間的にも無理だ。」となれば，一番直近の最後の過失のみを提示してもいいかな，と思います。
　「自分で考えたことを書く」というのが**答案の一番大事なこと**ですので，「どうしてこのように考えたのか」ということを書くようにしてください。私が問題文を読む時に考えていることを全部しゃべっているわけですが，かなり長いですね。段落「4」のところには，「乙の過失」って書いておいてくださいね。忘れてしまうので。乙の過失がまだ続くんですかね。読んでいきましょう。

> そして，乙は，丙から受け取ったD薬のアンプル内の薬液を点滴容器に注入し，午後1時ころから

　時間が出ましたね。

> Vに対し，それがE薬ではないことに気付かないままD薬の点滴を開始した。

　点滴開始です。だめですね。

> 体温は３９度２分であったため，乙は，Ｖのベッド脇に置かれた検温表にその旨記載して病室を出た。

どうでもいいかもしれないんですけど，「ベッド脇に置かれた検温表」というのが気になるわけですよ。「ここで書かなくてもいいじゃないか？」とやっぱり私は思うわけですが，にもかかわらずここに書かれているので，一応線を引いておきましょう。

> 乙は，Ｂの前記指示に従って，点滴を開始した午後１時ころから約３０分おきにＶの病室を巡回することとし，

ここまでは大丈夫ですね。

> １回目の巡回を午後１時３０分ころに行い，Ｖの容体を観察したが，その時点では異状はなかった。この時のＶの体温は３９度で，乙はその旨検温表に記載した。

異状はなかったので，39度で検温表に記載もしています。

Question ④

学生 ここについてのあてはめは以下のような感じでよいのでしょうか。
・チェック態勢に従えばＶに投与しようとしていた薬がＥ薬でなくＤ薬であると気づくことができたこと
・Ｖの看護記録にＶがＤ薬にアレルギー体質があることを記載していたこと
　↓
結果予見義務違反の要素
・処方せんどおりの薬が出されているかを確認すればＶに投与しようとしている薬がＥ薬でなくＤ薬であることに容易に気づけたこと
　↓
結果回避義務違反の要素

先生 結果とはＶの死であり，結果回避措置としてはＤ薬のアンプルであることに気づき，Ｅ薬のアンプルと取り替えること，これを前提として，あてはめをするこ

とになります。「結果回避義務の要素」に回避可能性と義務を課すことの前提となる回避措置の容易性とが混じっています。思考過程を示すなら、
・アンプルのラベルを確認すれば、結果を回避できたこと。
・Ｖに投与しようとしている薬がＥ薬でなくＤ薬であることに容易に気づけたことに分けてください。

7　段落「5」について

> 午後１時35分ころ、甲が来院し、

午後１時35分ころ、甲が来院しています。

> Ｖの病室に行く前に看護師詰所（ナースステーション）に立ち寄ったので、乙は、甲に、「Ｖさんが発熱したので、午後１時ころから、解熱消炎剤の点滴を始めました。そのうち熱は下がると思いますが、何かあったら声を掛けてください。私も30分おきに病室に顔を出します。」などと言い、甲は、「分かりました。」と答えてＶの病室に行った。

気になる情報が出まくっています。とりあえず、乙が「30分おきに病室に顔を出します。」って言うのを聞いて、甲はＶの病室に行きました。

> 午後１時50分ころ、Ｖが呼吸の際ゼイゼイと音を立てて息苦しそうにし、顔や手足に赤い発しんが出ていたので、慌ててＶに声を掛けて体を揺すったが、明りょうな返事はなかった。

この時点で既に、「ちょっとやばそうやな」ということは意識しておきましょう。注意喚起できるように、「特にここ大事！」というところは、いつも私は下線ではなく括弧を付けるようにしています。<u>ここも括弧が必要です。</u>
　そして、いきなり回想シーンに入るわけですね。

> Vは，数年前に，薬によるアレルギー反応で赤い発しんが出て呼吸困難に陥って次第に容体が悪化し，やがてチアノーゼ（血液中の酸素濃度低下により皮膚が青紫色になること）が現れるに至ったが，医師の救命処置により一命を取り留めたことがあった。

ん？赤い発しん？呼吸困難？書いてありましたね。ゼイゼイと音を立てて苦しそうにしている状態で，呼吸困難だということはわかります。しかも赤い発しんが出ていますよね。これはおそらく，アレルギー反応なんですね。この1時50分ころにアレルギー反応があって，Ｖさんが一命を取り留めたと書いてあるということは，「アレルギー反応で死ぬんや！」ということですね。

> 甲は，その経過を直接見ており，後に医師から，「薬に対するアレルギーでショック状態になっていたので，もう少し救命処置が遅れていれば助からなかったかもしれない。」と聞かされた。

甲は，その経過を直接見ています。「直接」というのが大事ですね。以前死にかけているのを直接見ていて，しかもなんのこっちゃわからんまま救命処置が終わって，「ああ，よかった」ということではなく，ちゃんとお医者さんから「薬に対するアレルギーでショック状態になっていたので，もう少し救命処置が遅れていれば助からなかったかもしれない」と言われています。確実に死にかけたということは，甲さんもちゃんとわかっています。気になりますね。なんでこんなこと書いたんですかね？これ殺意，殺人の故意の認定に使うんでしょうか？と思うと，やっぱり忘れるのが怖いので，横に「故意？」と書いておきましょうか。

さっきからずーっと言っているように，問題文がすごく長いですが，段落ごとに書いてほしい内容は分かれているので，確実に，忘れないように，段落ごとに「乙の過失」「丙の過失」というように書いておくようにしてください。今「？」をつけたのは，故意じゃなかったときに自分の頭がミスリーディングされるのを防ぐために，つけておきました。

> このような経験から，甲は，Ｖが再び薬によるアレルギー反応を起こして呼吸困難等に陥っていることが分かり，放置すると手遅れになるおそれがあると思った。
> しかし，甲は，他に身寄りのないＶを，Ｖが要介護状態になった数年前から一人で介護する生活を続け，肉体的にも精神的にも疲れ切っており，退院後も将来にわたってＶの介護を続けなければならないことに悲観していたため，こ

> のままVが死亡すれば，先の見えない介護生活から解放されるのではないかと思った。

　いいこと書いてくれていますね。アレルギー反応を起こして，呼吸困難等に陥っていることはわかっています。手遅れになるおそれがあるとも思っています。これは，「このまま放置したら，保護責任者遺棄致死罪かなあ？殺人罪かなあ？ちょっとここ書かなあかんかなあ？」とか思うわけですが，**「しかし」**って入るんですね。
　ここまで思ってくれていたら，「死んでもいいかな」って方向にいきそうですよね。これ，実際の事例やったらなんか涙出てきそうですけど，問題文なんで。

> また，甲は，時折Vが「こんな生活もう嫌だ。」などと嘆いていたことから，介護を受けながら寝たきりの生活を続けるより，このまま死んだ方がVにとっても幸せなのではないかとも思った。

　そして，**「また」**とくるんですね。先ほどの**「しかし」**の内容が，殺意を認定するときに肯定的に働く事情やったわけです。そこからさらに**「また」**と続くので，確実に並列関係にある内容が続きます。ということは，**「また」**の中に入っているのは，殺意を認定するときに使えそうな，肯定的な事情が入っているということですね。
　「このまま死んだ方がVにとっても幸せ」なんて言ってしまっているので，「もう死んでもいいやって思っているじゃないですか」と思うわけですね。アレルギー反応で死にそうなことがわかっているということは，ここで確認しておきましょう。
　故意というのは，**構成要件該当事実の認識及び認容**です。（認容説をとっていない人は認識で留まると思うんですけど，判例は認容と思しき文章を使っていますので，一応認容説でいきましょう。認識・認容です。）**大事なのは，**アレルギー反応があって死にかけていることはわかっているので，**構成要件的結果発生の認識はある**わけですね。でも，**認容がないと故意は認められない**わけです。認識だけやと過失となって，故意は認められないので，さらに**認容があるかということが大事**なわけですね。**「先の見えない介護生活から解放されるのではないかと思った。」**ということは，「死んでくれても構へんわと思っていた」ということにも繋がります。また，Vさんが**「こんな生活もう嫌だ」**と言っているということは，Vにとっても死ぬことは悪いことじゃないんだから，「死んだとしても構わない」ということにもつながります。
　これだけでは甲さんはまだ何もしてないので，実行行為はなくて殺人罪は成立しない，思っていても罪にはならないんです。甲さんがここから何かしたら罪にはなりそう，ということで検討をしています。ということはこれ，3回も改行して殺意の話をしています。なかなか殺意が大きいですね。

第 2 章　問題文を読み解く

> 他方，甲は，長年連れ添ったＶを失いたくない気持ちもあった上，

「しかし」「また」ときていて，次の文を見てください。「他方」ときています。ということは，今の話をひっくり返すわけですね。殺意，すなわち構成要件該当事実の認識・認容の認容を肯定する方向に働いていた事実をひっくり返す事実が，これから出てくるわけです。「失いたくない気持ち」ということは，死なないでくださいということですね。

> Ｖが死亡すると，これまで受け取っていた甲とＶの２名分の年金受給額が減少するのも嫌だとの思いもあった。

すごく現実的な話が出てきて，ちょっと悲しくなりました。さて，気を取り直して，殺意を認定するためには，認容がどの程度必要なのでしょうか。認容には２つありますよね，「積極的認容」死んでしまえというのと，「消極的認容」死んだとしてもしょうがない，構わない，という２つがあります。そこはまず意識をしてましょう。その上で，考えてみてください。この２つの気持ちがないまぜになった状態で，殺意における認容があると言い切れるのか？合理的な疑いを入れる余地はありますな。「お金減るの嫌やしなー，死なれると困るなー」とワタワタしてるので，この段階で「死んでしまえ！」と思っているとは言えませんね。

> このように，甲が，これまでの人生を振り返り，かつ今後の人生を考えて，これからどうするのが甲やＶにとって良いことなのか思い悩んでいた午後２時ころ，

しかも続きを読んでいくと，「このように」と書いてあるので，２つを合わせてみる。いいですね，思い悩んでいたのが「午後２時ころ」らしいです。10分悩んだんですね。**思い悩んでいるということは，認容していないですよね**。認容するということは，悩まずに「もうしゃあない」っていってる状態のことなのです。これはイメージです。わかりやすいかなぁと思って，試験の時もこのイメージをもとに考えていました。「もうしゃあない」っていう状態になっていないということが，「思い悩んでいた午後２時ころ」から判断することができます。

ということは，「午後２時ころ」時点で少なくとも死亡結果に対する認容はありません。ということは，この時点で甲に殺意があったとは言えないため，この時点での行

121

為に殺人罪が成立することはあり得ません。まあ実行行為らしき行為がないので大丈夫ですけど。**実行行為がもし午後2時ころにあったとすれば……，それでも殺人罪は無理ですね。**

では続きを読んでいきましょう。

Question ⑤

学生 ここまでのところをまとめてみました。次のような内容でよろしいでしょうか。

「Vの死という結果の認識に関する要素」
・甲が数年前にVのアレルギー反応の様子を直接見ており，医師から救命処置が遅れていれば助からなかったかもしれないと聞かされていたこと
・目の前でVがアレルギー反応を起こしており放置すると手遅れになるおそれがあったこと

↓

「Vの死という結果の認容に関する要素」
肯定要素
・甲がVの介護生活から解放されたいと思ったこと
・このまま死んだ方がVにとっても幸せなのではないかと思ったこと
否定要素
・長年連れ添ったVを失いたくない気持ちがあったこと
・年金受給額が減少するのも嫌だと思ったこと
・これからどうするのが甲やVにとって良いことなのか思い悩んでいたこと

↓

これらの要素を総合的に判断して，甲には結果の認識があったものの認容があったとまでは肯定できないため午後2時頃の時点では殺意を肯定できない。

先生 「総合的に～」という表現はやめたほうがいいですね。肯定要素からすれば，死んでもよいと思っていたと考えることもできるが，**同時に否定要素に挙げられることも考えている。そうすると，いまだ，Vが死んでも構わないと思っているとは言い切れない。**このように表現したほうが甲さんの内心を表現できていると，私は思います。

> 乙が，巡回のため，Ｖの病室の閉じられていた出入口ドアをノックした。

前回乙は１時半に来ていたので，次は２時くらいに来ますよね。

> しかし，心を決めかねていた甲は，

ここでも「決めかねていた」，すなわち，まだ，Ｖが死んでもしょうがないとは思ってないんですね。「殺意はまだですよ」って書かれているので，線を引いておきましょう。

> もうしばらく考えてからでもＶの救命は間に合うだろうと思い，

とあるので，積極的に殺しにいっていないですね。「間に合うだろう」と思っているんです。死んでもしょうがないと思っていることと，まだ助かる，間に合う，と考えることは矛盾していそうですね。

> 時間を稼ぐため，ドア越しに，「今，体を拭いてあげているので２０分ほど待ってください。夫に変わりはありません。」と嘘を言った。

第一行為ですね。実行行為にするかどうかはともかくとして，甲さんの行為がどうやら積み重なっていきそうです。ですので，とりあえず「甲の行為①」と振っておきましょう。

> 乙は，その言葉を全く疑わずに信じ込み，

それでも病室に入った方がいいと思うので，「信じ込み」というのも怪しいですね。「乙の過失」って書いときましょうか。「信じ込み」のところを「乙の過失」として実行行為にするかどうかはおいておくとしても，とりあえずミスはしているので「乙の過失」ということは思っておいた方がいいでしょう。

123

第4編　過去問徹底分析①　司法試験平成22年刑法

> Vに付き添って体を拭いているのだから，Vに異状があれば甲が必ず気付くはずだと思い，Vの容体に異状がないことの確認はできたものと判断し，約30分後の午後2時30分ころに再び巡回すれば足りると考え，「分かりました。30分ほどしたらまた来ます。」とドア越しに甲に言って立ち去った。

　午後2時時点で，まだVさんが死にそうにないのであればいいんですけどね。既遂犯成立との関係で，**Vさんがいつの時点までであれば救命可能であって，いつの時点から救命可能性が合理的な疑いを超える程度に証明できなくなるのか**，ということは意識するようにしておきましょう。

8　段落「6」について

> 乙が立ち去った後，甲がVの様子を見ると，顔にチアノーゼが現れ，呼吸も更に苦しそうに見えたことなどから，甲は，Vの容体が更に悪化していることが分かった。

　生命に対する危険が発生して，その危険がもう進んでいるわけですね。「誰かが止めないと，このまま死ぬ」ということも，甲さんはわかっているわけです。

> 甲は，しばらく悩んだ末，数年前にVが同様の症状に陥って助かった時の前記経験から，現時点のVの症状ならば，速やかに救命処置が開始されればVはまだ助かるだろうと思いながらも，

　ここから，とっても大事だと思われます。なぜかというと，「速やかに救命処置が開始されればVはまだ助かるだろうと思いながらも」というように，甲の認識について書かれているからです。甲はVの死の結果を予見していますね。

> 事態を事の成り行きに任せ，

　まだ大丈夫と思いながら，「事態を事の成り行きに任せ」って抽象的ですね。「成り行き」ってなんなんでしょうね。

> Vの生死を，医師等の医療従事者の手にではなく，

「手にではなく」って気になりますね。医療従事者の手に渡した瞬間に，助かるはずなんですけど。

> 運命にゆだねることに決め，

「医療従事者の手にではなく」，「運命にゆだねる」。思い出してくださいね，わかりやすかったじゃないですか。さっき，「死んでもいいかな，死なれると困るな」と思い悩んでいたのに，「運命にゆだねる」……「なんだ，それは！」。ただ，これをそのまま答案に「『運命にゆだねる』とあるから」と書いたらだめです。ここは説明しないとだめですね。

今のVさんの運命とはいったいどういうものでしょう？アレルギーがあって投与されると死ぬかもしれない薬を投与されて，医療を施されることなく放置されている状態で，**Vさんを待つ運命……それは「死」**ですよね。もちろん，たまたまお医者さんがひょっこり見に来てくれればいいですが，そうでもなければ死ぬしかない。

医療従事者の手にゆだねれば，適切な医療を受けて「死」の運命から逃れられるかもしれませんね。でも，医療従事者が来ない限り，Vさんには「死」の運命が待ち受けているわけです。

「運命にゆだねる」とは，通常，自分は何もせず，なるがままに任せるという意味ですね。もうおわかりでしょう。甲は，「もうなんもせんと，放置しよう。この人に待つのは死の運命だけど，私が何もしなけりゃきっとそうなるでしょう。それでもいいわ。」ということを思っていたのでしょう。それをぎゅっと詰め込むと，「運命にゆだねる」になるわけですね。えらい詩人ですね，甲さん……。

甲さんがこう思ったということは，そう，甲はVが死んでも構わないと思ったんですね。この時点でやっと殺意が認定できるわけです。

> その結果がどうなろうとその運命に従うことにした。

確実に殺人罪はいけそうな雰囲気だな，というのはおわかりいただけると思います。まあ殺人罪か保護責任者遺棄致死罪かはおいておくとして。

column ①
保護責任者遺棄致死罪（刑法219条）と殺人罪（刑法199条）との区別

　通常は保護責任者遺棄致死罪は不作為の形で行っています。また，一般的に殺人罪は作為の形で行われます。不作為による殺人罪の場合，**保護責任者遺棄致死罪と不作為の殺人罪はどのように違うのか。2つ考え方があると思います。**

　まず，保護責任者遺棄致死罪が成立する場合の保護責任者の負っている作為義務というものと，不作為の殺人罪が成立する場合にその作為義務者が負っている作為義務というものの程度が違うんだという考え方があります。程度が軽い場合には保護責任者遺棄致死罪が成立し，注意義務の程度が重い場合には殺人罪が成立する，という考え方ですね。

　そして，もう一つの考え方としては，保護責任者遺棄致死罪の場合は結果的加重犯ですので殺意はなかった，すなわち殺人罪の故意はないけれども，保護責任者として遺棄をするということに関する故意はあったという殺意の有無で判断する，という考え方です。

　判例は，殺意の有無によって保護責任者遺棄致死罪と殺人罪の違いを考えています（大判大4.2.10）。しかし，2説あるということは，なぜ殺意の有無で分けたのかということを説明した方がいいのでしょう。ところが，そんな説明は誰も書かないだろうなということは予測がつくわけです。そもそも殺意の有無で分けるということについて判例があることを知っている人間がどれほどいるのか。いっぱいいてはるか……でも，判例があるということを知っていたとして，その人たちが理由を書くのかというと，まあ書かへんな。なので，**一言理由を添えて，保護責任者遺棄致死罪と不作為の殺人罪どちらが成立するかということを書く程度でいいんじゃないかな**というふうに思います。**誰も書かないのに頑張って書きすぎると，別のところが圧迫されて大事なところが書けなくなって点数が取れなくなるということがあるので，**とりあえず一言だけ書こうと。

　すなわち，「注意義務の程度で分けるとして，その注意義務の程度がどれぐらいであれば不作為の殺人になるのかが明確ではない」ということと，「その注意義務の程度というものは，結局，認定の際に動かせますので，そんなんで分かれていていいのか」というところから，**「殺意の有無が穏当かな」**，というところぐらいが書ければだいぶ頑張ったなあという気がします。

　ということで，保護責任者遺棄致死罪と不作為の殺人罪との違いはこの程度にして，そう考えると，殺意がすごくいっぱいありましたよね。この段落「6」も，殺意なんですね。ですので，やっぱり**「殺意の有無」**というもので保護責任者遺棄致死罪と殺人罪の区別がなされていると書いた方が，この問題文から適合的ですね。点数取

> るためにはせこくいった方がいいという場合もあるので，「**殺意の有無**」で，いきましょう。

> その後，甲は，

　今までずーっと内心の話で，甲さんがしたことといえば，「体を拭いているので，入ってこないで」と言っただけだったんですね。あの時点で殺意はなかった。ここで重要なのは，**行為は主観と客観の統合体である**ということです。
　故意は，実行行為当時に存在しなければなりません。とすると，不作為による殺人罪を肯定するためには，殺意をもって当該実行行為を行う必要があるわけです。不作為なので，一定の作為を行わなかった，これも通説に従って不作為を定義しています。，殺意をもって一定の作為を行わないということをしなければいけません。殺意がないときに言った「**体拭いてるので**」というところを持ち出してくることは，**かなりリスキー**です。
　もしそのまま，とすれば，「しかし」と「他方」のところの，「しかし」のところを強調して，「しかし」の段階で殺意を認める必要があります。が，問題文からしてあそこの段階で殺意を認めることは想定されていません。ということは，**段階「6」で初めて殺意が発生した**，というのが問題文の指定であるように思われます。そうである以上，あの「すいません，体拭いてるんでちょっと待ってくださいね」というのは，**不作為の殺人罪における実行行為とはなり得ないことになります。すなわち，あそこの行為を抜き出した時点で，間違いではないかなと考えられる**わけです。
　嫌な話ですね。不作為犯の実行行為として認められるような行為が複数あるんですけど。でもあそこを実行行為とするのは間違いである可能性が高いと思われます。

> 午後2時15分ころ，検温もしていないのに，検温表に午後2時20分の検温結果として38度5分と記入した

　乙さん，2時30分に来る予定なので，甲は「**2時15分ころ，検温もしていないのに，検温表に午後2時20分の検温結果として38度5分と記入**」しています。熱，下がっていますね。ここ重要なんですけど，38度5分って記入したら「高いやんか！」って思うじゃないですか。38度5分っていったら，人間普通しんどいんですけど，もともと39度だったのが38度5分まで下がっていることを考えると，容体が悪化しているのではなく好転している，という方向に考えることができます。もし38度5分が気になったら，そこまで書けばいいかなというくらいですかね。

一番大事なのは，間違った結果を記入しているということですが，この点を捉えて作為だとはしないでくださいね。確かに，不作為と作為というのを，通常の用語における不作為と作為に分けるのであれば，「作為というのは何かをすること」で，「不作為というのは何かをしないこと」になります。記入という行為は，何かをすることに該当するので，作為とも思われがちですが，不作為です。殺人罪との関係では，不作為です。いいですね。「記入したら死んだ」って，デスノートじゃないんですからやめましょう。ただ，そこは確実に書いた方がいいですね。なぜかというと，「記入したという作為」であるけれども，「なぜ不作為の殺人罪を検討するのか？」と。

column ②
刑法上の不作為について

　この不作為犯というのは，自ら法益に対する侵害を発生させるような影響力を持っていません。作為犯であれば，基本的には持っているんですよね。客体に対して働きかけて，客体に対する侵害を発生させる。その因果の流れを設定し，因果の流れを基本的に掌握しているといえますが，不作為の場合にはそうではありません。すでに客体，すなわち，法益に対して発生している危険がじわじわと進んでいるのを，ただ見守る。**止めないという点で不作為**ですね。危険が発生する，危険が増大する，その危険が結果に結実し，構成要件的結果が発生する，という因果の流れに介入しない，ということです。介入はしないんだけれども，他の行為はいろいろやっているというくらいに，理解しておいた方がいいでしょう。

　刑法における不作為というのは，一定の期待された作為をしないこと，という定義になっています。今回の「記入した」というのは，通常の用語で考えると作為ですけど，**刑法上特に殺人罪との関係においては，「不作為」になります**。論証をすることはないと思いますけど，イメージを持っておいて，必ずこれを答案に示すようにしてください。なんでかというと，通常用語で作為のものを刑法上不作為ですというときには，やっぱり説明が必要になると思います。先生たちも，そこの理解を丁寧に書くということを求めていると考えられますので，「なぜこれを不作為と判断したのか」ということを書くようにしてください。殺意が発生してから記入しているので，ここらへんからそろそろ危ないんじゃないかなということですね。

> 午後2時30分ころ，更に容体が悪化しているＶを病室に残して看護師詰所に行き，乙に検温表を示しながら，

甲は2時30分ころ，看護師詰所にわざわざ行って**「検温表を示しながら」**，そうなんですね。何が大事かって，検温表をさっき見ましたね。なんでベッドの脇って書いてんのやろって気になったあの場面です。ベッドの脇に置かれているということは，今んとこ嘘を書いたって知ってるのは書いた甲さんだけで，他には誰も気づいていない。

> しばらくそっとしておいてもらえませんか。熱は下がり始めているようです。何かあればすぐにお知らせしますから。」と嘘を言ってVの病室に戻った。

　この**「検温表を示しながら，……しばらくそっとしておいて」**くださいって言ってるわけですね。すなわち，検温表に書いたことすらまだ不作為の殺人罪の実行行為たり得ないわけですね。

column ③
不作為犯の作為義務について

　検温表に書いたことはまだ不作為の殺人罪の実行行為たり得ないわけです。なぜ，検温表に書いたことが不作為の殺人罪の実行行為たり得ず，甲が『しばらくそっとしておいて』くださいと言ったことが不作為の殺人罪の実行行為にあたるのかを考えるために，ここで不作為犯における実行行為とはどのようなものであったかを，もう一度，思い出していただく必要があります。

　不作為犯における実行行為というのは，客体に対して法益侵害の危険が発生し，その危険が進行しているにもかかわらず，その因果の流れに介入せずに結果を実現させるという行為でしたね。不作為による殺人罪は，法益侵害の危険が発生している客体を守るべき何らかの作為義務のある人が，その期待された作為義務をしない場合に成立するのであって，誰に対してでも成立するものではありません。これは，何故でしょうか。

　刑法には大きく分けて法益保護機能と自由保障機能という2つの保障機能があります。このうち，作為犯の場合には「〜という作為をするな」という禁止規範が与えられていますが，これは本来的に危険な行為なので，禁止されたとしても大きな自由の制約になりません。これに対して，不作為犯が成立するためには「〜するべきである」という命令規範に違反したことが必要になります。これは自由に対する大きな制約になり，刑法の自由保障機能を害するおそれがあります。そこで，刑法の自由保障機能を害さないために，ある不作為が作為と構成要件的に同価値であることが要求さ

れているのです。

　では，どのような場合に作為と構成要件的に同価値であるといえるのでしょうか。先程も申し上げたように，不作為犯が成立するためには「〜するべきである」という命令規範に違反したことが必要になります。つまり，「〜しなければならない」という義務があり，それにもかかわらず，その期待された行為をしなかったことが非難に値するということです。だからこそ，ある不作為が作為と構成要件的に同価値であるといえるためには，作為義務が必要なのです。

　繰り返しになりますが，不作為犯が成立するためには，その不作為が，作為と構成要件的に同価値といえることが必要です。作為犯の場合，行為者が結果への因果の流れを掌握しています。そうすると，不作為犯は，発生した危険がそのまま結果に向かうという因果の流れを，ある人がずっと掌握していると評価できる場合に成立するということができます。そして，因果の流れを掌握し続けるためには，第三者が因果の流れに介入することを防止することが必要になるのです。

　本問で甲は検温表に虚偽の体温を記入しています。しかしこれでは，看護師が予定よりも早く巡回に来て確認すれば虚偽であると気づかれてしまいます。そのため，この段階では甲が因果の流れを掌握したとはいえません。ですから，検温表に書いたことは不作為の殺人罪の実行行為たり得ず，甲が『しばらくそっとしておいて』くださいと言ったことが不作為の殺人罪の実行行為にあたるといえるのです。

　自分の手元に因果の流れを残しておこうとする行為であるとすれば，誰かが介入することを防ぐべきなんですよ。これはちゃんと上で書かれてますよね。「医師等の医療従事者の手にではなく」というのが書かれていますから，医療従事者が介入しないようにするということが今回の不作為なわけです。この2時20分の検温結果として38度5分と記入した段階ではベッド脇にこの検温表がポンと置かれているだけなので，どうなるかというと，まだ医療従事者は誰も見ていないので，午後2時22分くらいに「すいませんちょっと早めに来ました」と言ったら，バレちゃうわけですね。すなわち，この検温表に記入したということは，作為義務認定の一事情とはなり得ますが不作為とはなり得ません。ですので，この検温結果として38度5分と記入したことをもって不作為による殺人罪の実行行為とすることは，無理であるということがわかります。

　「午後2時30分ころ，更に容体が悪化しているVを病室に残して看護師詰所に行き，乙に検温表を示しながら」と書いているので，検温表が1つの大事なファクターであることは間違いないんです。けれど，実行行為じゃなくてその作為義務を認定する際に重要なものとなるだけですね。検温表に虚偽記載をしただけでは，乙さんがVの個室に巡回にくるかもしれない。乙さんが巡回に来ないようにするためにはもうひと押し必要だ，だから，嘘ついて戻ったんですね。これで乙が来なくなるというのが

完成されれば因果の流れの掌握は確実です。1段落に長々と書いてありましたね。Ｖさんは3週間くらい入院していて甲さんはＶさんの病室にずっと来ていたというこの長い説明は，この不作為が実行行為たり得ることを説明するために必要な事実であったわけです。

連日甲さんがＶの病室を訪れていて乙さんは巡回を控えめにしていたということ，そして甲さん自身が，乙さんに**「私がいる間はゆっくりしていてください」**と言っていたこと，そしてその状態が2日か3日やったらまだ信用はしなかったと思うんですけど，3週間続いていた。3週間は忘れがちなんですけど，ここで使ってもいいかなと思いますね。一般病棟の個室であるがゆえに，基本的に看護師さんが2時間ないし3時間に1回程度の間に必ず巡回はするわけです。今回の場合は発熱して30分に1回の巡回になってますけど，通常時であったとしても2時間ないし3時間の間に1回，回ってくるというわけです。ということは，**因果の流れに介入される可能性が非常に高い**わけですね。それを排除して甲のみが因果の流れを掌握したというためにはあてはめを相当頑張らないとだめですね。ここで，検温結果の38度5分というのが大事になってくるわけです。

39度くらい出ていたんだけど，D薬が効いて38度5分になっていたということと，**「気持ち良さそうに眠りました」**という甲さんの言葉を乙さんが信用した場合巡回の可能性がどれだけ低くなるかということ。図らずも甲さんは乙さんと信頼関係を築き，乙さんは甲さんがＶの病状について嘘をつかないと信用していました。そうすると，乙さんが巡回にくる可能性はかなり低くなりそうですね。そして，作為義務の認定には，この信頼関係が客観的にみて成立しているかどうかが大事なので，主観的にみて成立しているだけじゃだめなんですね。実行行為性の問題なので，客観的にみて，危険といえるかを判断しなければいけないわけです。すなわち，客観的にみて介入されることがほぼないというくらいの信頼関係が醸成されていたと認定できるかというところが非常に大事になってきますので，とりあえず中間項としてそこは設定しておく必要があると思います。

これでやっと段落6が終わりました。

Question ⑥

学生 甲の実行行為は何通りかのとらえ方があると思います。たとえば検温表に虚偽の記載をして看護師詰所にいって虚偽の報告をしたという一連の経緯を一つの不作為ととらえて実行行為とすること（A案）や，看護師詰所での虚偽の報告をとらえて実行行為とすること（B案）が考えられると思います。甲の実行行為をどのようにとらえられたのかにつき具体的に教えてください。B案の内容は次の

> ようなものです。
>   甲が虚偽の報告
>   →いくらVの妻とはいえプロの医療従事者の看護師乙がこんな緊急事態に素人の話を鵜呑みにして患者のお世話をまかせるはずがないというツッコミ
>   →問題部の初めの方にあった甲がVの看病を連日長時間にわたりしっかりとやっていたという事情，甲と担当看護師乙との間に信頼関係ができていたことからそれでも乙が甲を信じたのはもっともな面もあるという反論
>   →この反論を根拠として，甲の虚偽報告は看護師乙がVの状態に気づく可能性を大きく低減させ，Vの死の結果を引き起こす危険性が高いものと言える
>
> **先生** ここまで読んだ段階で考えられる不作為としては，B案のほうがいいですね。「看護師詰所で，虚偽の記載をした検温表を示しながら，虚偽の報告をした」というのが甲の行為です。そして，この甲の行為をもって，甲はVの生命を左右する唯一の人間となりました。したがって，甲がVの状態を医療関係者に伝えないことは甲を殺すことと構成要件的に同価値といえ，甲にはVの状態を医療関係者に告げるという作為義務が認められます。すなわち，Vの状態を医療関係者に告げるべきであるにもかかわらず，看護師詰所で正しい報告をしなかったという不作為が実行行為となります。
>   ただ，後から出てくる情報によって，この考えは修正を迫られます。一緒に読んでいった上で，しっかりと考えをまとめましょう。難しいですが，一緒に頑張りましょう。

9　段落「7」について

> 乙は，他の患者の看護に追われて多忙であった上，

うーん，客観的に多忙やから比較的介入しないという方向に持っていってもいいですけど，ちょっと使いにくいですかね。とりあえず線を引いておきましょう。

> 甲の話と検温表の記載から，

やはり2つともがファクターになっているということにはちゃんと気づいておいてください。甲の話，すなわち甲と乙の信頼関係だけではなく，検温表の記載というの

も1つの大事なファクターになっています。ですので，検温表の記載からなぜ信じ込んだのか，なぜ信じ込ませることが可能であったのかということは論証することが必要であると考えられます。

> Vの容体に異状はなく，熱も下がり始めて容体が安定してきたものと信じ込み，……

本当は30分に1回様子を見に行かないといけないという指示を受けていたのにそれを怠っているので，この「信じ込み」というのも過失っぽいですね。信じ込みというのは主観面ですので，信じ込んで行かなかったというのが乙の過失。この予定した巡回に行かないということが最も大事な過失になりそうですね。

> 午後2時50分ころ，甲は，Vの呼吸が止まっていることに気付き

で，2時50分ころ呼吸が止まっているんですね。

> 午後3時ころ，Vの病室に入った乙が，意識がなく呼吸が停止しているVを発見し，直ちに，Bらによる救命処置が講じられたが，午後3時50分にVの死亡が確認された。

ここで何が気になるかというと，午後3時に見つかって50分までかかっているので，いつのタイミングで気づけば死ななかったのか，一応50分は延命されているんですね。救命可能性とか延命可能性とかがちょっと気になるところですが，そこまで考えるとややこしいので，とりあえず次を見ていきましょう。

10 段落「8」について

> その後の司法解剖や甲，乙，丙及び他のA病院関係者らに対する事情聴取等の捜査の結果，次の各事実が判明した。

と書かれているので，これは大事です。

> (1) Vの死因は，肺炎によるものではなく，D薬を投与されたことに基づく急性アレルギー反応による呼吸困難を伴うショック死であった。

とりあえず，D薬のせいやっちゅうことですね。もし肺炎のせいやったら，乙さんとか丙さんとかは解熱消炎剤を投与しなかった，すべきだったのにそれを怠ったという過失になると思います。今回はD薬の投与によって結果が発生しているので，確実にD薬がらみの過失を認定しなければならないということになります。

> (2) 遅くとも午後2時20分までに，

2時30分に嘘を言っているというのは確認しておいてくださいね。ちゃんと線を引きましたかね。2時30分に嘘を言っててここを不作為にしたいんですよね。

> 異変に気付けば，当時のA病院の態勢では直ちに医師等による救命処置が開始可能であって，それによりVは救命されたものと認められたが，Vの異変に気付くのが，それより後になると，Vが救命されたかどうかは明らかでなく，

ここ大事ですね。すなわち，**午後2時30分の行為を不作為として認定すると因果関係が不明になる**わけです。ここでもう一つ気をつけてほしいのは，不作為犯において因果関係が不明になる場合は不作為による殺人未遂となるのか，それともそもそも作為義務が発生しなくなって不作為犯が成立しなくなるのか，というところが一応こっそり争われているので，注意してください。通常，作為義務が発生していて実行行為があって，結果があって因果関係が切れるという話になると思うんですけど，そこもちょっといやらしいですね。

> 午後2時50分を過ぎると，Vが救命される可能性はほとんどなかった

Vが救命される可能性はほとんどなかったので，2時50分以降であればなんらかの過失的なものが発生していたとしても救命可能性自体がありませんので作為義務及び結果予見・結果回避義務が発生しなくなり，何かを検討する必要はないということになります。

> なお，本件において，Vに施された救命処置は適切であった。

救命処置が適切であっても死亡するというのは，午後3時ごろ気付いても死亡しているので，ここではしょうがないということですね。

> (3) VにE薬に対するアレルギーはなく，VにE薬を投与してもこれによって死亡することはなかった。

E薬を適切に投与していればVは死ぬことはなかったという関係性にあるといえます。

> なお，BのVに対する治療方針やE薬の処方及び乙への指示は適切であった。

と書かれているので，過失の連鎖という話はありません。

> (4) E薬用の引き出しには数本のD薬のアンプルが混入していたが，その原因は，A病院関係者の何者かが，D薬のアンプルを保管場所にしまう際，D薬用の引き出しにしまわず，間違って，E薬用の引き出しに入れてしまったことにあると推測された。しかし，それ以上の具体的な事実関係は明らかにならなかった。

これを遡って過失を認定することはできません。仕方なかったという言い訳はきかないということですね。

さて，全部読んでみてわかったことをまとめてみましょう。一番作為義務が認められそうな午後2時30分以降は，Vの救命可能性が不明なのだそうです。そうすると，作為義務が認められ，甲の行為が実行行為とされるものの，Vの死の結果を甲の行為に帰責することはできません。しかし，具体的危険説からすると，甲の行為は一般人からすれば死にかけのおじいちゃんを放置しているものですから，人の死という結果発生につき，現実的危険性を認定することができます。ということは，甲の行為は実行行為となり，たまたま結果との間に因果関係がないため，殺人未遂罪となります。

こんな結論はいかん！と思うのであれば，救命可能性が認められる午後2時20分までに作為義務が発生しているといわねばなりません。殺意が発生したのは午後2時15分より少し前です。午後2時20分までに甲に作為義務が認められれば，殺意をもって「人を殺」したといえ，甲に殺人既遂罪が成立します。

さて，そうすると，午後2時20分時点で作為義務を認められるのかについて検討せ

ねばなりません。
　ここでの大きな問題は，重要なファクターだと思っていた看護師詰所への虚偽報告が，使えないということです。作為義務が認められた後の事情ですからね。後からさらに危険になりました！と言ったところで，前の状態もそれなりに危険だったことにはなりません。
　採用できる見解は二つ。乙丙に業務上過失致死罪が成立しているのであるから，甲の死の結果を誰も負わないなんていうひどい結果にはならない，だから，甲は殺人未遂罪でいい，というものです。やってることは放置だし，未遂犯ではあるから，無罪放免でもないし……。と折り合いをつける。
　もう一つは，看護師詰所への虚偽報告なくして作為義務を認めるという方法。講師答案ではこちらを採用してみました。やってみるとなかなか説得的な論述にはならず（自分の思いとはずれてるわけですからね，そらしょうがない），苦労しました。2時間縛りをかけていたもので，もう，えらい目に遭いました。本番ではなかなかリスキーでしょう。
　というわけで，おすすめは殺人未遂です。素直に考えられる方で書いた方が読みやすいという良い例です。
　乙と丙については，振り返って考え直さないといけないことはないかな，と思います。講師答案を読んでみてください。

第3章 出題趣旨を読み解く

1 全体について

> 本問は，A病院の入院患者Vが薬の誤投与に起因して死亡したという具体的事例について，Vを看護していた妻の甲，担当していた看護師乙及び薬剤師丙の罪責を問うことにより，刑事実体法及びその解釈論の理解，具体的事案に法規範を適用する能力及び論理的思考力を試すものである。

　それでは出題趣旨を読んでいきましょう。まず最初です。「刑事実体法及び」からはいつも書いてありますが，これ，何が問われているんですかね。「刑事実体法及びその解釈論の理解」というのは，論証ですね。論証部分でなぜそのような規範になるのかというのがきちんと説明できますか，ということです。
　そして，「具体的事案に法規範を適用する能力」とは，事案に即した具体的な問題提起をした上で適切な規範を定立し，その規範に事実をあてはめて，具体的事案に応じて一定の結論を導くことのできる能力のことです。
　この能力があることを答案で示すためには，まず具体的な問題提起をする必要があります。本問では，「不作為犯の実行行為性が問題となる。」と抽象的に問題提起するのではなく，**なぜ本問において不作為犯となり，なぜ本問における不作為が実行行為といえるかが問題となるのか**ということを論証することが必要です。
　そして，その論証で定立した規範に具体的な事実をあてはめていくことになりますが，ここでは，規範の理解をしっかりした上で，詳しく説明をすることが必要です。たとえば，先ほどの「運命にゆだねる」という言葉は，「死んでもいい。」という意味にも「神様，助けて。」という意味にも受け取ることのできる，**玉虫色の言葉**です。そのため，このような言葉があることのみをもって殺意を認定することは困難です。そこで，他の事情とあいまって，この言葉は「死んでもいい。」と思った，すなわち死の認容があったということである，という説明を詳しくする必要があるのです。このような説明は必ず書くようにしてください。

　また，「論理的思考力」とは何か。たとえば，さっきの検温表の記載などがあったことを不作為とするのはやや矛盾が発生しかねない問題でしたが，発生したときに気づいて回避するということができるというのも論理的思考力です。それから，前に書いた論証と後に書いた論証が矛盾する可能性がある場合ですね。刑法の何が嫌って，こ

ういう矛盾が発生しやすいところですね。刑法は論理矛盾を起こしやすい科目です。しかし，そのような科目だからこそ，そのような矛盾を回避し，論理的一貫性のある答案を書くことが大切です。こうした答案を書けるようになれば，「論理的思考力」があるということを試験委員に示すことができます。

2 甲の罪責について

> まず，甲が乙による巡回を妨害するなどの積極的な行為に及んでいるので，甲の行為を不作為，作為のいずれととらえるのかが問題となる。

「見た感じ作為っぽいけど不作為だよ」ということをきちんと説明しないといけないということですね。

> 不作為とする場合は

と書かれているんですけど，作為とする場合はという記述が実は下にないので，想定されていないと思われますね。

> 不作為による殺人罪又は保護責任者遺棄致死罪の成否が問題となる。

と書かれています。やっぱりここは同じ不作為という形で生命に対する侵害を発生させるという点において，この不作為による殺人罪と保護責任者遺棄致死というのは重なり合いがありますから，その点で気づいてほしいというところでしょう。

> 両罪を区別する基準として，殺意の有無によるとする考え方，作為義務の程度によるとする考え方などがあるが，いずれの立場に立ったとしても，後述する殺意の有無など関連する事実を認定しつつ，事案への当てはめを行うことが求められる。

ここで問題となるのは，区別基準を論じ，殺人罪を検討すべきか保護責任者遺棄致死罪を検討すべきかを明確にした上で，検討を始めるべきなのか，より重い殺人罪から検討し同罪が成立しない場合に別途，保護責任者遺棄致死罪を検討する方法を採るのかということです。後者の方法によると，殺人罪を検討した上でさらに「保護責任

者」や「遺棄」のあてはめをしなければならなくなるので，区別基準を短く書いた上で検討を始めると良いと思います。

　本問のように成立しうる犯罪が2つある場合は，本来書き方は2通りあると思われます。1つは区別基準を最初に示した上で検討すべき犯罪を明確にする書き方，本問に即して言えば，殺人罪を検討すべきか保護責任者遺棄致死罪を検討すべきかを明確にした上で，検討を始めるべきなのかを示すという書き方です。

　もう1つは，成立しうる犯罪のうち，重い罪のほうを検討した上でその成立を否定し，軽い罪の成否を検討するという書き方，本問に即して言えば，より重い殺人罪から検討し同罪が成立しない場合に別途，保護責任者遺棄致死罪を検討する方法です。

　しかし，**本問の場合は殺意があることが明確**であり，殺人罪の成立を否定し得ない場合でしょう。そうすると，最初に区別基準を示す書き方でない限り，区別が問題となるという論点の所在への理解を示しにくいです。また，殺人罪が成立しない場合であっても殺人罪を検討した上で更に，「保護責任者」や「遺棄」のあてはめをしなければならなくなります。私は，区別基準を短く書いた上で，検討を始めるという前者のやり方が良いと思います。

　ここで重要なことは，殺人罪と保護責任者遺棄致死罪のいずれかの犯罪が成立する余地があるということに気がついた上で問題文を読むことができたかということです。保護責任者遺棄致死罪を思いつかなかったというのは勉強不足と言わざるを得ません。

　司法試験は，いずれの犯罪が成立するか，といった微妙なラインの出題が大好きなので，このような問題は準備しておいて損はないと思います。24年本試験の横領罪と背任罪や，窃盗罪と詐欺罪など，微妙なラインの問題はたくさんあります。私も**試験前には，「この罪とこの罪，どちらが成立するのか難しい。」というのをノートに書き溜めていました**。皆さんも勉強するときにノートなどに書いておくと良いと思います。

> 不作為による殺人罪又は保護責任者遺棄致死罪の成否を検討する場合には，作為義務ないし保証人的地位の発生根拠（基礎付け事情）に関する考え方を示すことが必要となる

　とあります。まず作為義務及び作為の可能性・容易性が必要であるというところに関しては，学説上争いはありません。昔，構成要件的同価値性をも必要とする学説があったんですけど，今ではあまり一般的ではないので，別にいいんじゃないかなと。ただ，作為義務及び作為の可能性・容易性を必要とするというのは，理由がちゃんと言えるようになっておかないと理解したことになりませんし，その理由が作為義務の発生根拠にかかわってくるので，本問で説明した内容はわかっておいてください。作為の可能性・容易性が必要な理由も，作為義務を必要とする自由保障機能の保護とい

うところから必要となってくるので，そこもきちっと理解をしておいてください。

> 多元的に理解するのが一般で

「多元的に理解するのが一般で」あるというのは，決め手がないということです。ひとつのファクターがあっただけで作為義務が発生すると認められたことは，判例上もありません。判例で一番多いのは，先行行為があってなおかつそれに基づいて排他的支配が行われていたり，引受行為が行われてなおかつ排他的支配が設定された場合とか，そもそも継続的に法益を保護するべき義務関係にあって，それにもかかわらず，ということが多いので，必ず２つか３つのファクターが重なっているんですね。

２つか３つ要るんやけど何がどう絡まってるのかわからへんというのがややこしいところでしたので，確実に理解して書くようにしてください。あてはめがふわふわすると，規範がわかってないと誤解されてしまいますので，気をつけましょう。最終的なゴールが見えていなくてあてはめを開始すると，排他的支配がある，先行行為がある，引受けがある，「だから？」と言われてしまいますので，そこの「だから」というところを埋めてくださいね。

排他的支配があるということは他の者が因果の流れに介入することができなかった，行為者しか因果の流れに介入することができないような状況が作出されていたとか，事実上の引受けがあるから，その因果の流れに介入する人物がほぼ作為義務者に限定されていたとかですね，いろいろ書き方があるわけです。あるんですが，排他的支配があるとか引受けがあるからなんだって言われるような答案を書かないようにした方がいいというのは確実に言えることでしょう。

> 甲に対する作為義務の有無の検討においては，単に甲がＶと夫婦関係にあり，民法上の扶助義務を負うことだけで足りるとするのではなく

ここは注意が必要です。目的や法体系が違う法律によって認められている義務や考慮要素は，基本的に別の法体系に持ってくると保護に値するとか重要視されるとは言えなくなります。本問でいえば，民法上の扶助義務があったとしても，それによって直ちに刑法上の義務があるということにはならないということです。今回は不作為犯と過失犯が同時に出題されていましたが，過失犯の結果回避義務の設定の場合にも同じことが言えます。個別具体的な当該状況において，社会通念上一般にどのような注意義務が策定されるのかというようなことを考えるべきであるというのが新過失論からの考え方だからです。たとえば，道路交通法上，運転者に課されている義務がそれすなわち過失運転致死罪における結果回避義務とはなりません。

そうすると，本問のチェック態勢についても，チェック態勢があると即座に刑法上の注意義務が認定されると書くのではなく，そのようなチェック態勢や他の事情をふまえると刑法上このような注意義務があるという書き方をしないといけないということです。チェック態勢があるということをそのまま注意義務としてしまうと理解していないということが試験委員にわかってしまいます。

このように，不作為犯と過失犯は，行為者の義務を具体的に設定しなければならないという点で重なります。しかし，**不作為犯における作為義務が因果の流れに介入すべき義務であるのに対して，過失犯における結果回避義務は危険設定行為をしないという義務**です。両者は問題の設定状況が異なります。次にこれらが出題されたときには，この不作為犯における作為義務と過失犯における結果回避義務の設定状況の違いを意識してもらえるとより良い答案になると思います。

> 甲が午後2時に乙の巡回（容体確認）を妨害したことなど，具体的事情を丁寧に拾いつつ

なぜここの午後2時の巡回妨害が入るかというと，これでだんだん因果の流れを掌握していっているわけですね。

> その事情が作為義務の発生根拠との関係でどのような意味を持つのか明らかにする必要がある

「どのような意味を持つのか」と書かれているときには，それがクリアなものになっているとはいえない場合が多いわけです。講師答案を確認してください。

> また，VがA病院に入院中の患者であり，Vに対する看護義務は第一次的には乙ら病院側にあることを踏まえ，どのような事情があれば甲に作為義務が認められるかを論ずることが肝要である。

どういうことかというと，作為義務というのはすでにお話ししたように，第一次的な責任主体は誰かを確定するという側面も持っているわけです。第一次的な責任主体は誰かというと，お医者さんと看護師さんなんですね。お医者さんと看護師さんにあるはずの第一次的責任が甲さんに移転してくるためにはどのような行為が必要かということです。ここは丁寧に論じないと甲に作為義務が認められる可能性が少ないどころか，ないということになってしまいます。**甲さんがいかに信頼関係を醸成し，検温**

表の記載が大きな意味を持つのか，巡回妨害はどういう意味を持つのか，ということをきちんと論証しないといけません。
　ここは本問のポイントです。常識的に考えて病院で入院するVを看護し，容体の急変等に気づき対応すべきなのは主治医B，担当看護師乙であり，高い金を払っている甲が率先してVの看護をし，容体の急変等を医療従事者である主治医や看護師に知らせなければいけない理由はありません。（もちろん道義的には奥さんにも看護をがんばってほしいですし，気づいたことはお医者さんや看護師さんに伝えてほしいところですが。）しかし，本問では甲が日頃から長時間身の回りのお世話をしていました。また，看護師さんと声の掛け合いをするなど，看護師さんが「奥さんなら何かあったら教えてくれるだろう」と信頼するようになっていました。そのため，乙は，甲が乙の看護を妨害するなどということには思い至ることができず，その信頼を逆手にとって甲が乙に虚偽の報告をしたことはVを自分の支配下に置く上で大きな意味を持っていたと評価することができると思います。

> 作為義務が認められるとしても，その作為義務の内容，作為可能性・容易性についても検討する必要がある

　ここも大事なんですけれども，作為義務の内容を「助けること」とか書いちゃだめですよ。作為義務はその人に課された因果の流れに介入するためになすべき行為を認定して，こういう行為をすべきだという義務を認定する必要があります。その作為義務の具体的な内容が問題となるわけです。この作為義務を認めることによって自由に対する制約が発生するので，作為可能性・容易性が当然要ることになります。そうすると，作為可能性・容易性が認められるであろう作為を設定しないといけないわけですね。病院にいるので，「病院関係者にきちんと容体を言う」というぐらいでいいと思うんですけど。

> 甲の不作為とVの死亡という結果との間の因果関係について，不作為犯の特殊性を踏まえつつ

　「不作為犯の特殊性」って何なんですかね。大事なのは，作為犯であれば自分がやった行為のせいでその人が死にかかってるということは明白なわけですけど，この不作為犯というのは因果の流れに介入しないことをメインとしているわけです。ということは，**因果関係を事実的に設定できないんですね**。「あれなければこれなし」ができないわけです。不作為は期待された一定の作為をしないことですので，そこをひっくり返して「もし期待された作為をしていれば助けられたか」という仮定的判断が入る

ことになります。

　そしてその仮定的判断に関しては，判例が十中八九とかいってますけどその後，合理的な疑いを超える程度って書いてるので，十中八九と書いてもいいですし，合理的疑いを超える程度と書いてもいいです。ただ十中八九と書いた場合には80％～90％なんて思ってるなんて思われないように書くべきですので，「十中八九すなわち合理的疑いを超える程度」という形で自分の理解を示しておいた方が安全かなという気がしますね。

> さらに，甲に対して不作為による殺人罪の成立を肯定するためには

　肯定する気しかないように読めますね，これ。どうやら殺人罪らしいです。そりゃあそうですね，殺人罪のにおいしかしてなかったですもんね。

> 甲は，Ｖの危険な状態を認識

　大事ですね。認識しているわけです。

> Ｖの介護から解放されたいと思う一方で，長年連れ添ったＶを失いたくないという複雑な気持ちを抱き，その間で感情が揺れ動いているので，結果の発生に対する認識・認容が必要とする認容説（判例）など自らの立場を明らかにしながら

　なぜここで「自らの立場を明らかにしながら」が必要かというと，認識だけで足りるという説をとってしまうと，それだけで殺意肯定なんですね。未必の故意と認識ある過失が違うものであると考えるのは認容説に立つからであって，認識だけだとすると過失との違いは蓋然性の違いになってくるわけです。ですので，その立場に立った場合には蓋然性の違いを指摘してあげてください。だいぶ蓋然性が高いと思いますが，それで殺意は肯定されるんですけど，その揺れ動いてる気持ちという点においてはやはり認容説に立った解答を望んでいる可能性が高いということがわかると思います。

> 殺意を認定する場合には

　認定しない場合というのは誰も書いてないと思うんですけど。殺意は認定しろということですね。

> その成立時期についても留意する必要がある

なぜかというと，次読んでください。

> なぜなら，殺人罪が成立するには，殺意が肯定されることに加え，作為義務の発生時期，救命可能性が認められる時期（午後２時２０分まで）との関係も踏まえ，これらがすべて満たされる必要があるからである

すなわち，殺意がない時点で作為義務が発生していたとしても，殺意が発生した時点ではじめて実行行為たり得るわけです。また，救命可能性が認められないと，既遂になりません。そもそも救命可能性がない場合は作為義務がないという考え方もあるので，ここには注意をしてください。ややこしいんですけどね。

3　乙丙の罪責について

> 第2に

ここから過失ですね。

> 乙丙の罪責については，乙と丙が医師Ｂの処方したとおりのＥ薬ではなくＤ薬を投与した上，乙がＢの指示どおりにＶの容体確認をしなかったため，Ｖが死亡するに至っていることから，乙丙それぞれについて業務上過失致死罪の成否を検討することになる。

　ここで問題となるのは，「業務」の意義です。業務上失火罪（刑法117条の２）の場合の「業務」と業務上過失致死罪（刑法211条前段）の場合の「業務」とは違います。どう違うのか説明できるようになっておいてください。業務上過失致死罪の「業務」とは，本来人が社会生活上の地位に基づき反復継続して行う行為であって，他人の生命身体等に危害を加える虞のあるものをいいます（最判昭33.4.18）。この判例の規範は覚えてください。これに対して，業務上失火罪の「業務」とは，職務として火気の安全に配慮すべき社会生活上の地位のことです（最決昭60.10.21百選Ｉ60事件）。火の気が関係する仕事じゃないと，火に気をつけておくべき高度の注意義務を設定できま

せんからね。このように，業務上失火罪と比べて，業務上過失致死罪の場合には業務がかなり広めにとられているので注意してくださいね。ただ，ここは今回のメインではないので，あまり丁寧にあてはめる必要はありません。

column ④
過失犯の構造について

　ところで，過失犯はなぜ処罰されるのでしょうか。皆さんは新過失論に立っておられると思うので，新過失論に立った上で説明します。

　刑法38条1項ただし書によれば，過失犯処罰には明文規定が必要です。過失犯は明文規定がない限り処罰されません。明文規定がある場合に処罰されるということは，社会的に不相当な行為であり，法益侵害が重大な場合に限り処罰するということです。

　では過失とは何か。教科書をみればわかると思いますが，「不注意」ということですよね。日常用語で「不注意」とは「うっかり」ということです。どの教科書でも「過失とは不注意である，すなわち……」といって，客観的には注意義務に違反したことであると書かれています。

　では，なぜ，過失を注意義務に違反したことと考えるのでしょうか。故意犯が処罰されるのは，その客体に対する法益侵害の発生を認識・認容したにもかかわらず当該犯罪行為に出たということに対する非難ができるからです。そうすると，故意犯では，そのような結果が発生することを認識・認容したならば行為に出るなという禁止規範を立てることができます。これに対して，**過失犯は，結果に対する認識があったとしても認容はしていません。そのため，結果発生を認識・認容してその行為に出るということをするなという禁止規範を立てることができず，その一つ手前の結果が発生しそうな行為をしないという注意義務に違反するな，という規範しか立てられないのです**。そうであるから，結果回避義務違反ということに責任が問われ，過失犯の実行行為は結果回避義務違反行為であるということになるのです。

　結果回避義務違反行為とは，結果回避措置をとるべきであるのにしなかったことです。このうち，結果が発生するということを予見して回避できたのであればそれを回避するような行為をとりなさいというのが命令規範で，そうした行為をとらないことはやめなさいというのが禁止規範となります。ある結果が発生することがわかっていて初めて結果回避措置をとるということが考えられるので，結果が予見できなければそもそも結果回避をするためにどのような行為をとりなさいということも言えなくなります。

　結果回避義務違反行為が認定されるためには結果回避可能性と結果予見可能性が

第4編　過去問徹底分析①　司法試験平成22年刑法

必要だということです。そして，その結果回避措置をとらなければいけないという命令規範が出ているにもかかわらず，結果回避措置をとらないことが結果回避義務違反というわけです。このように，結果回避義務違反を認定するためには，ある結果が発生することを予見できることが大前提になってくるわけです。この点について，判例は，結果予見義務と結果回避義務を必要だとしています。そして結果予見義務が認められるためには結果予見可能性が必要で，結果回避義務が認められるためには結果回避可能性が必要だとしています。

では，なぜこの結果回避可能性が必要なのでしょうか。義務を課すということは，ある作為を相手方に義務づけるということです。結果回避義務を認めることも結果予見義務を認めることも，結果を予見しなさい，結果を回避する措置をとりなさいという義務を相手方に課すわけですから自由の制約になるわけです。そして，そうした自由の制約をすることが認められるためには，結果を予見できたということが必要になるのです。回避できないのに，回避しなかったことをもとに，刑罰が科されてはかないませんからね。法は，不可能を要求しないのです。したがって，結果回避義務を認定するためには結果回避可能性が必要となるということになります。

　この理論は教科書には抽象的にしか書かれていません。抽象的にしか理解していないと書き方がわからなくなると思うので，新過失論の立場からどのように書くのがいいのかということを考えてみたいと思います。
　新過失論で大事なことは，結果回避義務違反行為が過失の実行行為であり全ての出発点だということです。そうすると，まず，①処罰の対象となる過失の実行行為が何であるかということを明らかにする必要があります。②次に，過失の実行行為が結果予見義務違反であり結果回避義務違反であることを認定する必要がありますので，結果の予見可能性についてまず論じてください。
　この結果の予見可能性については，a予見可能性の対象及びb予見可能性の有無の判断基準，すなわち，行為者を基準とするのか一般人を基準とするのかをはっきりさせた上で書いてください。当該行為から結果が発生するとしたとしても，因果関係が全く予見できないということが起きることがあります。よくいわれるのが，炭化導電路ができてしまったトンネル火災の判例（最決平12.12.20百選Ⅰ53事件）や北大電気メス事件（札幌高判昭51.3.18百選Ⅰ51事件）の判例などですが，あのような特殊事案の場合にはこの因果関係が予見できないから結果予見可能性がないのではないかという話が別途出てきます。しかし，本問ではアレルギーがある人にD薬を投与したら死ぬということはわかるので，因果関係が全く予見できないという事態は生じないでしょう。
　あと，c予見可能性の程度です。どの程度まで予見できていれば良いのでしょうか。判例であるのは，軽トラックの荷台に人が乗っており，その者が軽トラックの運転者

の過失による事故で死亡した場合に，その運転者が荷台に人が乗っていることを知らなかったという事案です（最決平元.3.14百選Ⅰ52事件）。予見可能性の程度というのは，このような事案で，運転者は抽象的に「人が死ぬ」ということを予見できればいいのか，「軽トラックの荷台に人が乗っているから死ぬかもしれない」ということまで予見しなければならないのかという問題です。しかし，本問は，いずれの見解を採っても予見可能性は認められるので，詳細に論じる必要はありません。ここが大事ですが，必要なことだけ書いてください。今，予見可能性だけで論点が3つありましたけど，メリハリをつけて書いてください。

　結果回避義務違反を認定するためには，**どのような結果回避措置を講じるべきであったか**ということを認定しなければなりません。ここでまず大切なことは，個別具体的な状況に応じて社会通念上必要とされる結果回避措置を設定することです。たとえば，仮に道路交通法上，交差点では時速10㎞以下の速度で徐行しなさいという義務があったとき，このような規定の存在は結果回避義務を設定する際の参考にすることは可能です。しかし，ここから直ちに「時速10㎞以下の速度で徐行するという結果回避措置をとるべきだ。」などと書いてはいけません。なぜなら，状況の良いときであれば規定通り時速10㎞以下で走行すれば良いかもしれませんが，大雨であったり，見通しが悪かったりするのであれば，徐行ではなく交差点の手前で一時停止するべきだと社会通念上言える場合もあるからです。

　もう一つ大切なことは，**具体的な結果回避措置を設定するときは，予見可能性の程度と結果回避措置の厳しさとが相関関係にあるということを意識する**ということです。今申し上げた道路交通法の例でいえば，その交差点にそもそも進入しなければ人を轢くという結果が生じなかったとしても，これを結果回避措置として設定することはできないということです。結果回避義務というのは「～という結果回避措置をとったら回避できたんだからそれをしなさい。」というように，一定の義務を行為者に課すことです。これは自由に対する制約になるので，あまり厳しい結果回避措置を設定すると自由に対する制約度合いが強くなりすぎて，常に過失犯が成立することになりかねません。ですから，予見可能性の程度と結果回避措置の厳しさとが相関関係にあるということを意識した上で，社会通念上認められるべき結果回避措置を設定するようにしてください。

　具体的な結果回避措置を設定すると，結果回避義務を設定できます。その後，当該結果回避措置をとることによって結果回避可能性があったのかということを認定してください。結果回避可能性を前提に結果回避義務が認められるというのが理論的な流れですが，あり得べき結果回避措置を先に考えた上で結果回避可能性を考えるというのが書きやすいし思考の流れとしても自然だと思うので，あり得べき結果回避措置を考えてからそれで結果回避が可能であったかということを検討してください。

　結果予見可能性，結果予見義務，結果回避措置の設定，結果回避措置からの結果回

避可能性の認定，結果回避義務違反の認定が終わっても，まだ気を抜いてはいけません。結果回避義務違反をしたとしても，それとは別の事情によって結果が発生したという場合には因果関係が切れるので，因果関係もちゃんと認定してください。特に本問では，甲さんの故意行為が介入していますので，甲さんの故意行為をどうやって評価するのか，丙さんの場合には，乙さんの過失行為が介入していますので，その過失介入をどう処理するのかというところが問題になってきます。

結果予見可能性，結果予見義務，結果回避措置の設定，結果回避措置からの結果回避可能性の認定，結果回避義務違反の認定という一連の内容は過失の実行行為の話です。したがって，その後に故意犯と同様に因果関係を認定して，過失なので構成要件的過失の認定に入ってください。といっても，構成要件的過失の認定はもう終わっているようなものなので流してもらえればいいです。

> 乙丙に対してV死亡の結果の責任を問うためには，乙丙の薬品の投与に係る過失行為の後に甲の（不作為による殺人行為又は保護責任者遺棄行為という）故意行為が介在している（丙の場合は，それに加えて乙の過失行為も介在している。）ことから，因果関係の有無が問題となる

ここも注意をしてください。因果関係の有無に関しては，有名なところで相当因果関係説とか客観的帰属論とか危険の現実化説などあります。自分の考え方を明らかにした上であてはめを行うんですが，事実上の因果関係，すなわち条件関係と，法律の評価に関する関係である危険の現実化はちゃんと分けて書いたほうがよいでしょう。

> 介在している甲の行為は，故意行為とはいえ，不作為であって，因果の流れに物理的に影響を及ぼしたとまでは言い難いという点をどのように評価するかがポイントとなろう

甲の行為は不作為であり，因果の流れに介入しないという行為ですので，通常の故意行為とはまた異なっています。通常の故意行為であれば，因果関係にさらに影響を与えるので因果関係が切れる可能性が高いですが，介入しないという故意行為はそのままどうぞということなので，危険が現実化したといいやすいんですね，危険の現実化説からするとですけど。そうなると，因果関係は切れないかなということになります。ですので，乙丙の関係についてですが，因果関係が切れるとも考えにくいですし，乙丙にどちらも業務上過失致死罪が成立すると考えられます。

> 乙丙の関係については，過失犯の共同正犯を肯定する見解に立つ場合には，乙丙間に業務上過失致死罪の共同正犯が成立する余地があるが，その場合，乙と丙が共通の注意義務を負っているといえるかが問題となるほか……共同正犯を認める実益は何かという問題意識も必要となろう

　過失犯の共同正犯を認める実益は，いずれの行為者の過失で結果が発生したかわからない，すなわち，因果関係が不明な場合であっても，共同過失行為によって結果が発生したといえれば，行為者に当該結果を帰責できるということです。**仮に本問で，乙・丙の過失行為とＶの死亡結果との間に因果関係が認められない場合には，乙と丙が過失犯の共同正犯だといえれば両者の過失行為が相まって結果が発生したということができ，両者に業務上過失致死罪を成立させることができるので，過失犯の共同正犯を検討するべきです。**しかし，単独犯を検討した時点で因果関係が認められるという判断をしたのであれば，過失犯の共同正犯を認めなくとも，乙・丙に業務上過失致死罪を成立させることができるので，過失犯の共同正犯を論じる実益はありません。

　本問では因果関係が認められない可能性はほとんどないでしょう。また，過失犯の共同正犯を認めるためには共同義務を負っていることが必要ですが，対等な立場にない上，単独でチェックする義務を負っていたに過ぎない看護師と薬剤師に共同義務があるということは困難だと思います。ですから，仮に本問で，過失犯の共同正犯を論じる場合には，よほど力を入れて論じる実益を書かない限り，知っている論点に飛びついただけとみなされて，点にならないどころか有害的記載事項になるおそれすらあると思います。そうするとやはり書かないという結論しかないと考えられます。

信頼の原則の適用についても問題となり得る

　信頼の原則は，結果回避義務を限定する原則のことであるというのが通説的見解です。なぜ結果回避義務が限定されるのかというと，相手方が一定の行為に出るということを信頼している場合には結果回避措置をとる必要がないといえるからです。

　では，本問で結果回避措置をとる必要があるような状態にない，すなわち，チェックをしないと誤投与が起こってしまうような状態にないといえるでしょうか。本問では，看護師も薬剤師もそれぞれチェックをするようにと決められていたので，「医師の処方が間違っているかも知れないし，薬剤師の調剤が間違っているかも知れない」と常に考えて行動しなさい，ということが問題文中に現れていました。

　確かに本問は，信頼の原則を書くことが求められているような問題文です。しかし，今申し上げたように，信頼の原則は適用されないので，信頼があったということを指摘した上で，結果回避義務が認められないのではないかという問題提起をし，でもチ

ェック態勢によれば結果回避義務はやっぱりあるということを簡単に書ければ良いと思います。そのため，出題趣旨も**「なり得る」**という少し弱めの書き方になっているのだと思います。

> 　論述においては，刑法解釈上の論点に関する判例・学説の基本的な事項についての正確な理解に基づき，複雑な事案を解きほぐしていくという分析作業を行うとともに，事案の解決に必要な範囲で論点に関する自らの見解とその論拠を簡潔に示すことが求められる。いわゆる論点主義に陥ることなく，具体的事案を虚心に分析，検討し，結論の妥当性も勘案しながら，事案に現れた事情を丁寧に拾い，その持つ意味を明らかにしていくという粘り強い論述が求められている。

「結論の妥当性も勘案しながら」というところ，多分一番やっちゃだめなのは，殺人未遂（刑法199条，203条），業務上過失致傷罪（刑法211条前段），業務上過失致傷罪で終わらせるということですかね。誰にも死の結果がいかないというのはどうなんだ，と。3人ともいけるかどうかは微妙ですけど，絶対に誰か1人，もしくは2人，乙丙，誰かについてVさんの死の結果というものを帰責するようにはした方がいいということやと思います。

第4章　採点実感等を読み解く

1　出題の趣旨の補足

> 既に公表した出題の趣旨のとおりである。

　毎年，たいがい「既に公表した出題趣旨のとおりである」と書いてあるんですね。じゃあ1いらんやんって思うんですけど，毎回毎回こうなのでまあ諦めましょう。

2　採点の基本方針

> 出題の趣旨にのっとり，具体的事例における甲乙丙の罪責を問うことにより，事例を的確に分析する能力

　これは出題趣旨にも載っていましたのでいいですね。

> その際，刑法総論・各論の基本的な論点についての正確な理解の有無に加え，事実の評価や最終的な結論の妥当性，結論に至るまでの法的思考過程の論理性を重視して評価した。

　思考過程とは，なぜ自分がこの論点を書こうと思ったのか，なぜ自分がこの論点についてこのような解釈を行ったのか，なぜこの規範にこの事実があてはまると思ったのか，なぜこの具体的事例において甲の罪責をこうしたのか，ということを一つ一つ丁寧に書くということです。本番では，試験中に一人で20分で問題文を分析して，甲さんには殺人未遂罪（刑法199条，203条），乙さんには業務上過失致死罪（刑法211条前段），丙さんにも業務上過失致死罪と一つずつ検討することになります。
　刑法総論は，まず構成要件から，形式から実質へ，客観から主観へと検討していくのが通常です。本問では，保護責任者遺棄致死罪（刑法219条）と殺人罪（刑法199条）の区別が問題となり得ますので，先に殺意の有無という主観面を検討してから実行行為を論じることになりますが，**これは保護責任者遺棄致死罪と殺人罪との区別基準として殺意の有無が問題となっているため，客観から主観へといういつもの思考**

過程から外れているわけではありません。

　刑法の法的思考過程においては，実行行為，結果，因果関係と認定していく中で，実行行為は何なのか，結果とは何なのか，因果関係とは何なのか，あるのかないのか，どう判断するのか，ということを一つ一つ丁寧に書いていくことが大切です。このとき，何の問題もないのに論点として書くことは全く適切ではありません。何らかの具体的事案においてあてはまるかどうか，もしくはどうなるのかがわからないからこそ論点になるわけです。ですから，具体的事案のどの部分から，何が問題となるのかを答案に書くべきです。

　本問でも，殺意が明確にあるのであれば，保護責任者遺棄致死罪は書きません。**問題文に「運命にゆだねる」という記載があるために殺意の有無が不明確であるから，殺意の有無が問題となるという問題提起になるわけです。**このように，問題提起は必ず具体的な事案の争点となり得べき主要な事実を摘示した上でなされなければなりません。具体的な事案がある場合には必ず，事案のある事実が気になったからこそ，その論点を書こうと思ったはずなので，まずは自分の思考を分析してなぜこの論点を書こうと思ったのかということを考えるようにしてください。

　その後は，その論点の理解に沿って論述していくことになります。この論点の理解をするために，皆さんは基本書を読むと思いますが，**基本書に1行書いてあることが，実は裏にすごく大事なことがいっぱいつまっていてそれを考慮した上での1文であることが多いです。**ですから，なぜ先生がこの1文を書いたのかということを考えながら読んでいくことをお勧めします。

　その際，基本書のつまみ読みは基本的にお勧めしません。なぜなら，たとえば，過失の章であっても，行為無価値や結果無価値の対立，刑罰論の違い，犯罪論の体系の違い，責任要素の把握の仕方の違い，違法要素の把握の仕方の違い，刑罰の謙抑性に関する理解の違いということが内容に反映されているからです。基本書というのはどうしても前に書かれている内容を踏まえて展開されています。つまみ読みをしてしまうと，どうして先生がこういうことを言っているのかということがわからなくなってしまうので，とりあえず1回通読することをお勧めします。そうすると体系的な理解ができるようになり，論理矛盾が起きにくくなります。

　各論に関しては，総論と同一の先生の著書であっても，総論と各論の分断具合が激しいことがあるので，この説は一体どのような考え方をベースに成り立っているのかということを考えながら勉強していただかないと，細かいところで論理矛盾が発生する可能性があります。お勧めは『LEGAL QUEST シリーズ』（有斐閣）です。難しいことばかり書いてあるわけではないので，通読するにはちょうどいいと思います。

> 結論を導くのに必ずしも必要ではない典型的論点に関する論述を展開する答案や，事案の全体像を見ず，細部にとらわれ，問題となり得る刑法上の罪をできるだけ多く列挙し，その相互の関係や結論の妥当性を考慮しないような答案は，低い評価にならざるを得なかった。

　結論を導くのに必ずしも必要ではない論述を頑張って書いたって何の意味もないですからね。論点を書きたかったんですっていうんやったら，友達とやってください。司法試験ではしちゃだめです。「事案の全体像を見」ないというのは，結論の妥当性からいってかなりまずいことになります。「細部にとらわれ」るのもやめた方がいいです。結論に影響することを書きましょう。「相互の関係」というのも大事で，たとえば保護責任者遺棄致死罪が成立した後に殺人罪が成立するとかですかね。やる人がいそうですね，確かに。作為義務の程度は一緒だと考えると，ある時点ですでに作為義務が発生していると考えて，殺意がない中で保護責任者遺棄致死罪が発生していて，などでしょうか。ただ，保護法益が1つである場合には基本的に重い方に吸収されるので，吸収関係にある場合には，実務では軽い方の罪は認定しないことが多いです。

> 他方で，数は少ないものの，論点に関する一般論に終始するのではなく，問題文の事例に即して具体的な検討を行っている優れた答案も見られた。例えば，甲の罪責については，(1)Vが病院の入院患者であって第一次的な看護義務は乙ら病院側にあるという事情にも十分留意しつつ，複数の具体的な事情を詳細に検討して不作為犯の作為義務の存否を検討している答案，(2)作為義務，救命可能性及び故意について，それぞれの時間的先後関係を意識して検討している答案，また，乙丙の罪責については，(3)乙丙それぞれが担う業務の内容に応じて，過失犯の注意義務の内容を具体的に特定している答案

　薬剤師さんに関しては，処方する際にアンプルのラベルを確認する義務，看護師さんに関しては，処方せんの写しと対照して間違っていないか確認する義務というように，行為が違うので，そこまで分けた方がいいと思います。看護師さんに関しては，やらないといけないことがいっぱいあったので，業務内容をきちんと見た上で確認する必要がありました。薬剤師さんに関しては，処方を信じきってしまったところにも過失はあるんですけど，それが結果に反映していないからそこは実行行為から除くということも書けるとよかったのかなという気はしますが，関係ない行為を省いて記述をするので，最悪そこは書けなくても問題ないかと思います。

> (4) 乙丙の予見可能性や結果回避可能性等の有無について，具体的な事情を拾って当てはめを行っている答案については，高い評価となった。

「具体的な事情を拾って」というのは，予見できたかどうかに対して結構事情が書かれていました。すなわち，D薬の代わりにE薬を処方することが多かったとか，乙さんに関してもありましたね，容体が変わりやすいと聞かされていたとかですかね。そういうところが予見可能性に関わってきます。結果回避可能性に関しても，ラベルを見るということは，アンプルの場合は円筒状ですかね，ラベルが貼ってあって，貼ってないところもあるけれどくるっと回すだけで見えるので，簡単にできたとかですかね。本当はそういうところも確認できるとよかったのかなという気はしますが，「高い評価となった」ということは，これができていない答案が非常に多かったということだと思われます。特に，ずっと財産犯が出続けていていきなり総論でしたので，過失犯の予見義務とか回避義務とか，もうわからへんくて書いた可能性も高いのでしょう。しかし，とりあえず総論と各論どちらも出る可能性があるとわかった以上，これからはどちらも用意はしておいた方がいいということやと思います。

3　採点実感等

> ほとんどの答案が，甲については，不作為による殺人罪又は保護責任者遺棄致死罪の成否，乙丙については，業務上過失致死（傷）罪の成否を検討しており，これは出題の趣旨に沿うものである

これ以外の罪が成立したらどうすんねんと思うわけですよ。適用条文を間違えたらえらいことなので，注意してください。ここ間違ったら一発アウトです。

> 代表的な問題点を以下に列挙する

いいところは書かなくて悪いところが書かれているんですごく泣きそうなんですけど，とりあえず問題点を見ていきましょう。

> 甲の罪責について
> ① 甲を不作為犯ととらえた場合の作為義務の内容について事例に即して具体的に考えていないため，作為犯と不作為犯の区別が曖昧になり，甲を安易

に作為犯とする答案

　これ，出題趣旨で不作為犯とする場合しか出ていなかったことを踏まえると，えらいことですね。検討した限りでは，作為犯にはできないはずなんですけど。なので，不作為犯と作為犯の区別はきちんと検討するようにしてください。

> ②　不真正不作為犯の成立要件に関する規範の定立を十分に行わないまま

　これは，どういう状態なんだ。たまに，こんなん誰がやるのというのが採点実感に出ていますけど，勉強していないとやるかもしれないので注意をしてください。

> ③　甲に対する作為義務の検討において，甲がVの妻であって民法上の扶助義務があるということだけで作為義務の成立を認め

　ああ，これやっちゃだめですね。関係ない法律で義務があるから刑法上も義務があるんだとしてしまうことだけは避けてくださいと言ったと思うので，これは絶対にしないでください。

> ④　不作為犯の因果関係の特殊性を考慮することなく

　救命可能性がなかったら作為義務がどうなるのかとか，ちゃんと考えていただけるとありがたいです。これはやるかもしれないので気をつけてくださいね。ただ，有名な判例で十中八九判例（最決平元.12.15百選Ⅰ4事件）があるので，ここはちょっと気をつけてもらいやすいかなという気はします。

> ⑤　甲の殺意を検討するに当たり，甲がVの死を受け入れるかどうか迷っていたことをもって，安易に殺意を否定し，その後，甲がVに医療行為を施さずにその生死を運命をゆだねることにしたという点について，十分に検討していない答案

　先走りすぎて後のところを見ていなかったというやつですね。**段落が分かれている場合は場面が転換するのが通常ですので**，段落が分かれた瞬間に，実はこの人殺意持ったかもしれへん，ぐらいは考えてもらえるとよかったかなと思います。ただ，あの

最初の甲さんの内心の場面で殺意を認めるかどうかについてはまた別の問題ということをやったと思いますね。

> ⑥ 本問では，Ｖの救命可能性が認められるのは午後２時２０分までであるから，それまでの間の作為義務及び故意の存否が重要であるのに，このような時間的関係を意識することなく，既に救命可能性が失われた時点で作為義務や故意を認めて不作為による殺人罪等の成立を肯定する答案

時間的関係を意識して，救命可能性が認められる午後２時20分までの行為の時点で行為を認め，この行為が実行行為といえないということ書けばよいということです。どのタイミングで作為義務が認められるのか，考えて書くことが大切だということですね。

> ⑦ 時系列に沿ってそれぞれの時点で成立する犯罪を検討し，甲には，まず，保護責任者遺棄罪が成立し，次いで，不作為による殺人罪が成立するとし，両者の関係を併合罪関係にあるなどとする答案

これは，「やっちゃだめ」と言ったやつですね。最悪でも包括一罪にして吸収関係にしないと。でも遺棄罪成立して遺棄致死罪成立せえへんかったら不作為による殺人罪を成立させるのはなかなか難しいと思うんですけど，どうなんですかね。あと，併合罪ではないかな。

> 乙丙の罪責について
> ① 過失犯の基本的な理論（予見可能性・予見義務，結果回避可能性・結果回避義務を内容とする注意義務違反など）について全く言及していない答案

出ると思いました。過失犯について全く出ていなかったのに過失犯が出たら，それは誰でもやるでしょう。ただ，もうやらないでくださいね。

> ② 刑法各論の基本的な知識である業務上過失致死傷罪における「業務」の意義について，判例の立場に立つと思われるものの，判例の内容を正確に理解せず

「業務」がどうやら基本的知識であるということだけは判明しました。『判例プラク

ティス刑法Ⅱ各論』(信山社)には業務上過失致死罪,業務妨害罪の業務の意義に関する判例が載っていました。また,判旨には業務上失火罪の意義について述べられている部分があります。判例もありますので,結構重要であると思われます。「業務」の基本は,人が社会生活上反復継続する行為であることです。ここに,保護法益に合わせて要素がプラスされていきます。定義と保護法益の関係を考えてみてくださいね。きっと,忘れにくくなる……はず。

> ③ 乙丙に対する業務上過失致死傷罪を検討するに当たり,看護師である乙と薬剤師である丙とではそれぞれが担当する職務が異なる上,乙には投与する薬の確認のほか,投薬後のＶの容体を確認することが求められていたのに,乙丙それぞれが担当する職務に応じて負担する注意義務の内容を具体的に特定していない答案

　これはですね,作為義務でも注意義務でも,「作為義務がある」とか「注意義務がある」とか書いて,どういう行為,どういう作為をする義務があるとか,どういう行為を行うべきであったかという義務を認定していないことがすごく多いんですよ。これは民法や商法の善管注意義務などでもよくあるので注意してくださいね。
　義務といわれると,何らかの行為をすることや何らかの行為をしない義務であるので,その何らかの行為を認定しないと義務違反とは認定できないはずなんですよ。何らかの作為をすべきであったにもかかわらずそれをしなかったといえるのが不作為です。ただ,人間は動いているので何かしらしているはずなんですね。ということは,するべき行為をしなかったということを認定しろということなので,理論的にはするべき行為を書かないとその違反が認定できないはずです。ですから,具体的に特定してください。具体的といっても難しいときがあるので,やや抽象的になっても仕方ないかなとは思いますが,せめてふわっとでも,どういう行為を行うべきであったかぐらいは書けるようにしておいてください。

> ④ 乙丙の注意義務違反の当てはめにおいて,予見可能性や結果回避可能性等に関係する具体的事情をほとんど拾っていない答案

　これは,理論だけ書いて具体的事案を気にしていないということなので,あまりよろしくないというのは説明している間にわかっていただけたかと思うんですけど。時間的な問題もあるんですかね。甲で頑張りすぎて乙丙のエネルギー残ってへんということがありそうなので,甲乙丙と3人いるのを見た瞬間に,時間を気にしてくださいね。8ページをどういうふうに振り分けるか,多分丙が一番少ないです。乙はいらん

ことをそこそこしているのでまあまあ多くて，でも段落でいうと甲に一番割いてあるので，甲がメインやということがわかります。なので，点数をできるだけ多く取ることを目標にセコくいくのであれば，私のように8枚書ける人であれば，甲さんを頑張って5枚ぐらい書いて，乙さんは2枚書いて丙さんは1枚，もしくは乙さんに段階的過失が入っていてちょっと難しいと思うのであれば，乙さんを1枚にして丙さんも1枚にして丙さんをちょっと頑張って書くぐらいかな，という気がします。実際，答案を書いてみると，過失で論ずるべきこともたくさんあって，上に書いたバランスと違うものになっています。よかったら，講師答案を読んでみてください。

> ⑤ 乙丙の過失行為の後に甲の故意行為が介在しており，因果関係の認定上の論点となるのに，その点についての検討がないまま，乙丙の行為とVの死亡結果との間の因果関係を肯定している答案

　これは，甲さんでホッとしていると起こり得る問題だと思います。実際，最初にこの問題を検討したとき，私は甲の故意行為の介在を忘れていました。時間を追っていくと，丙さんが最初に過失をやらかして，乙さんが過失をやらかして，甲さんが故意行為で，まあ故意行為というほど積極的に何もしていないので忘れやすいですかね。とにかく介入しているので，やはりここは書かないといけません。なんでかというと，甲さんがちゃんと見回りしてくださいと言うてたら死んでいなかった可能性があるので，この介入は結構大きいと考えられるからです。

> ⑥ 因果関係の有無に関する解釈論を論述しながらも，その具体的適用方法を正確に理解していないため，事例への当てはめが適当でない答案

　これは，故意行為の介入の場合に相当因果関係説をとると基礎事情に入るか入らないかの問題があって，基礎事情に入らなかったらそれを抜いた上で乙の過失行為から結果が発生するかということを見たらいいわけです。または，危険の現実化をとった場合に，前田先生が書かれている3つの考慮要素（①実行行為の危険性，②介在事情の異常性，③介在事情の寄与度）から書いて，大きさで考えていくやつですね。①②③と書いて，異常性とか寄与度とかを多分考えるんやと思うんですけど，①大きい②小さい③大きい，やった場合には因果関係が切れるんやと思うんです。①大きい②小さい③小さい，やったらどうするんですかね，というところではないかと思われます。
　ただ，どう考えてもこの甲の故意行為の介入，故意行為の介入といいながら影響力は結構小さい介入行為ですので，これで因果関係が切れないのではないかという直感的な判断が先にあるはずです。先にあるはずなので，多分①大きい②小さい③小さい

第4章　採点実感等を読み解く

で逃げられるはずなんですけど，どうなんですかね。因果関係については練習しておいてくださいね。本番でやってみて，①大きい②小さい③小さいになって，でも因果関係切れそうやって思った場合にどうしようとなるので注意をしておいてください。また，因果関係という要素はよほどありえないことが起こった場合に，行為者の行為に当該結果を帰責させることはできないとするものです。判例も，大概認めていますよね。ですから，「この行為に結果を帰責させるのはどうなんだ」「そもそもこの行為によって結果が発生したとはいえないではないか」という場合は別論，基本的には因果関係は認めてもらって問題ないと思います。因果関係が切れそうな事実を上げて，それでも問題ないとさえ言ってしまえば，守りの答案になるんだろうと思います。

　ちなみにここで出てきているのは試験委員がみんなで検討したときに出てきた代表的な問題なので，みなさん間違えている可能性がある問題点です。そこは注意してください。委員の望まない答案を書かないためには，判例をきちんと分析して判例が事案をどのように考えて規範にあてはめているか，すなわち事実の評価はどうなっているのか，そして判例ではどのような場合において犯罪が肯定され否定されているのかということの勘をつかむようにしておいてください。

　その勘をつかむのにおいて有益なのが択一です。この肢は○やな，×やなということが直感的にわかるようになれば勘が身についていることになるので，ぜひ確認してみていただけるといいのではないかなと思います。そう考えると，今回はやっぱり因果関係が切れない可能性が高いですね。にもかかわらず，因果関係が切れるという答えを出した人が多かったのかもしれません。

　ただ，答えが間違っていても丁寧に論述すればそれはそれで説得的な立論であることもあるので，必ず思考過程を示すようにしてください。問題文を分析しているといろいろ気になって，あっちかもしれない，こっちかもしれないと思うことが特に本番では多々あると思います。この場合どうするのかというと，自分はここをこのように考えたからこうなったということを試験委員に示すだけでいいと思われます。別に答えが1つしかないとは誰も言っていませんし，それは試験委員の思った答えと一緒なのが一番いいですけど，**基本的には説得力があるかどうかが問題なので**，たとえ違っていたとしても，こう考えたからこの結論になって，結局甲さん乙さん丙さんのうちで致死の結果の責任を負う人間が2人いると思ったからしょうがないというようなことがちゃんと書けていれば，大幅に減点されるようなことはないと思います。結論の妥当性とはそういうところですね。これからすると妥当かなといえるぐらいに留めておいてくださいということだと思われます。

> ⑦ 乙丙それぞれに単独犯として過失犯の業務上過失致死罪の成立を認めながらも，両者の間の過失犯の共同正犯について，それを認める実益を考えることもないまま検討し，両者の注意義務の共通性について十分に検討することなく，共同正犯を肯定する答案

　それでですね，やっぱり過失犯の共同正犯はだめなようですな。これは一番嫌われるんですけど，実益がないのに論証することのダメさ加減。やめましょう。その論点を使って何か意味があることを書いてください。意味がないことは書かない。意味があることとは結論を左右するかどうかだということがおそらく基本となってきますので，結論を左右しない，すなわち，どの学説に立っても結論が変わらない場合には大して書く必要はないということです。

　ただ，理論的な対立が激しくてその論点については影響がないものの，その論点から派生する論点については影響がある場合には一言言及するのがいいと思いますが，そういうことはそう多くないので，結論を左右するかどうかということを必ず考えるようにしてください。おまけに「**両者の注意義務の共通性について十分に検討することなく**」過失犯の共同正犯を認めることは，過失犯の共同正犯を基本的に認めるのはまずいという共通認識に反するわけですね。故意行為の共同正犯はやりやすいですけど，過失犯の共同正犯の場合，同一の注意義務に違反すると構成しなければならず，なかなかやりにくいですからね，注意してください。

> ⑧ 業務上「重過失」致死傷罪なる罪の成立を認める答案

　最後はもう，やっちゃいましたね。構成要件を作りましたね，これ。やめましょう。業務上過失致死傷（刑法211条前段）の下に重過失致死傷（刑法211条後段）があるので業務上重過失致死傷はないですからね。業務上も重過失もどちらも刑の加重根拠ではありますけど，両方同時にくることはあり得ないので，注意してください。

> その他
> ① 甲が検温表にVの体温について虚偽の記載をしたことをとらえ，署名又は印章の存在や，権利義務又は事実証明に関する文書という私文書偽造罪の構成要件について検討しないまま，同罪の成立を認める答案
> ② 乙には，VがD薬によるアレルギー反応を起こして異状を呈していることの認識がないのに，そのことを意識しないまま，乙に故意犯である保護責任者遺棄罪の成立を認める答案

ああ。これはやめてくださいね,「私文書偽造罪」とか。関係ないですよね別に。そして,乙に故意犯になる要素はどこにもないのに,故意犯にしています。やめましょう。行為は主観と客観の統合体ですから,刑法で何罪が成立するかを考えるときには,客観面たる実行行為と主観面たる故意もしくは過失を必ず気にするようにしてください。客体の認識がないだけで,結果に対する認識があるとかいうのはよくありそうなことですけど,そもそもアレルギー反応を起こしているところを見ていないですし,D薬であることすら気づいていない可能性が高いので,認識がないんです。認識のある過失ですらなくてそもそも認識すらない過失なので,そこは注意をしてください。

焦っていただけやと信じたいんです。ただ,採点実感でこれが出ている以上何名かやらかしているはずなので,こういった間違いをしないようにするために,各被疑者に関して実行行為,すなわち被疑者が行った行為と被疑者の主観,どちらも気にするようにしてください。そして罪名を判定する際には主観も必ず確認してください。

> 上記各例は,刑法総論・各論等の基本的知識の習得や理解が不十分であること,あるいは,一応の知識・理解はあるものの,いまだ断片的なものにとどまり,それを応用して具体的事例に適用する能力が十分に身に付いていないことを示している

難しいところなので仕方がないかなと思うんですけど,次が問題ですね。

> 不真正不作為犯の成立要件について,まるで型にはめたような論述例が数多くあったこと,過失犯の共同正犯について,それを論ずる実益を考えないまま論述する答案が相当数見られたことは,受験生が典型的論点に関する論述例の暗記に偏重するなどした勉強方法をとった結果,事案の特殊性を考慮して個別具体的な解決を模索するという法律実務家に求められる姿勢を十分に習得していないのではないかと懸念されるところである。

貼り付けはバレるんですよ,やっぱり。考えてないって,読んだらわかるので。**なぜわかるかというと,流れてないんです。流れが分断されて,あるものがぱっと出てくる。論述している段階で考えていないがゆえに,その論証内でも断絶が起こっているんですね。**そうなると,わからへんから逃げたという判断をされるか覚えているのをただ吐き出したと判断されるか2通りの判断しかされないので,できる限り避けてください。**間違ってるかもしれないと思いながら自分の思考過程を書く方がまだよっぽどマシです。**考えたことを一つ一つ丁寧に書いていけば流れが断絶されることはあり得ないですし,たとえ断絶したとしても自分の思考がおっついてないだけなのでま

あしょうがないです。つながっていない場合，わからないから飛ばしたということの方が多分多いので，たとえば排他的支配と書いた後に，「排他的支配があるということは作為義務がある」と書いてしまうとかですかね。それは排他的支配となぜ作為義務もあるのかというところを考えていないがゆえに書いてしまったことなので，そこを考えるようにしてもらえればいいと思います。「なんでやろう」と思うような場所は一つ一つ考えるようにしてください。

> 比較的複雑な事案であった

ということを先生たちが言うてくれているのはとてもうれしいことです。比較的どころか相当複雑でした。未だに何のこっちゃわかりません。

> 大多数の答案は，甲について不作為による殺人罪又は保護責任者遺棄致死罪の成否，乙丙について業務上過失致死傷罪の成否の問題を検討しおり，問題解決の大枠はとらえていたこと，問題文中の具体的事実を抽出し，法的当てはめを行うという姿勢は，（十分とまではいえないものの）定着しつつあることを指摘することができ，これらは望ましい傾向である。

平成22年の段階でこうなので，現在はさらにちゃんとできないとまずいということですね。具体的事実を抽出して法的あてはめを行うということと，まず問題解決の大枠を外さないということが最も大事になってきます。この2つは本当に注意をしてください。すなわち，大枠を外したら不良答案確定ですし，あてはめをしない段階でも不良答案確定ということになります。

4　今後の出題について

ここは，いつもと同じですね。

5　今後の法科大学院教育に求めるもの

> 既に述べたとおり，事案から具体的事実を拾い出して法規範に当てはめるという姿勢は定着しつつあるものの，刑法の基本的事項の知識・理解が不十分な答案や，その応用としての事例の分析，当てはめを行う能力が十分でない答案も見られたところである。

　ここに関しては，「基本的事項の知識・理解」ですね，あとは「事例の分析」をちゃんとがんばらしてね，と書いているので，知識・理解を判例から習得するだけでなく，比較的長くて考えにくい事例に関して分析を加えていくという練習が必要になってくると思います。

第4編　過去問徹底分析①　司法試験平成22年刑法

第5章　再現答案を読み解く

●再現答案①（刑事系107.38点　刑事系順位863位）

第1　甲の2時までの行為
1　甲が2時ごろ、「今、体を拭いてあげているので20分ほど待ってください」等嘘をついた行為が殺人罪（刑法（以下法名略）199条）に当たるか。
2(1)　実行行為性は別として、この時点では殺人の故意が認められないと考える。
 (2)　殺人の故意が認められるためには、少なくとも死亡結果発生を認識しながら、死亡してもよいと積極的に認容する、未必の故意が認められる必要がある。
 (3)　本件では、Vが放置すれば死亡する可能性があることを認識していた。
　　　そして甲は、Vの介護に疲弊して退院後の介護を続けねばならないことを悲観していた。また寝たきり生活を嘆くVのためにも、Vが死んだ方がよいのではないかと考えていた。
　　　しかし長年連れ添ったVを失いたくない等から死を望まない気持ちもあり、今後の人生をどうすべきか思い悩んでいた。
　　　ここでは、Vの死を積極的に認容しておらず、未だ殺すか殺すまいか決めかねているにすぎないといえる。
3　よってこの行為には殺人罪が成立しない。
第2　甲が2時20分以降、Vの容体変化を知らせに行かなかった行為
1　不作為とは、期待される行為をしないことであり、本件では医療関係者にVの容体悪化を知らせないことを指す。よってVの容体悪化を知らせないことは死亡結果発生の可能性を積極的に高める作為ではなく、不作為の殺人の実行行為たりうる。
2　不作為の因果関係は、期待された行為がなされればという仮定的因果経過を一定限度で承認せざるを得ないから、十中八九救命可能である場合には因果関係が肯定されると考える。
　　本件では、2時20分をすぎればVの救命が可能か否か明らかでなく、十中八九救命可能とは認められない。よって本件行為に死亡結果との因果関係は認められない。
第3　甲が2時20分までに、Vの容体変化を知らせに行かなかった行為

1　実行行為
(1)　甲は2時20分までに、Vの容体悪化に気づきながら、乙に知らせないどころか、検温表に虚偽の記載までしている。
(2)　実行行為が構成要件の予定する法益侵害惹起の直接的現実的危険性を有する行為であることから、不作為でも同様の危険があれば実行行為たりうるが、犯罪成立範囲の限定の必要もあるから、①作為義務者の不作為であり②作為の可能性・容易性が存在し③作為との構成要件的同価値性が認められれば、不真正不作為犯の実行行為性が肯定されると考える。
(3)　①
　本件では、甲はVの妻であり、扶養義務を負い（民752条）、医療関係者を遠ざけて排他的支配を設定した点でも、作為義務者といえる。
(4)　②
　甲は以前の薬アレルギーの経験から、Vの容体悪化による死亡の可能性を認識しており、医療関係者に容体悪化を知らせることは可能かつ容易だったといえる。
(5)　③
　甲は、薬アレルギーによる容体悪化を止めなかっただけであるとして、作為の殺人と同視できるだけの危険性はないとも思える。
　しかし、甲は、容体悪化を知らせに行かないだけでなく、検温表に検温していないのに38.5℃と虚偽記載をし、それを看護師詰所に行って示し、「しばらくそっとしておいてもらえませんか。」等述べている。
　これは、甲が本来行われるはずの乙の巡回を積極的に妨げ、医療関係者によるVの救命措置を阻止しており、作為と同視できる、死亡結果惹起の直接的現実的危険性を有する行為といえる。よって③を満たす。
(6)　よって上記行為が殺人の実行行為に当たる。
2　因果関係
　前述のように、2時20分以前に医療関係者に知らせれば、Vの救命は十中八九可能であった。Vの病室から看護師詰所まで時間がかかるとしても、2時15分ごろに検温表の虚偽記載などせず、直ちに詰所に知らせに行けば2時20分に間に合ったであろうから、やはり因果関係は肯定される。
3　結果
　Vの死亡結果が発生しており、認められる。
4　故意

2時15分には，甲はVの生死を医療関係者ではなく運命に委ねることに決め，その結果どうなろうと運命に従うことにしていた。これで，死亡結果の認識だけでなく，Vが死亡してもよいと結果を認容したことになり，殺人の故意が認められる。
5　よって2時20分までに甲が乙に知らせに行かなかった行為につき，殺人罪が成立する。
第4　乙の薬のチェックを怠った行為
1　実行行為
　　乙は，看護師として，薬が医師の処方どおりか処方箋の写しと対照してチェックする義務を負っている。にもかかわらず，丙から受け取った薬がE薬であるかのチェックを行わずにD薬をVに投与して死亡させており，業務上過失致死罪（211条前段）の実行行為が認められる。
2　因果関係
　(1)　乙のチェックの怠りと死亡結果の間に因果関係が認められるか。
　(2)　因果関係は構成要件の一部をなし，構成要件が違法有責行為類型であるから，条件関係の存在を前提に，当該行為から結果発生することが社会通念上相当といえるかを，行為当時行為者が特に知っていた事情及び一般人に予見可能な事情を判断基底として判断すべきである。これは行為後に介在事情がある場合にも妥当するが，結果については死因の同一性の範囲内で抽象化できると考える。因果関係は，自然科学的に決するのでなく，どの行為に結果を帰責させるべきかという規範的評価だからである。
　(3)　本件では，乙が薬をチェックしてD薬を投与していなければ，Vが薬アレルギーで死亡することもなかったから，条件関係が認められる。
　(4)ア　本件では，乙のチェック怠りの後に，乙が巡回を怠ったこと，甲が故意に乙に知らせなかったことが介在している。
　　イ　まず甲が故意に乙に知らせないことは，一般人に予見し得ないと考える。甲がVの妻であり，病室での身の回りの世話を引き受けており，そのような者は医療の専門家でもない以上，容体変化があれば医療関係者に知らせるのが通常といえるからである。
　　　　また乙が特に知っていたともいえない。
　　　　よって判断基底から除かれる。
　　ウ　乙が巡回を怠ったのは，甲が「20分ほど待ってください。」等述べて妨げたからであり，通常であれば医師に30分ごとの見回りを指示された以上，甲

がVのそばにいても巡回を怠らないのが通常である。

　　よって乙の巡回怠りも，一般人が予見し得ない事情であり，薬チェック時は乙も知らなかったから，判断基底から除かれる。

　エ　とすれば，乙の薬チェックの怠りとの関係では，乙は巡回を2時に行ったものと認めてよく，そうすると2時の段階での薬アレルギーに気づき救命されるのが社会通念上相当といえ，死亡結果発生は社会通念上不相当である。

(5)　よって因果関係は認められない。

第5　乙の巡回怠り行為

1　実行行為

　看護師たる乙は，医師から30分ごとにVの容体を確認に行くよう指示を受けており，30分ごとにVの容体を確認する義務を負う。甲が訪れてVの世話をしている間は巡回を控えることは，Vの容体に異常がなければ認められうるが，原因不明の発熱で容体急変の恐れもある本件では，巡回義務を怠った点に，業務上過失致死罪の実行行為が認められる。

2　因果関係

(1)　乙が30分ごとに見回りに行っていれば，2時にはVの容体変化に気づき，死亡結果は生じなかったといえるから，条件関係はある。

(2)　甲が故意に乙に知らせない行為は，前述のように判断基底から除かれる。

　　とすれば，乙が巡回に行かない行為から2時20分までにVの容体変化に気づき得ず，Vの薬アレルギーによる死亡結果が発生することは，社会通念上相当といえる。

(3)　よって因果関係が認められる。

3　結果的加重犯は，加重結果発生の高度の蓋然性が基本犯に内在していることから，加重結果発生についての過失は必要ない。

　以上より乙には，業務上過失致死罪が成立する。

第6　丙の罪責

1　実行行為

　薬剤師たる丙は，医師の処方が患者の病状や体質に適合するかどうかをチェックする義務を負っているが，処方された薬の適否やVのアレルギー体質等の確認を怠り，D薬を乙に渡しており，業務上過失致死罪の実行行為が認められる。

2　因果関係

(1)　丙がD薬を乙に渡さなければ，薬アレルギーによるVの死亡はなかったといえ，条件関係がある。

(2) 丙の行為後に，乙の薬チェック・巡回怠り，甲の故意の巡回妨げが介在している。

　このうち，前述のとおり，甲の故意の巡回妨げ・乙の巡回怠りは判断基底から除かれる。

　乙の薬チェックの怠りは，看護師が誤った薬を投与して死亡に至る事故は現に数件存在しており，一般人に予見可能といえる。よってこの事実は判断基底に含む。

(3) とすれば，乙が薬チェックを怠ることだけでなく，丙の行為との関係では，乙は巡回義務を果たすことを判断基底とすることになる。そうすると，丙の薬チェックの怠りから，ＶにＤ薬が投薬されることは社会通念上相当であるが，乙が２時に巡回して異常に気づいて救命措置が取られるであろうから，薬アレルギーによる死亡結果発生は社会通念上不相当といえる。

(4) よって死亡結果との因果関係は認められない。

3　しかし丙の薬チェックの怠りから，Ｄ薬が投薬されてＶに生理的機能障害が生じることは社会通念上相当といえ，業務上過失致傷罪（211条前段）は成立する。

第7　甲・乙双方に死亡結果が帰責されることは不相当とも思えるが，複数の行為があいまって死亡結果が発生することはしばしばあり，その場合双方に因果関係を認めても支障はない。

　なお乙・丙には過失の共同正犯成立の可能性がある（60条）。

以上

1 はじめに

　最後は答案をビシバシ検討していきたいと思います。2通ありまして，どちらも1000番ぐらいの答案です。全部1000番ぐらいとれると500番ぐらいになって，どんな状況でも受かるというすごくいい答案なんですけど，こう書けばもっとよくなる，これでどうして1000番なんだという話ができればいいなと思っています。説明を聞いてもらえれば，1000番答案は本番でビビってうまく書けなくても届くんじゃないかと思ってもらえるかなという気もします。では見ていきましょう。再現答案①から見ていきます。

2 全体について

　この人はかなり書いていますね。「第1　甲の2時までの行為」，「第2　甲が2時20分以降，Vの容体変化を知らせに行かなかった行為」，「第3　甲が2時20分までにVの容体変化を知らせに行かなかった行為」，甲に関しては3つの行為があげられています。
　頭の中に箱を思い浮かべて今回の行為を検討すると，構成要件の箱があって，構成要件の箱の中に客観的構成要件の箱があって，客観的構成要件の箱の中に実行行為，結果，因果関係とあるのが通常です。それで全部について箱を開けていくと書いても書いても終わらないので，論点になっているところの箱だけ開くというイメージを私は持っていました。このようにすると，自分がどの次元の話をしているのかということがきちんとわかりますし，どの次元の話をしているのかということが伝わりやすくなります。
　ですので，そうしてもらえるといいかなと思うんですけど，いきなり「甲の2時までの行為」と言われると，何の話ですかと言いたくなるんですね。甲さんはいろいろな行為をしていましたが，なんで2時で分けたのかというと，おそらくこの人は，甲さんが思い悩んでいたのは午後2時で，ドア越しに「今，体を拭いてあげているので20分ほど待ってください」と言った行為をとったんですね。この後に看護師詰所に行ったなどの行為がありますが，看護師詰所に行った行為を不作為として捉えるのではなくて，その間ずっと黙り続けていた作為として捉えれば殺人既遂罪が成立しうることになりますね。
　こうすれば確かに殺人既遂が成立して楽かなと思いますし，2時20分から30分まで容体変化を知らせに行かなかったということを行為にしてもいいと思いますが，それにしても「2時」，「2時20分以降」，「2時20分まで」と，時系列が行ったり来たりしてややこしい。そして，なぜ3つに分けて考えたのかわからない。せめて3つに分けて考える必要があるということを示すのであれば，たとえば，最初のうちに甲さんのさまざまな行為を経てVが死亡しているということを指摘した上で，「その行為の

うちどこが問題でどの行為を実行行為として捉えればいいのかがよくわからないため，殺意が発生したとおぼしき時点と救命可能性がなくなった時点と作為義務が発生し得るといえる時点とに分けて考える」と書くならまだいいかな。

3　甲の2時までの行為

　採点実感等で書かれていた時間的関係性を考えるということはできていますよね。だから救われたんでしょうけど，唐突感が半端ないですね。「2時までの行為」，何の話？って思いますからね。「今，体を拭いてあげているので……」という行為が2時前後にあったがゆえに，この行為が殺人罪にあたるんじゃないかと考えたんでしょうけど，「実行行為性は別として」と次に書いてあるので，これはまたマズいかな。順序として，実行行為，結果，因果関係，故意っていくわけですよ。「別として」と書いてしまうと，なんで別としたん？って疑問がわきあがってくるので，不用意な言葉遣いは避けて下さいね。

　殺人罪が成立するためには殺人の故意が認められることが必要であるところ，この時点では「殺人の故意が認められないと考える」と書いた上で「殺人の故意が認められるには」と書いていて，読みにくいですね。ここでなぜ殺人の故意が認められないと思ったかというと，死んでもいいやという気持ちと，死なれると金もらえへんから嫌やという気持ちが混ざっていて複雑であったから殺人罪に必要な殺人の故意が認められないのではないかという形で書いてもらえれば……。

> 殺人の故意が認められるためには，少なくとも……

　ああ，さらにまずいことに「積極的に認容」と書いていますよね。消極的認容も未必の故意に入るので，ここは誤りです。積極的って書かずに「認容」って書いておけば逃げられたのに。気をつけて下さいね。積極的認容と消極的認容があって，積極的認容であれば未必の故意で消極的認容であれば認識ある過失になるなんて学説はどこにもないので，これは確実に間違いになります。この人，多分考えていることはそんなに間違っていないと思うんですけど，不用意な言葉が多いです。不用意な言葉を使うと誤解を与えるので気をつけてください。

> 本件では，Vが放置すれば死亡する可能性があることを認識していた。

　ここで，アレルギー反応を知っていたとか以前経験があったとか，それこそ2段落か3段落ぐらい使ってたくさん事情が書いてありましたが，全部抜けていますよね。

「このような経験から，甲は，Ｖが再び薬によるアレルギー反応を起こして呼吸困難等に陥っていることがわかり，放置すると手遅れになるおそれがあると思った」と問題文に書いてあるので，せめてそこを使いましょう。殺意の認定に関しては，段落があんなに多いのでかなり大きい配点があると考えられますし，かなり気を使わないといけないということはわかっていただけたと思います。そう考えると，やはりこうやってさらっと流されると，かなり点数を落としているんじゃないかなという気がします。

続けて見ていきましょう。なぜかこの次は，そのまま事実を抜いてきているんですね。読んでいただけるとわかると思うんですけど，疲弊して悲観していて，

> 寝たきり生活を嘆くＶのためにも，Ｖが死んだ方がいいのではないかと考えていた

> しかし長年連れ添ったＶを失いたくない等から死を望まない気持ちもあり，今後の人生をどうすべきか思い悩んでいた

ここはどちらもそのまま問題文に書いてありますよね。……で？「積極的に認容しておらず」って，説明できていないですよね。確かに積極的に認容かどうかという観点からいったら認容とはいえないと思うんですよ。なぜかというと，「死亡してもよい」が積極的に認容かどうかというのもかなりあやしいところです。もっとも，諦めているとも言いにくい。思い悩んでいたので。ただ，私が言葉を弄して必死こいて積極的に認容してないよねって言おうとしている時点でかなりまずい。殺すか殺すまいか決めかねているにすぎないのであるから死を積極的に認容しているとはいえないというのが規範から考えても妥当なはずなので，そもそもこの答案は規範が理解できていない可能性が高いですね。それと，積極的，という言葉と，認容という言葉は語感が合わないと思います……。

4　甲が２時20分以降，Ｖの容体変化を知らせに行かなかった行為

次見ていきましょう。「甲が２時20分以降」，ここでも気になるのは，２時から２時20分まで，がばっと抜けているんですよ。「以降」と書かれると，それまでの間はどうなったのか気になるので，たとえ２時の行為と２時20分の行為が大事と考えてそこを書きたかったのだとしても，どこかで言いましょう。行ったり来たりすると思考過程が分断されます。そして，いきなり来ました，

> 不作為とは，

　はい？「期待される行為をしないこと」はいいんです。「本件では医療関係者にVの容体悪化を知らせないことを指す」というのは飛んでます。なんで飛ぶかっていうと，これ，ナンバリングが第1と第2で違う以上，この第2の場面においても殺人罪が検討されているということは，この文章の段階ではまだ明示されていません。次にすぐ「不作為の殺人の実行行為たりうる」と書いてはいるんですけど。

　すなわち，今回の問題は，このVの容体変化を知らせに行かなかった行為，2時20分以降はナースステーションまで行っていらん嘘ついとるので，そう考えると「2時20分以降」であったとしても，他の行為をしているんですね。だから，このVの容体変化を「知らせに行かなかった行為」と書くのはミスリーディングです。知らせに行かなかった行為とした上でさっき書いたような形で行為を挙げた方がいいと思うんですけど，いきなり「不作為とは，」と書かれていて，しかも，殺人罪との関係において期待される行為をしないことであるというのが出ていないので，「医療関係者にVの容体悪化を知らせないことを指す」と書かれても，保護責任者遺棄罪との関係における不作為ですかということにもなって，思考過程の分断甚だしいですな。

　何考えてんのかわかりにくいですね。殺人罪を念頭においた上で書かれているとは思うんですけど，殺人罪を念頭において書いているということがナンバリングで分断されているということに気づいていないので，ちょっとまずいですね。

> よってVの容体悪化を死亡結果発生の可能性を積極的に高める行為ではなく，不作為の殺人の実行行為たりうる

　この文章の意味がわからない。期待される行為がVの容体悪化を知らせる行為だと認定しているという風に読めるので，「期待される行為がVの容体悪化を知らせる行為であるとすると，このVの容体悪化を知らせない行為というのは期待される行為をしない行為である」と書かないと多分だめやと思うんですけど，ここもごっちゃごっちゃんなんで。次にいきましょう。

　2の部分，何がまずいって1の部分で「不作為の殺人の実行行為たりうる」って書いといて，「不作為の因果関係は」っていきなり言ってることです。「期待された行為がなされればという仮定的因果経過を一定限度で承認せざるを得ないから，十中八九救命可能である場合には因果関係が肯定されると考える。」仮定的因果経過を一定限度承認せざるを得ないということからすると，仮定的にどの程度まで関係性があるといえれば因果関係があると認められるかという規範の問題になる。その規範的な問題と

して合理的な疑いを入れる余地がない程度まで証明されればいい，それの言い換えが十中八九であるという理解なんですけど，つながってないですよね。理解していないですね，これ。ただ論証を貼り付けたという感じがします。

> 本件では，2時20分をすぎればVの救命が可能か否か明らかでなく，十中八九救命可能とは認められない

というのも，結局可能か否か明らかではないということが合理的な疑いを入れる余地がない限度に証明できないということですから，十中八九救命可能とは認められないわけです。

> 本件行為に死亡結果との因果関係は認められない

認められないんですけど，だから何なんですかね，これ。殺人罪が成立しないのか，殺人未遂にとどまるのか。

5 甲が2時20分までに，Vの容体変化を知らせに行かなかった行為

これは確かに，明確にした行為というのは2時20分ころに検温表に記載した行為しかありません。この行為を考えるのであれば，この行為が実行行為たり得ない，この行為をもって不作為とするのはかなり難しくて，それであれば知らせにいかなかったという全体をもって行為とせざるを得ないというのは先ほど説明した通りなんですけれども，虚偽記載をしているって書いちゃいましたね。

> 乙に知らせないどころか，検温表に虚偽の記載までしている

この「どころか～までしている」の意図がわかりません。すなわち，乙に知らせないという不作為としか思えないような行為を捉えて不作為犯としているのか，検温表に虚偽記載をするという作為が殺人罪との関係において不作為になると考えてこの検温表の虚偽記載を不作為としているのかわからない。行為が特定されていません。

別に検温表の虚偽記載を実行行為と捉えて殺人罪との関係においては不作為であると捉えても時間なかったならしょうがないと思います。ただ，それにしても「までしている」と書かれると，行為がどこからどこまでなのかがわからないですね。せめて，

「〜という行為」と書いてください。乙に知らせない行為及び検温表に虚偽記載をするという行為なのか，一連の行為なのか，分断しているのか，さらにわからないので，何についてなのかがさっぱりわからないですね。

そしてさらに見ていくと，一文が長い。

> 実行行為が構成要件の予定する法益侵害惹起の直接的現実的危険性を有する行為であることから，不作為でも同様の危険があれば実行行為たりうるが，犯罪成立範囲の限定の必要もあるから……

まずですね，「限定の必要もある」って，「も」って，どこから来たん？何に加えて「も」があるの？「実行行為たりうる」までしか言ってないから，必要な話を何もしてないんですけど，どういうことなんですかね。これ，どこかの論証を貼りつけましたね。

まず，不作為が実行行為たり得るとすると，不作為犯も処罰の必要性が認められる。この後すぐに，「特に犯罪成立範囲の限定の必要」って書くと，拡張解釈全部アウトって言いたいの？あなたは，と言いたくなります。かなりのマジックワードを振り回していますね。ここで書くべきは不作為の特質ですよね。「不作為を処罰するということは特定の作為をしろという義務づけをすることになって処罰範囲が拡張する，不作為全てを処罰するとすると処罰範囲が拡張するというところから犯罪成立範囲の限定必要性がある」まで書いたらいい。けど，書いてないし，正直あんまり答案に書く意味ないし。

そのあといきなり，作為義務と作為の可能性・容易性が登場し，③に「作為との構成要件的同価値性が認められれば」とあります。これは一部の学者の先生が唱えておられる学説なのでまあいいですけど，この時点であてはめをミスるって確信できますね。すなわち「作為義務者の不作為であり」って書いてて，「作為の可能性・容易性」がどこから発生したのかもわからへんし，「構成要件的同価値性」を別途要求するっていうことは，この「構成要件的同価値性」ってどういうことなんですかという説明が必要になってくるので……。ダメそうだな。次いってみましょうか。

> ①甲はVの妻であり，扶養義務を負い

この時点でダメですね。この文章からすると，扶養義務だけで作為義務者と言えそうなにおいがするわけですよ。本人がどう考えているかは別として。

> 医療関係者を遠ざけて排他的支配を設定した点でも

　ってここ，認定頑張りましょうってわかりますよね。どれだけ事実が問題文に書いてありましたっけ？　一般病棟の個室ですとか，2時間から3時間に1回巡回しますとか，30分に1回巡回するつもりですって言われてましたよとか，信頼関係つくってましたとか，全部無視したな自分。……なんで1000番なんやろう。あと，構成要件的同価値性を別要件として立てる場合，一般的に作為義務は形式的3分説（作為義務が認められるには法令，慣習，条理って考えるやつね。）に基づいて考えるはず。だから，扶養義務だけでここの論述は終了して，③の構成要件的同価値性で排他的支配云々すればよいはず。……あれ？　まあ，②とか③とかができてたらいいんじゃないですかね。
　というわけで②を見てみますと，作為の可能性・容易性のとこになぜか，

> 薬アレルギーの経験から

　……うーんと，すいません，もう1つ気になるところがありました。①のところで，**何の作為を要求しているのか全く認定されていないので，②で何の作為との関係性において可能性・容易性が判断されているのか全くわかりません。**

> 容体悪化による死亡の可能性を認識しており，医療関係者に容体悪化を知らせることは可能かつ容易だったといえる。

　……はい？　ええと，いいですか。Vの容体悪化による死亡の可能性を認識しているから，医療関係者に容体悪化を知らせることは可能であったというのは，溺れてるのが見えているから，人が溺れていると知らせに行くのが可能かつ容易だったというのと一緒なので，話がずれてます。どうしよう……っていうぐらいなんですけど，本当に。
　それから，容体悪化を知らせるということを，とことん作為の対象にしているんですけど，これがどこで書かれてたかというと，期待された行為について書かれているのは，「第2　1」の中なんですね。しかし，ナンバリングで分断されているので，そこに気がついてくださいね。違う話をしているので，「前述のように」とかが必要なわけですよ。あるいは，「必要な作為とはこれである」とか。もっとも，必要な作為を認定するのは作為義務のところでやる話のはずですし，行ったり来たりしていますね。
　そして，③の中身は①で書いた排他的支配と一緒ですよね。「しかし」の後から見てください。構成要件的同価値性を「直接的現実的危険性」と言い換えている時点で私

はあまり好きではないです。だったら構成要件的同価値性を「直接的現実的危険性」て先に言っててほしい。もっとも，そうなると実行行為が直接的現実的危険性を有する行為であるとするのであれば，構成要件的同価値性の他に，作為義務をいったいどこにどう配置すべきなのか全くわからないという恐ろしいことが起こってしまいます。

たとえそれを無視したとしても，検温表に虚偽記載をするということが，

> 積極的に妨げ，……Ｖの救命措置を阻止して

阻止していると本当に言えるのか。これが，阻止できるレベルの虚偽記載となり，さらに，「しばらくそっとしておいてもらえませんか」ということが阻止だといえるためには甲と乙との信頼関係が必要でしたよね。しかも，なぜかＶの救命措置を阻止することが作為と同視できると書かれていて，なぜこれが作為と同視できるのか，理由が書かれていません。すなわち，「救命措置以外でＶの命が助かるということはなかったのであるから，救命措置を阻止するということが人を殺すのと一緒である，すなわち因果の流れを掌握して死へと向かわせるということと同視できる」とここまで書かれていればわかりますけど，これは排他的支配の話です。排他的支配について①で書いて再度③で書くのは，何の意味があるのかよくわかりません。

次に因果関係です。「前述のように」と書いてあって，前述されていたのはいいですね。論証の内容はよくないですけど。知らせなかった行為が２時から２時20分まで伸びているんですけど，故意が認められる時点はいつだったでしょうか。２時15分の手前，２時10分くらいで故意が認められる様子です。故意が認められる時間帯に関しては，気持ちがだんだんと，もう死んでもいいやという方向に固まっていっているので何とも言い難いですが，２時15分段階においては，故意は認められるようになっています。

それについて書かれているのは故意のところなんですけど，これを読んでみるとですね，

> Ｖの生死を医療関係者ではなく運命に委ねることに決め，その結果どうなろうと運命に従うことにしていた。これで，死亡結果の認識だけでなく，Ｖが死亡してもよいと結果を認容したことになり

……。なんで？これ，全然説明になってないですよね。そして，さらにまずいことに，「甲の２時までの行為」のところに，積極的認容の段階で故意が認められ，それは死亡してもよいと思った段階だと規範を書いていて，一応規範にはあてはまっているんですけど，この規範自体が間違っているので気をつけてくださいね。「死亡してもよ

い」は積極的認容で,「仕方がない」とかが消極的認容なのかな？いずれにしても,死亡してもよいと明確に本当に言えるかどうかはきちんと認定してくださいね。医療関係者ではなく運命に委ねるっていったって,神様が助けてくれるかもしれないという可能性もあるということだけは意識しておいてください。

　そして,殺人罪が成立するそうです。この時点で私の中では不合格の推定しか働かないんですけど,どうなってるんですかね。多分,過失犯がうまいこといってるんでしょうね,というわけで過失犯を見ていきましょう。

6　乙の薬のチェックを怠った行為

　「乙の薬のチェックを怠った行為」,「実行行為」……え？結果予見可能性,結果予見義務,結果回避可能性,結果回避義務,全部について記述はありません。これはまずいですね。一応「義務を負っている」と書いていて,具体的に内容は特定されているので,その点に関してはとてもいいと思います。なぜかというと「処方どおりか処方箋の写しと対照してチェックする義務」ということは,どうしてこの義務になったかということを書くべきではありますが,結果回避措置として適当なものではあるからです。

> にもかかわらず,……チェックを行わずにD薬をVに投与して死亡させており,業務上過失致死罪……の実行行為が認められる

　気になったことは,「業務」のあてはめがない。「業務」は,身分かどうかはおいておくとしても,そもそも実行行為の前に認定されるべき問題です。なぜかというと,業務上過失致死罪（211条前段）になるか過失致死罪（210条）になるかの違いがあるからです。「業務上」を先に認定する必要があります。ですので,「実行行為」というようなナンバリングをするとちょっと書きにくくなると思うんですよ。「1　業務,2　実行行為」と書くとちょっとややこしくなるので,あまりナンバリングはしない方がいいですね。特に,ここで1行とるのはナンセンスなので,行稼ぎたいとかやったらいいですけど,本当は行稼ぐ暇すらないはずなので。

　ですので,とりあえず,本当は「業務」のあてはめをした上で,業務上過失致死罪が成立するんじゃないかと書いた上で,この義務が本当にあるのかという書き方をしてもらった方がよかったかなと思います。あっさり実行行為を認めてしまうと,過失犯聞いた意味がないですね。不作為犯と過失犯並べて書いてる時点で,義務の中身を認定してその義務に違反している行為というのをきちんと認定できますかということを聞かれているはずです。そこを意識してもらえたのは本当によかったんですけど,

義務がふわっと終わって，具体的内容は認定しているけど予見可能性・回避可能性とかは抜けてます。

因果関係もなんで書いてるのかわかんないですね。なんでかというと，「乙のチェックの怠りと死亡結果の間に因果関係が認められるか」って，何の事実も知らない人やったら，D薬で死んだんやろ，認められるんちゃう？って言われて当たり前じゃないですか。**ここで問題なのは，乙のチェックの怠りの後に乙自身の過失行為が介入し，なおかつ，甲の故意行為が介入しているがゆえに因果関係が認められるかということです。**それを前に書かないと，「因果関係気になったんや，ふーん」で終わってしまって全く意味がないので，気を付けていただきたく思います。そして，

> 因果関係は構成要件の一部……

これをなぜこんなに長く書いているのか気になります。読んでいてよくわからない。

> 違法有責行為類型であるから，条件関係の存在を前提に，

っていうのはつながってないですよね。なぜ違法有責行為類型であるから条件関係が必要なのかがわかりません。条件関係は基本的に，全くもって関係ない事実上の行為を抜くために必要なのであって，構成要件が違法有責行為類型であるがゆえに条件関係の存在が必要となるわけではありません。「当該行為から結果発生することが社会通念上相当といえるか」というところで違法有責行為類型が関係しなくもないが，これでは論証を貼りつけたとばれてしまいますね。

それで，違法有責行為類型からつながっているのが次の，

> 行為当時行為者が特に知っていた事情及び一般人に予見可能な事情を判断基底として判断すべきである

という文章なんですけど，これは因果関係「を」判断すべきということになるはずであって，「因果関係は……判断すべき」というのは主語述語がおかしい。1文で書くとこういうことが起こるから，1文で書くのはやめてくださいね。ちゃんと分けてください。

> これは行為後に介在事情がある場合にも妥当する

のがなぜかはわかりませんし，

> 結果については死因の同一性の範囲内で抽象化できると考える

と書いた意図がわからない。なぜかというと，D薬のせいでVが死んだことは変わらないので，死因の同一性の話が出てくるわけがありません。これ，巷に流布している論証ってこのワンセットなんですかね？というぐらい，意味がわからない答案でしたけど。次読みましょう。

> 本件では，乙のチェック怠り……

この略し方はあまりよくないですね。「乙がチェックを怠った後に」と普通に書けばいいのと，

> 乙が巡回を怠ったこと，甲が故意に乙に知らせなかったことが介在している。

というのも，前に「乙のチェックの怠りの後に乙自身の過失行為が介入し，なおかつ，甲の故意行為が介入しているがゆえに因果関係が認められるかが問題となる」と書いてあれば，介在事情のところまで論証が入っていることは納得がいったんですけど，この前で書いてないので，あっそうとしか言いようがないですね。

> まず甲が故意に乙に知らせないことは

とあるんですけど，なぜ直近の介入行為から処理しているのかが読み取れません。直近の介入行為で因果関係が断絶されるのであれば，その前の過失行為を検討する必要がないから，または，直近の故意行為の方が介入度合いが大きいから，という理由で直近の故意行為から見てるんだと思うんですけど，それは書かないと伝わらないので書いてくださいね。先に故意行為の介入から処理するのであればそのことを一言書いてください。それで，「甲がVの妻」なので「一般人に予見し得ない」……。うん，まあ，うん，てか普通はね，故意行為の介入というだけで予見したらびっくりですけど。そして，

> **よって判断基底から除かれる**

と書いて，読みにくいんですけど，とりあえず判断基底として何を取り込むかということをあてはめています。イもウも，判断基底の話を書いています。エのところでは因果関係の評価に入っているので，本来のナンバリングであればイ，ウではなくイの（ア），（イ）なんですけど。ここでもバレるんですね。判断基準の話をした上で評価の話をするので，そこの部分でナンバリングを分けるのはいいですし，甲の故意行為と乙の「巡回怠り行為」を分けるのもいいんですけど，ナンバリングが全部一緒なので，次元が違うことをわかってないと思われてしまいます。ナンバリングも注意してください。

> **死亡結果発生は社会通念上不相当**

だから，

> **因果関係は認められない**

えーと……仮定的な事情として，巡回をやったということが入っているんですけど，これ本当にこのあてはめでいいんですかね，だめじゃないですかね。巡回を怠ったということを事情から外して，巡回を怠らなかったという仮定をしているので，だめですね。自分の過失行為が介入している場合にはそれは抜いて，その後何も行為がなかったと考えるべきなので，因果関係は認められますよ。このような問題が発生し得るので，直近過失一個説をとってもいいんです。なぜかというと，自分の過失が段階的に重なっている場合には段階的に全ての過失がなければ因果関係が肯定されないと考えることもできますし，そう考えるのが面倒くさい，すなわち過失併存説に立ってそうやって過失一つ一つについて因果関係を認めるのが面倒くさいと考えるのであれば，直近一個説に立って乙の巡回怠り行為について過失犯が成立するかと考えてもいいです。どうせ，巡回怠り行為によっても過失犯が成立し得るので。そして，もう1つ気になる点として，「よって因果関係は認められない」場合には実行行為は残っていますよね。ということは，過失致死罪は無理でも過失致傷罪まではいくよ。それによって，結局アレルギーショックが発生しているので。

7　乙の巡回怠り行為

　それから，乙の巡回怠り行為ですね。ここで気になるのは，段階的過失であって，その過失を全部検討するのかという問題意識が全くないこと。過失併存説に立ってるみたいなんですけど，ちょっと気になりますね。そして，

> Vの容体を確認する義務を負う

　とありますが，看護師さんとしては30分ごとに行けと言われたらおそらく30分ごとに行くべきだ，ということを書くべきだと思いますね。なんでかというと，医師に言われたら直ぐに刑法上のこういった注意義務を負うとすると不相当の場合がありますので，具体的状況を必ず認定した上で，具体的には，容体悪化のおそれがあって，高齢で，2～3時間に1回だと不十分だから，30分に1回ぐらい容体確認に行くようにと言われてて，それが社会通念上も相当だから30分ごとにVの容体を確認するべきであると書くべきです。ちなみにこれも，結果予見可能性，結果予見義務，結果回避可能性，結果回避義務，全てについて言及がないので，書き方云々の話の前に過失犯の議論としては間違ってるんですけど。業務上もまだ認定してないですし。まあ次を見ていきましょうか。因果関係です。

　因果関係もできれば「前述の規範と同じようにする」と書いてくださいね。何をやっているのかわかりにくくなるので。「結果的加重犯」って書いていますけど，業務上過失致死って結果的加重犯なんですかね？本当に？ここは，おかしいですな。結果的加重犯というためには基本犯たる故意犯があって……という話があるはずなんですが，業務上過失致死には基本犯たる故意犯はないんですけど。ないのに結果的加重犯の話が出ていて，えーと，なんで1000番？……まあ，いいです。もういいです。

8　丙の罪責

　丙の罪責を見ていきましょう。

> 薬剤師たる丙は，……チェックする義務を負っている

　と書いていますけど，これまずいですよね。なぜかというと，処方チェックを怠っても結果に結びつかないので，これは少し危ないのではないかという話をしたんですが，アンプル間違いが抜けていますね。しかもまた，予見義務とか書いてないですしね。まあ条件関係もありますし，いっぱい入っているけど，信頼の原則も書いてないし，因果関係はないとしてるし。

> 甲・乙双方に死亡結果が帰責されることは不相当とも思えるが

……思えません。同一人の複数行為に全てこれが成立する場合は不相当ですけど，甲も乙も丙も，それぞれが死亡結果を引き起こすようなことをしているので，帰責されることは不相当ではないです。そして，最後にまずいことが書かれていますが，

> 過失の共同正犯成立の可能性がある

きっと時間がなかったんですね。問題文のなお書きには注意をしてほしいですが，答案のなお書きはやめてください。本文に入れてください。

再現答案①は以上です。

●再現答案②（刑事系106.90点　刑事系順位935位）

第1　甲の罪責
1　甲は午後1時35分ごろにVが薬によるアレルギー反応を起こして呼吸困難などに陥っていることを認識していたにもかかわらず午後2時に巡回してきた看護師乙に嘘を言い立ち去らせている。
　この甲のVの救命措置をとらなかった行為に不作為の殺人罪が成立しないか検討する（199条）。
2　殺人罪は作為の形式で規定されているが，不作為によっても法益侵害は可能であるから不真正不作為犯は認められうる。ただ，自由保障機能から，実行行為性の要件として①作為義務があり②作為が容易・可能であり，③当該不作為が作為との構成要件同価値性を有することが必要である。
3(1)　本件において甲はVの妻として扶助義務を有していることから（民法752条）Vが薬によるアレルギー反応をおこしているならただちに救命措置をとる法律上および条理上の義務があったといえる（①充足）。
　また，Vが甲はチアノーゼであることをわかっていたのであるからそのような状態にあるVの救命を病院関係者に依頼することは，病院内にいたのであるから可能であり容易であったと認められる（②充足）。
　そして，甲は病室にVと2人っきりであり，午後2時頃には嘘を言って，また午後2時15分頃には虚偽の検温表を持って行き嘘をいうことで乙を病室に入らせないようにしていた。これら一連の行為により甲はVの死を具体的かつ直接に支配する状況においたものといえ，その状況下での不作為は殺人罪の実行行為と評価できる（③充足）。
　以上より，殺人の実行行為性が認められ，その後Vは死亡している。
(2)　では甲の不作為とVの死との因果関係はあるか
　不作為と結果の因果関係が認められるには当該不作為により死の危険が現実化したことが必要である。
　前述のように甲は乙を病室に入らない状況を作出しVの死の危険を直接かつ具体的に支配していたのであり，2時20分までに看護師に連絡していたなら十中八九救命可能性があったのである。したがって甲の不作為による危険が現実化したものとして，不作為とVの死との因果関係は認められる。
(3)　甲の殺意について
　まず1時50分頃甲は以前の経験からVがアレルギー反応を起こしており放

置すると手遅れになる恐れがあることを認識している。それなのに甲はこのまま死んだ方がVにとって幸せなのではないかと考えている。これは，道義上の問題とは別に死んでも構わないという認容を表しているものであるから殺人の未必の故意があるといえる。

また，ここで殺意が認められないとしても遅くとも午後2時頃甲はVはまだ助かるだろうと思いながら事態を成り行きに任せ，その結果がどうなろうと従うこととして放置しており，この時点で甲には殺人の未必の故意が認められる。
3　よって，甲にはVに対する不作為の殺人罪が成立する。
第2　乙の罪責について
(1)　乙がVに対してE薬ではないことに気付かないままD薬の点滴を開始した行為について業務上過失致死罪（211条前段）が成立しないか。
　　まず，乙は看護師であり，その点滴投与行為は「業務」といえる。
　　次に本件行為が注意を怠る行為すなわち過失行為といえるか。
　　この点，「過失」とは予見可能性を前提とした結果回避義務違反を言うと解する。
　　本件で乙はVがD薬に対するアレルギー体質を有することを入院当初に確認しており看護記録にも記入していたことから，VへのD薬の誤投薬が同人の生命に危険を及ぼすことは予見することができたといえる。
　　また，A病院では看護師が点滴その他の投薬をする場合，薬の誤投与を防ぐため，看護師において薬が医師の処方どおりであるかを処方せんの写しと対照してチェックし，処方や薬に疑問がある場合には，医師や薬剤師に確認すべき体制がとられていたうえ，患者のアレルギー体質等については，その生命にかかわることから十分に注意することとされ，乙もA病院の看護師としてこれらの点を十分に熟知していたのである。
　　そうすると，乙にはVに投薬する際に丙から受け取ったアンプルが処方されたE薬であることを確認してから投与する結果回避義務があったといえる。
　　しかし，乙は丙から受け取った薬が処方されたものに間違いないかどうか確認せず，漫然とD薬の点滴を開始している。その後，Vは死亡している。
　　したがって，乙には結果回避義務違反があり過失が認められる。
(2)　では乙の過失行為と死亡結果との因果関係はあるか。
　　この点，甲が乙に対し2度にわたって嘘を言っていなければ，乙は巡回によりVの異変に気づき救命が可能であったと言え，そうすると，甲の介在事情の大きさにより因果関係が遮断されるとも思える。

しかし，本件においてVの死の結果はD薬を投与されたことに基づく急性アレルギー反応による呼吸困難を伴うショック死であり，これは乙の過失行為に内在する死の危険が現実化したと評価できる。確かに，甲は邪魔をしているが本件では乙は医師から容体をよく観察してくださいと念を押されていたのであり，乙は安易に甲の嘘を信じるべきでは無かったといえる。また，乙は簡単にVの容体を確認することはできた。
　　そうすると，甲の介在事情は乙にとってそれほど大きなものとは言えず乙の過失行為により死の危険が現実化したといえる。
　　以上より，乙に業務上過失致死罪が成立する。
　　なお，乙は丙がこれまで間違いを犯したことがなく，丙の仕事ぶりを信頼していたことから処方やVの体質の確認をしておらず，処方せんと薬の確認を怠っているが，かかる信頼により乙の過失は否定されないと考える。なぜなら病院の制度上ダブルチェックが必要だったのであり，乙の業務上の注意義務に影響を与える事実とはいえないからである。
第3　丙の罪責について
(1)　丙に業務上過失致死罪（211条前段）が成立しないか検討する。
　　まず丙がアンプルと点滴に必要な点滴容器や注射器針などの器具を処方せんの写しとともに乙に渡した行為はA病院の薬剤部の薬剤師たる地位に基づいて反復継続して行うものであり，「業務」にあたる。
　　では本件行為は「過失」にあたるか。
　　A病院では薬の誤投与が患者の病状や体質によってはその生命を危険にさらしかねないため，薬剤師において患者の病状や薬の適合性についてチェックする体制がとられていた。また医師の処方に疑問があれば，薬剤師は，医師に確認したうえで薬を提供することになっていた。
　　さらに，丙はD薬に対するアレルギー患者にはE薬が処方される例が多いことを知っていたのであり，薬剤の取り違えにより生命に危険が生じることは予見できたといえる。
　　そうすると丙にはVに投与されるアンプルがD薬ではなくE薬であることを確認してから乙に交付する結果回避義務があったといえる。
　　しかし，丙は処方された薬の適否やVのアレルギー体質等の確認も行わず漫然とD薬のアンプルをE薬であるとして乙に交付しており「過失」が認められる。
　　その後，Vは死亡している。

では因果関係はあるか。
　たしかに，死の原因は乙の過失によりＶにＤ薬を点滴したからであるが，これはもともと丙の不注意によりＤ薬を乙に手渡したことが原因である。また，Ａ病院ではダブルチェック体制が敷かれていたがそれは各人のミスが重大な結果を引き起こすためであり，一方の過失によりもう一方の過失と結果との因果関係が遮断されると考えるべきではない。したがって丙の過失行為の危険性が乙の過失行為により遮断されることはない。また，前述の乙と同様に，甲の介在事情は丙の過失行為の危険性を遮断するほど大きくはない。
　したがって，Ｖの死亡結果との因果関係はあるといえる。
　以上より，丙に業務上過失致死罪が成立する。

以上

1　甲の罪責について

　再現答案②にいってみましょう。まず，これで一番問題なのは，一体の行為としてみていて，

> 午後2時に巡回してきた看護師乙に嘘を言い立ち去らせている

ことを行為にしているんですね。殺意が発生したのが2時15分ころであったことを考えると，2時までで行為をやめていることはかなり致命傷です。それであればいっそ2時20分まで全部一体の行為として見てもらえた方がよっぽどマシやったと思います。

> 甲の……救命措置をとらなかった行為

と書いてあるんですけど，甲さんは医療従事者ではないので，救命措置は無理です。お医者さんを呼んでください，ということになるので，ここの部分にもまずい形が残っています。

> 殺人罪は作為の形式で規定されているが，不作為によっても法益侵害は可能であるから不真正不作為犯は認められうる。ただ，自由保障機能から……

　この論証もどこかに売ってるんですかね。理由が理由じゃないですね。「法益侵害は可能であるから……認められうる」。いや，そこが問題やったんじゃなくって，という話なんですけど，もう一回各自の基本書で不真正不作為犯の問題点について考えてくださいね。
　罪刑法定主義，明確性の原則も問題になっていますが，基本的にはそこの部分はクリアされていると考えられているので，そこのところについて論じる実益は薄いので，一言ずつ書ければいいですし，最悪書かなくても何の問題もありません。ただ，「自由保障機能から」と書かれると，なぜ自由保障機能がこんなところに入ってくるんだというツッコミが入ってくるので，必ず一言ずつ説明を入れてから書くようにしてください。理由がありません。そして，なぜ③の

> 構成要件的同価値性を有することが必要である

って，再現答案①の人も②の人も書くんですかね。構成要件的同価値性って流行っ

ているんでしょうか。別に構成要件的同価値性を書いても，ちゃんとあてはめられる，すなわち①と③の違いがきちんと自分でわかっていてそれを分けるべきであるという確固たる信念があるのであれば分けて書いてもらってもいいんですけど，ただどこかの論証集で書いてあったから，っていうだけなんやったら，書くのはやめてください。①と②がスタンダードです。①，②，③と書いて書きやすいか。いや書きにくいだろう。③で多分排他的支配って書くんでしょうけど，そうなると，作為義務が認められるのかというところの説明が別途必要になってきてさらにややこしくなるので，やめた方がいいと思います。

　3⑴を見てください。おそらく③で排他的支配等の事実上の関係性を書くというところから，作為義務を「法律上および条理上の義務」ということにしているんですけど，まず扶助義務から法律上すなわち刑法上の義務があったとするのは飛んでいるのでやめてください。さらに，1文でいろいろ書いたせいでどことどこがつながっているのかわかりにくくなっていますね。

　では②ですね。

> 作為が容易・可能であり

と書いてあって，この人は作為を「救命措置をとらなかった行為」と書いていますし，「ただちに救命措置をとる……義務があった」とも書いてるので，救命措置をとるということを考えて読んでいくと，なぜか「Ｖの救命を病院関係者に依頼することは」と書いていて，救命措置をとるということになっていません。自分で書いたこととずれています。そして，③で

> 2人っきり

> 嘘を言って

虚偽の検温表を持っていったのが2時15分とか書いてるんですけどそうでしたっけ？虚偽の検温表を持っていったのは2時30分ですね。事実を間違っています。それから

> 一連の行為により

と書いてあるんですけど，この人は午後2時に嘘を言って立ち去らせているという

行為までしか上で載せていないので，2時15分ごろの検温表を持って行った行為というのは入っていないはずです。そして，

> 具体的かつ直接に支配する状況においたもの

とは，構成要件的同価値性とどのように関係しているのかよくわからないので，もうちょっと説明がいりますね。やっぱり構成要件的同価値性を単独で要求するとまずいようですね。というわけで，次を見ていきましょう。

(2)「因果関係はあるか」ですが，ここでは2時20分って書いてありますが，上では2時15分って書いてあって，どこの時間でどうなってるのかよくわからないので，かなりマイナスですね。

> 十中八九救命可能性があった

……十中八九の意味もわかっていない気がしますし，不作為であるがゆえに事実的に因果関係が認定できないというところが問題であるというところの問題意識が出ていないので，これでは点が付かない可能性が高いです。

そして(3)「甲の殺意について」と書いていて，実行行為，結果，因果関係，故意なのでまあいいですけど。まず問題なのは，

> 道義上の問題とは別に実は死んでも構わないという認容を表しているものであるから……未必の故意がある

として，1時50分と言っているんですけど，これはまずいですよね。他方で打ち消すものがあって複雑な気持ちでちょっと思い悩んでいたという事情が書いてあるのにそれを無視しています。

> また，ここで殺意が認められないとしても

とあるんですけど，**仮定で書くのはやめてください。いいですか。事情がそろっているので，ここは仮定で書いちゃだめです。**事情がなかったらしょうがないですよ。今回は事情があったので確実に未必の故意がないとしてください。未必の故意と書く以上，未必の故意の内容を確実に書いてください。そして，

> 成り行きに任せ，その結果がどうなろうと従うこととして放置しており

とありますが，なぜ放置していると未必の故意が認められるのか全く書かれていないので，説得的ではありません。それで未必の故意が認められるから殺人罪が成立すると。まあ，そうですね。

2　乙の罪責について

> 点滴を開始した行為

なんでこの開始行為だけをとったのか，やっぱり気になるわけですけど，「気付かないまま」というところが大事なので，その気づかないというのが過失のところなんですね。その下を読んでいただくと，

> 「業務」といえる

が，薄すぎる。逃げるのであればこんなもんですけど，おそらく「業務」が基本的知識であるということが書かれている以上，業務に関しては規範を覚えておいた方がいいということでしょう。
　そして，やっと過失の定義が出てきたんですけど，「予見可能性を前提とした結果回避義務違反を言う」……まあ，この立場もあるんです。回避可能性に言及しない学説もあるので，これはこれでいいです。それで，一応，上ではE薬ではないことに気づかないままというのが義務違反行為とされていましたので，この義務違反行為が過失であるということを論証する必要があります。ですので，予見可能性というのもどういった結果の予見可能性かというところがちゃんと書かれているかを重点的に見ていきたいと思います。

> 本件で乙はVがD薬に対するアレルギー体質を有することを入院当初に確認しており看護記録にも記入していたことから，VへのD薬の誤投薬が同人の生命に危険を及ぼすことは予見することができたといえる

と書いており，このD薬の誤投薬による生命危険というものが予見可能性の対象とされています。そして，

> また，A病院では，……これらの点を十分に熟知していた

とあります。ここで問題なのは「予見可能性を前提とした回避義務違反」と書いているのに，予見可能性をちゃんと認定していないですよね。「予見することができたといえる，したがって，構成要件的結果発生の予見可能性が認められる」と書くんだったらまだいいんですけど，ここが抜けています。

そして，「また」と言って何してるかというところで結果回避措置の中身を特定してるんかなと思ったらなんの話を書いてんのかわからないんですね，これ。「これらの点を十分に熟知していた」ということ，すなわち「アレルギー体質等については，その生命にかかわることから十分に注意することとされ」ていたことから，こうしたチェックをして結果を回避する措置をとるべきであったということになるはずなので，あれー？って感じですね。実際のところ回避可能性は何の問題もなく認められるんですけど，やっぱりちょっとまずいですね。次に，

> 漫然とD薬の点滴を開始している

とありますが，点滴開始行為よりは確認しなかったという行為が問題なので，点滴開始行為まで入れる必要はなかったかなと思いますね。これまたちょっと問題かなという気はします。そして，

> 因果関係はあるか

とまた書いているんですね。ここは，論証がなくて，一応，事実を因果関係の有無の判断基準にあてはめて書かれているんです。**判断基準にあてはめるというスタンスを取るなら，きちんと判断基準を定立したほうがよいでしょう**。法学教室 387 号の島田聡一郎先生の論文を読んでから，判断基準を立てて，判断基底を限定して……っていうスタンダードなやり方で書かなくても，点がもらえるんじゃないかな，と思うようになりました。よかったら，読んでみてくださいね。学生向けなので読みやすいですよ。

さて，続きだ。

> 介在事情の大きさにより因果関係が遮断

と書いてあるんですけど，遮断じゃなくて「認められない」ことになります。あと

は，その規範がないので，介在事情の大きさから因果関係が認められないことになるという理由がわからず，何をどう考えているのかちょっと読み取りにくいですよね。

> Ｖの死の結果は……ショック死であり，これは乙の過失行為に内在する死の危険が現実化したと評価できる。

と書いてありますが，過失行為が，Ｅ薬の点滴と気づかずにＤ薬の点滴を開始した行為であれば確かに現実化したと評価できるんですけど，それはちゃんと書くべきです。

信頼の原則らしきものがここで出てきているんですけど，信頼の原則は基本的に因果関係を認めないための議論ではないので，少しミスリーディングですね。あとは，

> 簡単にＶの容体を確認することができた

と書かれていて作為の可能性・容易性のような論議が出てるんですけど，因果関係のところでこれを書くのはまたミスリーディングなので，ここは書くべきではありません。ですので，危険の現実化説をとっているわりに中身が間違っている気がします。

「なお」と書いて，さらなる信頼の原則が出てきているんですけど，

> 業務上の注意義務に影響を与える事実とはいえないからである

というところの記述は間違っていないですね。なお書きにせずに結果回避義務のときに書いてほしかったです。

3　丙の罪責について

割と短く終わっているのは，多分端折ったところが多いからやと思います。丙の罪責を見ていきましょう。なぜかここは頑張っているんですね。まあ，

> 薬剤師たる地位に基づいて反復継続して行うものであり，「業務」にあたる

なんですけど，それならさっきの看護師さんのところも頑張って書いてほしかったなあという気がします。それで，今度は予見可能性が認定される前にチェック体制の話が出ているんですね。乙のところではチェック体制が予見可能性の次に書かれてい

たので，この時点で混乱が見られます。別にどっちでもいいんですけど，チェックする態勢はおそらく結果回避義務の方に入ってくるので，予見可能性ではない気がするんですけどね。

> 薬剤の取り違えにより生命に危険が生じることは予見できたといえる

という指摘は重要です。

> 丙にはVに投与されるアンプルがD薬ではなくE薬であることを確認してから乙に交付する結果回避義務があった

とありますが，上に戻ってもらうと行為の中身が不十分ですよね。なんでかというと，

> アンプルと点滴に必要な点滴容器や注射器針などの器具を処方せんの写しとともに乙に渡した行為

は危なくないんですよ。そのアンプルを取り違えているのが危ないので，行為を広めにとりすぎているがゆえに，「D薬ではなくE薬であることを確認してから乙に交付する結果回避義務」と若干遠いんですね。なので，結果回避義務の内容となっている結果回避措置と結果回避義務違反行為を対照して，わかりやすく書くようにしてください。

> では因果関係はあるか

と書いているんですけど，ちゃんと理由を書いてくださいね。因果関係があるかどうか問題となるのは，さまざまな行為が介入しているからであるということぐらいは，どんだけ時間がなくても認定できるはずなので認定をしてください。この因果関係はさっきと一緒なんで，割愛します。

刑法平成22年の分析は以上です。どうもお疲れ様でした。

第6章　講師答案

※　これは「模範答案」ではありません。講師が時間を計って実際に2時間で書いた「実践答案」です。現場で実際にどこまで書けばいいのか，というイメージ作りの参考にしてください。

第1　丙の罪責について
1　丙が，薬剤のビンに貼られたラベルを確認することを怠り，E薬と間違えてD薬を処方した行為につき，業務上過失致死罪（刑法211条前段）が成立する。
2　まず，刑法211条における「業務」とは，人が社会生活上，継続反復して行うものであり，かつ，人の生命身体に危害を及ぼすおそれがあり，もしくは人の生命身体に危険が及ばないよう防止するものをいう。本件丙は薬剤師である。薬剤が持つ効果は一歩間違えれば人の生命身体に危険を及ぼすものである。そのような危険がおこらないよう，日々薬を処方し，人々に薬を提供するのが薬剤師である。従って，丙の行為は「業務上」なされたものといえる。
3　次に，丙は，「必要な注意を怠り，よって人を死」なせた，といえるか。丙がアンプルを取り間違えた結果，D薬に対してアレルギーを有していたVはアレルギー反応による呼吸困難に伴うショックで死亡している。そこで，丙に，アンプルを取り間違わないように，結果回避措置をとる義務（以下，結果回避義務という）があるか，検討する。
(1)　結果回避義務を行為者に課すためには，そもそも結果を予見できなければ回避措置をとるように義務付けることは困難であるから，結果予見可能性が認められることが必要となる。そして，結果が予見できたとして，行為者が何らかの行為をして結果を回避することができなければ，刑罰をもって結果回避措置を行うように行為者に働きかけることはできない。そのため，結果回避可能性も要求される。
(2)　では，本件丙に，結果予見可能性を認めることが出来るか。
　ア　ここで，結果予見可能性における「結果」とは，行為者と同じ立場に立った一般人が，結果回避措置をとることを動機付けられる程度に抽象化された結果である。すなわち，VがD薬によるアレルギー反応で死亡することではなく，およそ薬を取り間違えれば患者が死に至ることが「結果」として肯定される。

イ　A病院では、薬剤師に対し、医師の処方が患者の病状や体質に適合するかをチェックするようになっていた。本件で丙はこれを怠っているが、通常であれば、VがD薬に対する強いアレルギー体質であったこと、それゆえにE薬が処方されていることを確認できた。また、E薬が処方されるのは、D薬に対するアレルギー体質を有する人の解熱をするためであることが多いというのも、一般的な薬剤師であれば知っていることである。そして、アレルギー反応で死に至るということももちろん知っていた。

ウ　したがって、丙にはD薬とE薬を取り間違えれば、患者が死に至るという結果について予見可能性があった。

(3)　次に、丙に結果回避可能性を認めることができるかであるが、これを認定できると考える。アンプルの薬の名が書かれたラベルを毎回確認すれば薬の取違いを防ぐことはできるのである。したがって、アンプルのラベルを確認するという結果回避措置をとれば、D薬とE薬を取り間違えることもなかった。

(4)　したがって、丙には、アンプルのラベルを確認するという結果回避義務が認められる。

(5)　そして、丙はラベルを確認せず、漫然とD薬をVに処方したのであるから過失行為が認められる。ここで、丙の過失行為とVの死の結果には、後述する乙の過失行為及び甲の故意行為が介在している。そのため、因果関係を肯定できるか問題となる。もっとも、丙がそもそも取り間違えなければ、VはD薬によるショックで死亡しなかったのであるから、丙が惹起した危険が現実となったといえる。そのため、因果関係は認められる。

4　以上より、丙には業務上過失致死罪が成立する。

第2　乙の罪責

1　乙には、①薬剤師丙の仕事を信じ、処方箋通りの薬を渡されたか確認せずVにD薬を投与した過失、②医師に指示された14：00の巡回を怠り、Vの異状を発見できなかった過失、及び③14：30の巡回をも怠り、Vの異状を発見できなかった過失がある。そして、①、②についてのみ業務上過失致死罪が成立する。

2　まず、乙は看護師である。病気の人を看護し、これ以上人の身体が危険にさらされないよう防止する仕事をしている。したがって、乙の本件過失は「業務上」といえる。

3　①について

(1)　まず、D薬とE薬が間違えられ、それによって患者が死に至ることを予見できるか。A病院の看護師は、患者のアレルギー体質を把握しておくことが求め

られた。乙は、対照せず、Ｖのアレルギーについても忘れているが、結果予見可能性の有無は行為者と同じ地位にいる一般人を基準に判断される。Ａ病院の看護師であれば、Ｖのアレルギーについて知っているといえる。したがって、Ｄ薬を投与すれば患者が死に至ることについて予見できたといえる。
(2) また、Ｅ薬かＤ薬かは処方箋とアンプルのラベルを見比べればわかるため、結果回避可能性も肯定できる。したがって、乙には処方箋とアンプルを予見すべきという結果回避義務が認められ、それにもかかわらず漫然とＤ薬を投与したという過失が認められる。
(3) この過失行為と結果の間にも乙自身の過失行為及び甲の故意行為が介在している。しかし、これら２つがあるからといって、乙の投与行為にＶの死という結果を帰責するのが社会通念上不相当であるとは言えない。甲の故意行為はこの投与に誘発されたものであるし、次に述べる乙の過失行為は、投与行為と相まってＶ死亡という結果発生の危険性を高めるものであるからである。
(4) したがって、①の行為につき、業務上過失致死罪が成立する。
4 ②及び③について
(1) 乙は、医師から、Ｖの容体急変の可能性について知らされていた。このことと、Ｖが高齢なこと、発熱原因がはっきりしないことからすれば、巡回しなかった場合には、Ｖの容体の急変に対応することが遅れ、Ｖが死に至るかもしれないということは、一般の看護師であれば予見できる。したがって、Ｖの容体急変による死という結果について予見可能性を肯定できる。
(2) また、巡回に行けばＶの容体急変は気付けたのであるから、医師の指示通りの巡回に行くという結果回避義務も認められる。②、③の行為はそれぞれ、この義務を怠り巡回に行かなかったのであるから、過失行為が認定できる。
(3) もっとも、14 : 30時点でＶの異状に気付いても、Ｖを救命できたかは不明である。したがって、③の行為と結果の間に因果関係は認められない。
(4) したがって、②の行為についてのみ、業務上過失致死罪が成立する。
5 ここで、①の行為につき、信頼の原則が適用されるかが問題となるも、否定すべきである。Ａ病院では、薬剤師の仕事を信用するのではなく、相互チェックをするような体制をとっていた。そのため、信頼の原則を適用する前提が存在しないからである。
6 乙の①、②の行為はそれぞれＶの生命に対する危険を惹起するものであるから、包括一罪となる。したがって、乙には、結果として業務上過失致死罪一罪が成立する。

第3　甲の罪責
1　Ｖの異状を医療従事者に伝えず，もってＶを死亡させた行為について，殺人罪（刑法199条）が成立するか。
2　まず甲の行為は，Ｖが医師の治療を必要としているにもかかわらず，Ｖを放置しＶを死亡させた行為である。この行為は保護責任者不保護致死罪（刑法218条，219条）にもあたりうる。ここで，不作為の殺人罪と保護責任者遺棄致死罪とを分ける基準は，前者が故意犯，後者が結果的加重犯であることから，殺意の有無となる。
　(1)　では，甲に殺意が認められるか。13：50にＶの病状が変化した際，甲は，以前もＶが同じような病状となり，救命措置を受けなければ死ぬところであったことを思い出している。すなわち，13：50時点では，甲は放置したらＶが死ぬことにつき認識している。もっとも，Ｖを失いたくないと，Ｖが死んでもかまわないという認容までは至っていない。殺意とは殺人罪の構成要件該当事実の認識認容を言うが，甲はＶの死の結果を認容していないのである。したがって，13：50時点で甲に殺意は認められない。
　(2)　もっとも，14：15少し前，Ｖは事を成り行きにまかせ，Ｖの生死を運命にゆだねようとしている。医療従事者の手に甲がＶをわたさなければ，基本的にはＶは救命措置を受けられない。個室で看護師が巡回に来るのを待つしかない。そうすると，この「成り行き」「運命」とは，Ｖを放置した場合に起こりうること，すなわち，Ｖの死であり，甲はＶが死んでも良いと思っていたといえる。したがって，この時点でＶの死について甲が認容したといえる。
　(3)　以上より，14：15以降，Ｖには殺意が認められ，それ以降は殺人罪が成立しうる。
3　ここで，甲の行為はＶのために医療従事者を呼ぶべきなのにしない，という不作為である。不作為の殺人罪が認められるためには，当該不作為が殺人罪で規定されている作為と構成要件的に同価値であること，すなわち，甲に作為義務が認められること，義務として課された作為を行えば結果が発生しなかったという因果関係が認められること，結果発生，殺意の４つが必要となる。問題文中の段落8によれば，14：20時点までは，Ｖを救命できたが，それ以降は救命できたか不明であるという。したがって，甲に殺人罪が成立するには，14：20時点で，甲に作為義務が認められなければいけないことがわかる。
4　では，14：20時点で甲にＶのために医療従事者を呼ぶことにつき作為義務が認められるか。

(1) ここで重要なのは，14：20時点で作為義務を認めるためには，14：20時点までの事情しか考慮できないということである。作為義務とは，普通は他行為を自由にできるにもかかわらず，行為者にある行為をするよう義務を課し，その義務に違反した場合に刑罰を科すものである。そうすると，行為者が行為当時，自分に作為義務があることを認識できなくてはいけないのである。

(2) 甲は，Vの病室を連日訪れ，Vの介護をしていた。乙とは顔見知りであり，甲は乙にVに異状があれば伝える旨述べていた。このような状況が3週間続いており，甲と乙には信頼関係があったといえる。乙は甲に対し，犯行当日，Vの病状を説明し，「何かあったら声を掛けて」と伝えている。これらのことから，甲は乙が，Vに異状があれば甲から乙に伝えてくれると思っているということがわかったといえる。その上で甲は，乙に対し，Vの異状を伝えず，嘘をついた。これを乙が信用し，ドアを開けなかったことから，甲は乙が完全に甲を信頼していることがわかったといえる。すなわち，甲がVの病状を言わず，乙を病室に入れないようにすれば，誰もVの状態に気がつかないという状態になった。確かに，14：30の巡回があるため，この時点において，甲がVの状態を隠し通せるようになったとは言い難いとも思える。しかし，甲は乙を一度嘘をついて追い返している。また，乙から，Vの発熱及び，それに伴う巡回頻度の増加について聞いている。そのため，14：30時点において何らかの言い訳をして追い返すことが可能であった。したがって，この14：15時点で甲一人がVの生命を握っていたといえる。殺人罪は，行為者が客体の死の危険を惹起し，客体の生命を握っている。したがって，甲の不作為は，殺人罪の構成要件と同価値である。また，病院内であるから，医師はすぐそばにおり，ちょっと呼ぶだけで，すぐ作為に移ることができた。したがって，作為義務を課す前提としての作為の容易性・可能性も認められる。

(3) 以上より，甲に作為義務が認められる。

5 そして，14：15時点で医師に救命措置を求めていれば，Vは助かっていたといえるから，因果関係が肯定される。また，上述のように殺意も認められる。

6 甲の14：15時点における医師にVの救命措置を求めるべきであるのにそれを怠った不作為について，殺人罪が成立する。

以上

第5編

過去問徹底分析②

司法試験平成24年刑法

第1章 問題文
第2章 問題文を読み解く
第3章 出題趣旨を読み解く
第4章 採点実感等を読み解く
第5章 再現答案を読み解く
第6章 講師答案

第5編　過去問徹底分析②　司法試験平成24年刑法

第1章　問題文

〔第1問〕（配点：100）
　以下の事例に基づき，甲及び乙の罪責について，具体的な事実を摘示しつつ論じなさい（特別法違反の点を除く。）。

1　A合同会社（以下「A社」という。）は，社員甲，社員B及び社員Cの3名で構成されており，同社の定款において，代表社員は甲と定められていた。
2　甲は，自己の海外での賭博費用で生じた多額の借入金の返済に窮していたため，知人であるDから個人で1億円を借り受けて返済資金に充てようと考え，Dに対し，「借金の返済に充てたいので，私に1億円を融資してくれないか。」と申し入れた。
　Dは，相応の担保の提供があれば，損をすることはないだろうと考え，甲に対し，「1億円に見合った担保を提供してくれるのであれば，融資に応じてもいい。」と答えた。
3　甲は，A社が所有し，甲が代表社員として管理を行っている東京都南区川野山○-○-○所在の土地一筆（時価1億円相当。以下「本件土地」という。）に第一順位の抵当権を設定することにより，Dに対する担保の提供を行おうと考えた。
　なお，A社では，同社の所有する不動産の処分・管理権は，代表社員が有していた。また，会社法第595条第1項各号に定められた利益相反取引の承認手続については，定款で，全社員が出席する社員総会を開催した上，同総会において，利益相反取引を行おうとする社員を除く全社員がこれを承認することが必要であり，同総会により利益相反取引の承認が行われた場合には，社員の互選により選任された社員総会議事録作成者が，その旨記載した社員総会議事録を作成の上，これに署名押印することが必要である旨定められていた。
4　その後，甲は，A社社員総会を開催せず，社員B及び社員Cの承認を得ないまま，Dに対し，1億円の融資の担保として本件土地に第一順位の抵当権を設定する旨申し入れ，Dもこれを承諾したので，甲とDとの間で，甲がDから金1億円を借り入れることを内容とする消費貸借契約，及び，甲の同債務を担保するためにA社が本件土地に第一順位の抵当権を設定することを内容とする抵当権設定契約が締結された。
　その際，甲は，別紙の「社員総会議事録」を，その他の抵当権設定登記手続に必要な書類と共にDに交付した。この「社員総会議事録」は，実際には，平成××年××月××日，A社では社員総会は開催されておらず，社員総会において社員B及び社員Cが本件土地に対する抵当権設定について承認を行っていなかったにも

200

かかわらず，甲が議事録作成者欄に「代表社員甲」と署名し，甲の印を押捺するなどして作成したものであった。

　Dは，これらの必要書類を用いて，前記抵当権設定契約に基づき，本件土地に対する第一順位の抵当権設定登記を行うとともに，甲に現金1億円を交付した。

　なお，その際，Dは，会社法及びA社の定款で定める利益相反取引の承認手続が適正に行われ，抵当権設定契約が有効に成立していると信じており，そのように信じたことについて過失もなかった。

　甲は，Dから借り入れた現金1億円を，全て自己の海外での賭博費用で生じた借入金の返済に充てた。

5　本件土地に対する第一順位の抵当権設定登記及び1億円の融資から1か月後，甲は，A社所有不動産に抵当権が設定されていることが取引先に分かれば，A社の信用が失われるかもしれないと考えるようになり，Dに対し，「会社の土地に抵当権が設定されていることが取引先に分かると恥ずかしいので，抵当権設定登記を抹消してくれないか。登記を抹消しても，土地を他に売却したり他の抵当権を設定したりしないし，抵当権設定登記が今後必要になればいつでも協力するから。」などと申し入れた。Dは，抵当権設定登記を抹消しても抵当権自体が消滅するわけではないし，約束をしている以上，甲が本件土地を他に売却したり他の抵当権を設定したりすることはなく，もし登記が必要になれば再び抵当権設定登記に協力してくれるだろうと考え，甲の求めに応じて本件土地に対する第一順位の抵当権設定登記を抹消する手続をした。

　なお，この時点において，甲には，本件土地を他に売却したり他の抵当権を設定したりするつもりは全くなかった。

6　本件土地に対する第一順位の抵当権設定登記の抹消から半年後，甲は，知人である乙から，「本件土地をA社からEに売却するつもりはないか。」との申入れを受けた。

　乙は，Eから，「本件土地をA社から購入したい。本件土地を購入できれば乙に仲介手数料を支払うから，A社と話を付けてくれないか。」と依頼されていたため，A社代表社員である甲に本件土地の売却を持ち掛けたものであった。

　しかし，甲は，Dとの間で，本件土地を他に売却したり他の抵当権を設定したりしないと約束していたことから，乙の申入れを断った。

7　更に半年後，甲は，再び自己の海外での賭博費用で生じた多額の借入金の返済に窮するようになり，その中でも暴力団関係者からの5000万円の借入れについて，厳しい取立てを受けるようになったことから，その返済資金に充てるため，乙に対し，「暴力団関係者から借金をして厳しい取立てを受けている。その返済に充てたいので5000万円を私に融資してほしい。」などと申し入れた。

　乙は，甲の借金の原因が賭博であり，暴力団関係者以外からも多額の負債を抱

えていることを知っていたため，甲に融資を行っても返済を受けられなくなる可能性が高いと考え，甲による融資の申入れを断ったが，甲が金に困っている状態を利用して本件土地をEに売却させようと考え，甲に対し，「そんなに金に困っているんだったら，以前話した本件土地をA社からEに売却する件を，前向きに考えてみてくれないか。」と申し入れた。

甲は，乙からの申入れに対し，「実は，既に，金に困ってDから私個人名義で1億円を借り入れて，その担保として会社に無断で本件土地に抵当権を設定したんだ。その後で抵当権設定登記だけはDに頼んで抹消してもらったんだけど，その時に，Dと本件土地を売ったり他の抵当権を設定したりしないと約束しちゃったんだ。だから売るわけにはいかないんだよ。」などと事情を説明した。

乙は，甲の説明を聞き，甲に対し，「会社に無断で抵当権を設定しているんだったら，会社に無断で売却したって一緒だよ。Dの抵当権だって，登記なしで放っておくDが悪いんだ。本件土地をEに売却すれば，1億円にはなるよ。僕への仲介手数料は1000万円でいいから。君の手元には9000万円も残るじゃないか。それだけあれば暴力団関係者に対する返済だってできるだろ。」などと言って甲を説得した。

甲は，乙の説得を受け，本件土地を売却して得た金員で暴力団関係者への返済を行えば，暴力団関係者からの取立てを免れることができると考え，本件土地をEに売却することを決意した。

8 数日後，甲は，A社社員B，同社員C及びDに無断で，本件土地をEに売却するために必要な書類を，乙を介してEに交付するなどして，A社が本件土地をEに代金1億円で売却する旨の売買契約を締結し，Eへの所有権移転登記手続を完了した。甲は，乙を介して，Eから売買代金1億円を受領した。

なお，その際，Eは，甲が本件土地を売却して得た金員を自己の用途に充てる目的であることは知らず，A社との正規の取引であると信じており，そのように信じたことについて過失もなかった。

甲は，Eから受領した1億円から，乙に約束どおり1000万円を支払ったほか，5000万円を暴力団関係者への返済に充て，残余の4000万円については，海外での賭博に費消した。

乙は，甲から1000万円を受領したほか，Eから仲介手数料として300万円を受領した。

【別　紙】　　　　　　　社員総会議事録

1　開催日時
　　平成××年××月××日

2　開催場所
　　A合同会社本社特別会議室

3　社員総数
　　3名

4　出席社員
　　代表社員　甲
　　　社員　B
　　　社員　C

　社員Bは，互選によって議長となり，社員全員の出席を得て，社員総会の開会を宣言するとともに下記議案の議事に入った。
　なお，本社員総会の議事録作成者については，出席社員の互選により，代表社員甲が選任された。

記

議案　当社所有不動産に対する抵当権設定について
　議長から，代表社員甲がDに対して負担する1億円の債務について，これを被担保債権とする第一順位の抵当権を当社所有の東京都南区川野山○-○-○所在の土地一筆に設定したい旨の説明があり，これを議場に諮ったところ，全員異議なくこれを承認した。
　なお，代表社員甲は，特別利害関係人のため，決議に参加しなかった。

　以上をもって議事を終了したので，議長は閉会を宣言した。

　以上の決議を証するため，この議事録を作成し，議事録作成者が署名押印する。

平成××年××月××日

　　　　　　　　　　　　　議事録作成者　代表社員甲　印

第5編　過去問徹底分析②　司法試験平成24年刑法

■■■第2章　問題文を読み解く■■■

1　配点，登場人物

〔第1問〕（配点：100）

　配点100点です。甲と乙で分けて書いてくれることは刑法ではきっとないので諦めていますが，一応見ておきます，100点です。

甲及び乙

　次に誰と誰の罪責についてかを確認しましょう，甲及び乙です。今回は2人ですね，よかった。3人いると8枚中甲さんに何枚，乙さんに何枚，丙さんに何枚……と配分を考えないといけないのですが，基本的に甲さんと乙さんだけのことが多いです。いつも通りだということで線を引いておきましょう。前回もお話ししましたが，2人出てきているので共犯かなと思っておいた方がいいかと思います。

A合同会社（以下「A社」という。）は，社員甲，社員B及び社員Cの3名で構成されており，同社の定款において，代表社員は甲と定められていた。

　なぜこの2行だけで一段落にしたのか疑問ですが，おそらく重要なのでしょう。ちゃんと読んでいきます。A合同会社と，甲さん，Bさん，Cさんがいるようです。甲さんは社員ですね，何をするんでしょうね，一体。とりあえず3名に丸をつけておきましょう。そして，答案構成用紙に社員の名前を甲，B，Cという風に，一応書いておきます。

社員㊤，社員Ⓑ及び社員Ⓒ

　3人であることが大事になるかもしれないので，気をつけておきたいと思います。そして，定款において代表社員が甲となっています。この時点で，権限濫用等の先入観を持ってしまいますが，おそらくそういうことをするのだろうと思いながら2段落に行きましょう。1段落は合同会社の社員構成ですね。

2　甲の罪責（抵当権設定行為，社員総会議事録作成・交付行為）

> 甲は，自己の海外での賭博費用で

　嫌な予感しかしませんね，賭博費用だそうです。きっと，お金がらみの犯罪を起こすのでしょう。財産犯ですね。

> 生じた多額の借入金の返済に窮していたため，知人であるDから個人で1億円を借り受けて返済資金に充てようと考え

　何人出てくるのかわかりませんがとりあえずDさんが出てきました。賭博で発生した借入金の返済資金にするというのも，民法であれば公序良俗違反じゃないかと思いますが，刑法ではどういう意味があるのかと思いながらとりあえず線を引いておいてください。

> Dに対し

　というところが重要です。刑法各論において，特に財産犯が重要ですけれど，誰のどのような法益に対する侵害が行われて，誰に対して何罪が成立するのかというところが大事です。なぜかというと，たとえば銀行の預金に対して何らかの犯罪が犯される場合，銀行に対する犯罪が成立するのは勿論ですし，その預金者に対する犯罪も成立することが考えられます。同じ1つの行為で2つの犯罪が成立することがよくありますので，誰に対してどのような犯罪が成立しているのかを考えるために，「誰に対して何をしたか」ということをきちんと見ておくようにしてください。今回，最初は「Dに対して1億円貸してくれ」と言っています。まだ場面は変わっていません。

> Dは，相応の担保の提供があれば，損をすることはないだろうと考え

　ここが大事です。

第5編　過去問徹底分析②　司法試験平成24年刑法

> 担保を提供してくれるのであれば，融資に応じてもいい

と言ったんですね。ということは，相応の担保の提供がないのに，相応の担保の提供があると偽って，お金を借りたら詐欺罪（246条1項）になりそうだなと，この一文から思うわけです。そして，ここで段落が変わっていますので，これはDに対する何らかの犯罪かということで，横に「Dに対する？」と書いておきます。私は，本番ではこれは詐欺やなと思って「詐欺」と書いたのですが，一応何罪が成立するかは最後まで見ないとわからないので，本当は先入観を持たないためにも「Dに対する何らかの犯罪が成立するのではないか」くらいで止めておいた方がいいと思います。

　余談ですが，私は読むのが元々速くてですね，問題文3ページぐらいやと7分ぐらいで読み終わっちゃうので何回か戻ってこられるのですが，何回も戻るのが面倒くさいというしょうがない性格なので，先へ先へと考えてしまうんですね。なので先入観が強く，問題文を読んでいって後から変更するときにごちゃごちゃになるので，こういうことをよくしていました。じっくり読んでくださいね。自分の性格に合わせて問題文の読み方を考えてもらえればいいのですが，自分の性格がわからずに誰かの読み方をそのまま用いると，自分に合っていない読み方をすることがあるので，とりあえず自分の性格を分析して問題文を読む，ということをしてみてください。

> 甲は，A社が所有し，甲が代表社員として管理を行っている東京都南区川野山〇−〇−〇所在の土地一筆（時価1億円相当。以下「本件土地」という。）に第一順位の抵当権を設定することにより，Dに対する担保の提供を行おうと考えた

　A社が所有していて，管理している土地一筆に，先順位の抵当権が付いていたりしなかったら，ちゃんとこれが相応の担保になりますね。第一順位なので相応です。強制執行がかかったときは1億円全部持っていくことができると考えられます。それで，Dに対する担保の提供を行おうと考えた。A社が所有というところだけ若干民法上嫌な気はしますが，ここまでは別に刑法上はまだ問題がないですね。
　そして，相応の担保を提供した場合，詐欺罪は成立しませんし，検討する必要が少ないことも頭に入れておきましょう。

> なお

　なお書きはめちゃくちゃ重要なので気をつけてください。

第2章　問題文を読み解く

> A社では，同社の所有する不動産の処分・管理権は，代表社員が有していた

この段階ではまだ甲さん，管理・処分権あるやん。管理・処分権ときた瞬間に横領罪や背任罪と考えるのは私の悪い癖のような気がしますが，なんとなくこの時点で横領罪とか背任罪とかが来そうな気がしますね，わざわざ言うとるので。

> また

と書いてあるので並列です。同じくらい大事なので気をつけて読んでいきましょう。

> 会社法第５９５条第１項各号に定められた利益相反取引

いきなり利益相反取引ときました。本件は確実に利益相反取引ではあるのです。それを前提に問題を解けば良いのです。

> 承認手続については，定款で，全社員が

ということはBさんとCさんもですね。

> 出席する社員総会を開催した上，同総会において，利益相反取引を行おうとする社員を除く全社員がこれを承認することが必要であり，同総会により利益相反取引の承認が行われた場合には

承認というと会社法の知識になると思うのですが，一応意思表示くらいでいいんですかね。

> 社員の互選により選任された社員総会議事録作成者が，その旨記載した社員総会議事録を作成の上，これに署名押印することが必要である

署名と押印です。署名とか押印とかでてくると，確実に文書偽造が来るような気がするのはやっぱり私の悪い癖なのでしょうか。
　ただ，この時点で横領罪，背任罪，詐欺罪，文書偽造罪くらいは考えておいていただけると，頭の中でどの事情をどこで使おうかということが考えやすくなると思いま

207

す。しかも，利益相反取引の承認手続になると，処分管理権に関して制限が加えられますので，これがまた厄介かなという気がしますが，とりあえずこの第3段落は代表役員の管理権と必要書類の内容ですね。これはおそらくあてはめの際に使う事情や前提になると思われますので，毎回書くときには戻ってこないといけない段落になっていると思われます。ですので，絶対第3段落を使ってあてはめてくださいね。第3段落を使って丁寧にあてはめるようにしないと，この第3段落を入れた意味がなくなります。そこに気をつけてください。

平成22年の問題検討の際にもお話ししましたが，**問題文にある事情は基本的に必要であるから載せられていると考えてください。**悩ませる事情もありますが。ですので，これは使えると思ったら，たとえ自分がとる結論に対して否定的な事情であったとしても，使うようにしてください。平成24年憲法の採点実感に，自分に都合のいい事実だけ挙げて，自分に都合のいい結論を導いているけれどこれは嫌だというようなことが書かれていましたが，それをしないためにも，とりあえず全ての事情について自分なりにどう使っていくかということを考えながら問題文を読むようにした方がいいと思います。

> その後，甲は，A社社員総会を開催せず

開催してないんですね，嘘をついたということですね。

> 承認を得ないまま

ああ，やってはいけないことをしてますね，この人。

> Dに対し，1億円の融資の担保として本件土地に第一順位の抵当権を設定する旨申し入れ

これはまずいですね。

> Dもこれを承諾したので，甲とDとの間で，甲がDから金1億円を借り入れることを内容とする消費貸借契約，及び，甲の同債務を担保するためにA社が本件土地に第一順位の抵当権を設定することを内容とする抵当権設定契約が締結された。

第2章　問題文を読み解く

そして，まだ段落が続きます。**この第4段落が甲さんの行為が一番載っているところですので，ここを大事にしてください。**ここにたくさん犯罪が載っているような気がします，8段落しかないのにもう4段落ですからね。ですので，ここはしっかり読むようにしましょう。

> その際，甲は，別紙の「社員総会議事録」を

と書いてあるので，別紙を見ましょう。

> 実際には，平成××年××月××日，A社では社員総会は開催されておらず，社員総会において社員B及び社員Cが本件土地に対する抵当権設定について承認を行っていなかったにもかかわらず，甲が議事録作成者欄に「代表社員甲」と署名し，甲の印を押捺するなどして作成したものであった。

ここは思いっきり文書偽造ですね。偽造した後に行使罪もあるので注意してくださいね。

> これらの必要書類を用いて

と書いてあるので用いている，すなわち偽造罪が成立してから行使罪が成立するわけですが，偽造が成立するのはいつか，行使罪が成立するのはいつか，ということをきちんと考えてやってください。そして抵当権設定しちゃったんですね，登記が入っているので，横領罪ですね，多分。背任罪か横領罪かは注意してくださいね。

抵当権設定行為が横領罪になるか背任罪になるかというところは，実は争いがありました。なぜかというと，横領罪とは基本的に遺失物等横領罪（254条），単純横領罪（252条），業務上横領罪（253条）の3つですけど，所有権侵害をするということがこれらの横領罪の本質でした。単純横領罪の場合には自己の占有する他人の物に対する領得罪ですので，横領罪が成立するためには占有移転，占有侵害がありません。ですので，所有権侵害しか発生し得ないわけです。

所有権に対する侵害が発生して初めて横領罪が成立するわけですが，所有権侵害だとすると，全部持って行かへんと横領罪にならないと思えます。**何かが残っている状態で横領といえるのかということが問題になるわけです。**すなわち，全部横領は考えられるが部分横領は考えられないのではないか，ということですね。そして，抵当権の設定は交換価値の把握をするだけであって使用収益権はまだA社にあるわけです。

209

第5編　過去問徹底分析②　司法試験平成24年刑法

とすると，これは部分横領であって，まだ横領罪とはいえないのか。

そして横領罪の厄介なところは，未遂犯処罰規定がないので全部横領して初めて既遂になって処罰可能になる，ということです。とすると，抵当権設定行為の時点ではまだ横領罪は成立せず背任罪にしかならないのではないか，という問題意識が昔はありました。ですが，判例が抵当権設定に関しても横領罪の成立を肯定していますから，ここに関しては横領罪であるということになります。ただ今までの話を考えてもらうと，抵当権設定が横領罪にあたることを検討する必要性があるということがわかっていただけると思います。

今回は後で売ってしまうので横領後の横領がさらに問題になるわけですが，抵当権設定のときに横領罪の成立を認めて，初めて横領後の横領が問題となるのでここは注意をしてください。

話を整理します。A社に対する業務上横領罪（253条），Dさんに対する詐欺罪（246条）の成立が問題となります。そして私文書偽造罪（159条）及び行使罪（161条）が問題となり得ます。一方で，文書偽造罪は社会的法益に対する罪なので，誰に対して犯罪が成立するという話にならないことに注意してください。

> なお，その際，Dは，会社法及びA社の定款で定める利益相反取引の承認手続が適正に行われ，抵当権設定契約が有効に成立していると信じており，そのように信じたことについて過失もなかった。

これ，刑法？と思いますね。このような話をよく見るのは民法や商法等ですよね。翻って考えてみると，今回会社法における利益相反取引にあたって利益相反取引の承認手続が必要であったにもかかわらず，利益相反取引の承認手続を経ていない。このような行為は民事上・刑法上どうなるのでしょうか。それによって財産上の損害が発生するかどうかということが変わってきますよね。ということは，ここを書かないといけないんじゃないかと私は本番中思いまして，書きました。でないと先々の詐欺罪成立や不成立を書けないのではないかと思ったからです。

なぜかというと**結局善意無過失であって，Dさんが保護される，すなわちDさんは相応の担保の提供を受けたことと同じことになるのであれば，Dさんにとっては何の問題もないわけです**。よって，詐欺罪は成立しません。財産上の損害があるといえるのか，ということが問題となる気がしたので書いておきました。

これに関しては異論もあるかと思いますので，みなさんで一回考えてみてください。とりあえず私はこのように考えて解釈論を展開しました。ただ確実に商法の話になりますから，必要であるとはいえ，刑事系の答案で商法の論旨を展開するのはとても怖かったので，さらっと中身だけ説明して財産上の損害があるかないかというところを書きました。どこまで成功したのかは，刑事系だと刑法と刑訴は一緒に点数が出るの

でわかりません。
　そして，甲さんは結局借入金の返済にあてたんですね。これに対して犯罪が成立することはないと思います。
　次です。また場面が変わります。ここまではみなさんお好きに，自分が成立すると思った犯罪を書いておいてくださいね。文書偽造に関しては後でもう一度丁寧に検討したいと思います。修習に行ってわかったのですが，結局被害が出ないような場合には，ほんとにあっさり書くだけで良かったようです。書くとしても一言，「この時点でDには損害がない。」ですね。

> 1か月後

　とあるので，ここで話に断絶がありますね。もう一度頭をまっさらにして見ていきましょう。

> 甲は，A社所有不動産に抵当権が設定されていることが取引先に分かれば，A社の信用が失われるかもしれない

　なんなんでしょうね，このA社の信用が失われるかもしれないというA社のために的な文章。みなさん覚えておられると思いますが，背任罪（247条）においては図利加害目的が必要で，本人のためにする目的があれば図利加害目的が認定されないという消極的動機説が通説になっています。これは基本書で確認してください。A社の信用が失われるかもしれないというのは，本人のためのようですね。
　そしてもっと困ったことに，横領罪と背任罪を一般法と特別法の関係にあると捉える学説からは，横領罪においても本人のためにする目的がある場合には，横領罪の成立を認めない，すなわち不法領得の意思を認めないという考え方もあります。ということは，これは横領にならないかもしれないということを書けということなのかな，とちょっとひやっとします。先ほどから言い続けている通り，私はこれはとっても苦手なので，わからへんくなったら最悪目を瞑ろうと思っていました。いらんことに気づいて，いらん論点書いて，点を減らすのが嫌やったので。とりあえずここは気にはなっていたので一応書きましたが，それがどこまで成功したかはやっぱりわかりません。
　今回載せた講師答案を作ったときには，この論点を無視しました。シンプルに書いた方が読みやすいかなと。3年たてば好みも変わるんですね。どっちにしても，一定程度評価されているようなので，大丈夫だと思います。

> Dに対し,「会社の土地に抵当権が設定されていることが取引先に分かると恥ずかしいので,抵当権設定登記を抹消してくれないか。登記を抹消しても,土地を他に売却したり他の抵当権を設定したりしないし,抵当権設定登記が今後必要になればいつでも協力するから。」などと申し入れた。

そしてここからが怪しいですね。みなさん事例をたくさん読んで勉強していると思うのですが,こんな話が出てくる事はあまりないですね。ちょっと気になったので<u>線を引いておきましょう</u>。こういう特殊事情をうまく処理しないといけないのが,司法試験のいやなところ,ですね。

> Dは,抵当権設定登記を抹消しても抵当権自体が消滅するわけではないし,約束をしている以上,甲が本件土地を他に売却したり他の抵当権を設定したりすることはなく,もし登記が必要になれば再び抵当権設定登記に協力してくれるだろうと考え,甲の求めに応じて本件土地に対する第一順位の抵当権設定登記を抹消する手続をした。
> 　なお,この時点において,甲には,本件土地を他に売却したり他の抵当権を設定したりするつもりは全くなかった

ただこの段階においては,甲さんはDさんの設定登記に関して何かをするという気持ちはもちろんないです。抹消してくれとお願いすることも,民法上それってどうなのということはあるかもしれませんが,刑法上何らかの財産上の損害が発生していると直ちにいえる状態ではないので,この段階では何らかの犯罪が成立するとは考えにくいです。そして,ここでやっぱりひょっとしたら何か悪いことを考えていて,こんなことを言ったのではないかというところで疑義が生じて,何らかの犯罪の実行の着手が認められるとする答案が出てくると厄介だと考えたのか,ちゃんと「なお書き」で書いてあります。**やはりなお書きは大事ですね。**

そして,「……全くなかった」とあるので,ということは,この時点では故意も何もないですね。ただ第5段落は意外と長いです。ということはここが何らかの前提になる可能性がありますので<u>「前提？」とでも書いておきましょう</u>。でないとこの段落は無意味になってしまいます。

　甲が担当していた事務の話,甲が負う義務の話をずっとしているので,やはり多分横領罪か背任罪なんですかね。そんな気がしてきます。

212

第 2 章　問題文を読み解く

3　乙の罪責及び甲の罪責（売却行為）

> 本件土地に対する第一順位の抵当権設定登記の抹消から半年後

やはりここも段落が変わって話が分断されているので気をつけてください。甲及び乙の罪責と言いながら、乙さんどこいっててんと思っていましたけど、乙さんがやっと出てきます。

> 甲は、知人である乙から、「本件土地をＡ社からＥに売却するつもりはないか。」との申入れを受けた。

嫌な話ですね。抵当権を設定した後に売却するそうです。登記はない、ということはＤさんは第三者には対抗できないですね。つまり抵当権が（実質的に）なくなっちゃうんですね。あーあ。ではどうするか。とりあえずこれで売却を甲さんが決めてしまうと、乙さんは何の犯罪も成立しなくなりますね。乙さんはまだＤさんの抵当権の存在をかけらも知らないので。

> 乙は、Ｅから、「本件土地をＡ社から購入したい。本件土地を購入できれば乙に仲介手数料を支払うから

Ｅさんが出てきました。ということはＥさんに対する何らかの犯罪が成立するのではないかというおそれがあります。ＢさんとＣさんは社員だったのでいいんですけど、今回はまたＥさんという他人が出てくるので、この人に対して何らかの犯罪が成立するのではないかということが問題になります。

> Ａ社代表社員である甲に本件土地の売却を持ち掛けたものであった。

Ｅさんは乙に本件土地の購入と仲介手数料の話をもちかけた人ですね。

> しかし、甲は、Ｄとの間で、本件土地を他に売却したり他の抵当権を設定したりしないと約束していたことから、乙の申入れを断った。

あれ？断りましたね。まだ何の犯罪も成立していません。ということは、これも前

提ですね。

> 更に半年後，甲は，再び自己の海外での賭博費用で生じた多額の借入金の返済に窮するようになり，その中でも暴力団関係者からの５０００万円の借入れについて，厳しい取立てを受けるようになったことから

　多分これは動機なのですが，暴力団関係者からの厳しい取立てのせいでやらざるを得なくなったというところを，ひょっとすると使うかもしれません。なぜなら，やはり意味がないと書かないはずなので。どう使おうか悩みながら次を読んでいきましょう。ただ結局，今回の講師答案では使いませんでした……。

> その返済資金に充てるため，乙に対し，「暴力団関係者から借金をして厳しい取立てを受けている。その返済に充てたいので５０００万円を私に融資してほしい。」などと申し入れた

　結局乙さんにお金貸してと言ったんですね。

> 乙は，甲の借金の原因が賭博であり，暴力団関係者以外からも多額の負債を抱えていることを知っていたため，甲に融資を行っても返済を受けられなくなる可能性が高いと考え，甲による融資の申入れを断ったが，甲が金に困っている状態を利用して

　この利用してという言い方，民法でも嫌ですけど刑法でも嫌だと思います。利用しているということは何か危ないことをしようとしているのではないかということで見ていくと，

> 本件土地をＥに売却させようと

　ああ，やってしまいましたね。すなわち，乙さんが，自分の都合のいいようにするために，甲さんが金に困っていて暴力団関係者に嫌なことをされている状態を使うわけですね。

> 本件土地をＡ社からＥに売却する件を，前向きに考えてみてくれないか。

甲さんに対し，もう１回申し入れています。これは２回目の申入れですね，半年前に言ったことをもう１回言っています。かなり働きかけていますね。

> 甲は，乙からの申入れに対し，「実は，既に，金に困ってＤから私個人名義で１億円を借り入れて，その担保として会社に無断で本件土地に抵当権を設定したんだ。その後で抵当権設定登記だけはＤに頼んで抹消してもらったんだけど，その時に，Ｄと本件土地を売ったり他の抵当権を設定したりしないと約束しちゃったんだ。だから売るわけにはいかないんだよ。」などと事情を説明した。

乙さんについて犯罪が成立するためには，このあたりから何か怪しいものがないと無理なのです。さらに見ていくと，約束した，売るわけにはいかない，と**今までの事情を全部説明したわけです**。その時点で乙さんはＤさんが抵当権を持っていることを知っていますし，売るわけにはいかないと言って甲さんから断られてもいます。普通ならこの段階で，お金も貸さないし，仕方ないから土地も売らんくてええわと終わるはずなのですが，乙さんはまだいくわけです。

> 会社に無断で抵当権を設定しているんだったら，会社に無断で売却したって一緒だよ。

そそのかし・その１です。会社に無断で抵当権を設定したならその後売っても仕方ないと言っているのですね，嫌な話ですね。売却行為をすれば，Ｄさんに対して犯罪が成立するかもしれないと思える材料について，甲も認識してはるんですけどね。

> Ｄの抵当権だって，登記なしで放っておくＤが悪いんだ。

さらにそそのかします。Ｄまで悪者にしています。

> 本件土地をＥに売却すれば，１億円にはなるよ。

時価は１億円でしたね。

第5編　過去問徹底分析②　司法試験平成24年刑法

> 僕への仲介手数料は１０００万円でいいから。

なかなかがめついですね，乙は。

> 君の手元には９０００万円も残るじゃないか。

　甲さんのウィークポイントを巧みについてきています。なかなか頑張りますね。一度断られて，半年かかってもう一度断られて，しかもその理由まで説明されて，普通ならやめときましょうというところをさらに押すわけです。しかも甲の罪悪感をなくさせるためか，みんなを悪者にしているので，乙さんなかなか頑張って働きかけましたね。甲を説得したわけです。どうやら，ここが乙さんの犯罪になりそうですね。
　この甲への説得行為によって，甲さんが何らかの犯罪を犯した場合には，乙さんは共犯になると思われます。広義の共犯にあたること，即ち60条，61条，62条のどれかにあたることに関しては別に問題ないと思います。ただ，乙さんが実行行為をしていない場合には実行共同正犯にはなりませんので，共謀共同正犯もしくは教唆もしくは幇助になるわけです。そうすると何が困るかというと，この3つの共犯類型のうちどれにあたるのか，つまり共同正犯，教唆もしくは幇助のどれになるのかが問題となるわけです。
　今回であれば，元々甲さんは売る気がなかったのに，売るという気持ちになっていますから，おそらく教唆ではないかと思いました。また，仲介をしているので幇助かなとも思えるので，ここも少し困りました。もともと売る気がなかった甲に売却を決意させようとするわけですから教唆でもいいかなと思います。とはいえ，今回は共謀共同正犯が成立する事案なので，教唆か幇助にすると，点が少なかったと思います。教唆でも幇助でも，なぜ教唆なのか，なぜ幇助なのかということを書けばまだ救いがあるかと思います。それよりも大事なのは，共同正犯と教唆，幇助との区別をどのようにつけるか，というよく出てくる話です。

column ⑤
共同正犯と教唆，幇助の違い

　共同正犯（60条）と教唆（61条1項），幇助（62条1項）はいったい何が違うのでしょうか。共同正犯とは一部実行全部責任で全ての責任を負うことになります。自分がしていない行為の結果も帰責されるわけです。ここが重要になってきます。60

条では，共同正犯も正犯と同じものだとされています。この共同正犯を含めた正犯と，教唆・幇助という狭義の共犯とは何が違うのか。一応，判例・実務では，自分の犯罪か他人の犯罪かで分けるとされています。ただ自分の犯罪か他人の犯罪かのメルクマールが判例では書かれていません。やはりここが問題ですね。共同正犯の実行行為の一部を担当した者，もしくは実行行為を担当していない者が共同正犯となってしまう理由は，他人を使って自分の犯罪を実現したからです。そして教唆と幇助は，自分の犯罪ではなく他人の犯罪に加功することによって，法益侵害結果を惹起するという点が違う，と書けば一応説明できるのですが，ここに関しては実は私もまだ納得した論証ができていません。

　本番ではこの論証を書いて，自己の犯罪か他人の犯罪かで分けるという形で逃げました。一応，その共同正犯が正犯として一部実行全部責任の原則の下，正犯として処罰される根拠と，狭義の共犯者が処罰される根拠を示した上で，処罰根拠に違いがあるのでその違いを反映して，自己の犯罪と他人の犯罪という点が違うといえるのではないか，ということを書きました。

　さらに大事なことは，自己の犯罪と他人の犯罪が違うといっても，どのように判断するかです。自己の犯罪と言えるか他人の犯罪と言えるか，正犯とは普通は実行行為を行ったものですので構成要件該当行為を行っていればいいという考えが昔はありましたが，共謀共同正犯を認めた以上，構成要件該当行為をするかどうかということはメルクマールにはなり得ません。ですので，自己の犯罪か他人の犯罪かで考えないといけません。

　では次に，自己の犯罪と言えるか，他人の犯罪と言えるかなのですが，みなさんが知っているのは重要な役割説だと思います。重要な役割説というのは，自分が犯罪を行っていることと同視し得るくらい，重要な役割を果たしたことが必要であると考える説です。**確かに自己の犯罪であるにもかかわらず，重要な役割を果たしていないということはほぼあり得ないことですから，重要な役割説でいいのではないかと思います**。大切なことは，重要な役割かを答案に書く際に，自分は，行為者が重要な役割を果たしていればそれだけで正犯者として認めるのか，それとも，重要な役割というのは正犯意思の存在を認定するための一要素にすぎないと考えているのか，ということを明確にすべきだということです。私は後者の立場ですから，「重要な役割を担っているということは，それほど本件に関わっているということである。そこまでして犯罪に関わるということは，本件犯罪を，自己の犯罪として考えている。」みたいに書くことになります。

　実は先ほどの共同正犯の話に関しては，難しい話やちょっと気になる話等色々あるのですが，答案を書くときにそれらを全部書くわけではないので割愛します。気になる人は『事例から刑法を考える　第3版』（有斐閣）や『刑法総論　第2版（LEGAL QUEST）』（有斐閣）にはかなり細かく書かれているので，それを参照していただけ

ればと思います。

　ちなみに横領罪も背任罪も文書偽造罪も，行為無価値結果無価値二元論からと結果無価値からでは考え方が異なりますし，横領罪の不法領得の意思の理解も異なります。行為無価値結果無価値二元論からは，不法領得の意思に関しては主観的違法要素と考えますが，結果無価値論からは，不法要素ではなくて責任要素と考えますので，要素の内容が違うわけです。ですから，ここは気をつけてください。自分の基本書を読んでおいてください。怖かったら『基本刑法Ⅱ』（日本評論社）か『条解刑法〔第3版〕』（弘文堂）を確認していただければと思います。

　そして，横領行為の行為の中身の把握の仕方については，保護すべき「占有」をどのように考えるかにより違いがあります。これらについては，より詳しくは，『アクチュアル刑法各論』（弘文堂）という教科書と，それから井田良先生の『法学教室』の連載で『ゼロからスタート☆刑法"超"入門講義』（現在，『入門刑法学・各論』（有斐閣）として書籍化）があるのでそちらを参考にしてください。

> 甲は，乙の説得を受け

受けましたね，やっちゃいましたね。

> 本件土地を売却して得た金員で暴力団関係者への返済を行えば，暴力団関係者からの取立てを免れることができると考え，本件土地をEに売却することを決意した。

　ここ大事ですね，決意と書いてあります。決意と書いてあるので，共同正犯でなかったらやはり教唆ではないかなと思うのです。ただ，働きかけについて，思い出してください。**働きかけの記述がだいぶ長いので**，共同正犯にしないのはちょっとナンセンスな気がしますね。ただ，何罪の共同正犯が成立するかはまた後から考えないといけないです。どこまで検討すべきなのか悩ましい問題ですが，仮に背任罪の共同正犯であると考えた場合には，それ独自の問題があるということが今学説で言われていますし，判例も業務上横領罪及び背任罪の共同正犯に関しては，取引相手方の場合に共同正犯を本当に認めるべきなのか，ということを考えています。

　なぜかというと，民法で保護されるにもかかわらず，刑法で保護しないのはどうなのかという考え方と，民法で違法であったとしても刑法でも違法とするのはどうなのかという考え方があるからです。財産犯領域においては，民法及び法令における保護がなされていますので，その保護があるにもかかわらず刑法においても保護すべきと

いえるか，ということがいつも問題になりますので，そこには注意をしてください。

学説，判例全てにおいて単なる債務不履行が背任罪にあたるとは考えてはいませんが，債務不履行の態様によっては背任罪にあたり得ることがあり，そこに関する限定をかけようとしている状態ですので，取引相手方が多少の働きかけをしたからといって，背任罪の共同正犯を直ちに成立させるのはバランス的にどうなのか，ということは頭に置いておいたほうがいいと考えられます。

ただ，本件は確実に乙の働きかけが社会的相当性を逸脱していますので，書かなくても何の問題もありません。

この後やっと甲さんが動きますね。

> 甲は，A社社員B，同社員C及びDに無断で

こう書いてあると，BとC，またはA社の社員なのでA社と考えてもいいと思うのですが，A社に対して何らかの犯罪が成立し，「及び」と書いてあるのでここで切れて，Dに対しても何らかの犯罪が成立するのではないかと考えられます。

> 本件土地をEに売却するために必要な書類を，乙を介してEに交付するなどして

交付しましたが，交付の段階で横領が成立するかはまだ疑問なので注意をしておいてくださいね。横領罪の既遂時期に注意です。

> A社が本件土地をEに代金1億円で売却する旨の売買契約を締結し，Eへの所有権移転登記手続を完了した。

移転登記があったら業務上横領は既遂ですが，**なぜ移転登記まで必要なのかということは必ず一言入れなければいけません。**

動産の売却であれば，売却の意思表示があるだけで横領行為があったとして既遂になりますが，不動産では所有権移転登記手続が完了することが必要になっています。これはなぜかということは答案で示せると良いなと思います。動産においては意思表示があるだけで基本的にはもう売れますね。所有権が移ります。通常は民法でよく出てくる代理占有（民法181条）や占有改定（民法183条）とかはないと思います。普通にデパートで買い物をしていて占有改定をすることはほぼないので，そういうことを考えてもらえれば，基本的に意思表示があっただけで横領行為があったと考えてい

いと思います。

　ただ**不動産の場合には，売買契約が締結された段階において所有権が完全に移転したとはいえません**。民法上は意思主義で移転するのですが（民法176条参照），意思主義で移転するとはいえ，**通常は契約で特約がついています**。特約がない場合であったとしても，**刑法上保護すべき程に所有権が移転したといえるかはまた別の問題である**と考えると，移転登記を行って初めて所有権者として為すことができることができなくなると考えれば，移転登記が必要だと考えられます。

　こういう理由を一つ一つ確認していかないと，なぜ動産のときは意思表示だけで足りるのに，不動産のときには所有権移転登記手続を完了し，登記が移転していることが必要なのかということがわからなくなります。択一で間違えないように押さえておいてください。

> 甲は，乙を介して，Eから売買代金1億円を受領した。

　とありますが，これ，Eさんに対しても成立するかもですね，詐欺罪（246条）が。成立するかどうかはまた検討しないといけないのですが，Eさんに対する詐欺罪は忘れがちだと思うんです。私も読んだときに，ああ，ふーん，ととりあえずA社に対する業務上横領罪（253条）と，Dさんに対する背任罪（247条）かなと思いました。が，Eさんに関してはこの文章の段階で，本番では詐欺罪をすぐ思いつきませんでしたが，その後思いつくことができました。思いついた理由がありまして，ここもまたなお書きがあるんです。

> なお，その際，Eは，甲が本件土地を売却して得た金員を自己の用途に充てる目的であることは知らず，A社との正規の取引であると信じており，そのように信じたことについて過失もなかった。

　さっきもありましたよね，第4段落の「なお，その際，Dは，会社法及びA社の定款で……」と同じですね。同じ話が出てきているので，比較しろということかなと思いました。全員無過失で有効なんやったら，財産的損害はないじゃないですか，所有権を取得しているし。ならばやっぱり詐欺罪は不成立なのかなという気がしたので，ここでもまた商法や民事法の解釈を少し書いた上で，財産上の損害を否定するという方向にいきました。詐欺の成否の点についてはDさんにもEさんにも本件の場合財産的損害がほぼないといえる状態だと思いますので，検討しなくてよかったのに，と今では思います。

　ここで大事なことは，財産的損害を書くときに，欺く行為があって，錯誤があって，

交付行為があって，財産的損害があってという順序で要件を覚えている方が多いと思うのですが，そもそもこの4つが因果関係で結ばれていないといけないという関係性にありますし，さらに欺く行為は財産的損害に向けられた行為でないといけないということがあります。そこで私は，当時，財産的損害に向けられた行為がない場合は欺く行為がない，として欺く行為で要件を切りました。

もしくは欺く行為のところで財産的損害に向けられた行為であるとして，財産的損害が発生しているかという形で書いてもいいと思いますが，どちらにしても全部要件を先出しした上で書くのではなく，**結局財産的損害が無さそうなんですけどどうしましょうか，という形で問題提起をすることが肝要です**。

要件を先出しする人が異常に多いですが，この書き方でメリットがあるのは，確実に全ての要件にあてはまるときぐらいですかね。でもそこでホッとして問題提起を忘れるとえらいことになります。特に要件相互間が問題になっていたり，ある要件を前提として次の要件が出てきたりする場合に，それを順序良く書けなかった場合には大変なことになるので，やはり要件先出しではなく，一つ一つの問題点をクリアしながら要件を認定していくほうが無難だと思います。

強盗等，因果関係で行為と結果までが順々に繋がっていかなければならない場合，そこの部分だけ先出しすることもあります。そうした場合は，なぜ本件においてこの要件を厚く論じるのかという問題提起をするということだけは意識しておいた方がいい。というか，しないとなぜこれを書いたのかとつっこみが入るので，しておかないといけないといえると考えます。論点がないときは先出しでも構いません。そのように書いた意図がきちんと読み手に伝わるような書き方にしましょう。

> 甲は，Eから受領した1億円から，乙に約束どおり1000万円を支払ったほか，5000万円を暴力団関係者への返済に充て，残余の4000万円については，海外での賭博に費消した。
> 乙は，甲から1000万円を受領したほか，Eから仲介手数料として300万円を受領した。

乙はEからも仲介手数料をもらっているんですね。ふむ，乙さんは売却行為でウハウハですな。別紙見てみましょう。

4　別紙（社員総会議事録）

開催日時，開催場所はどうでもいいです，社員総数3名もまあいいです，出席社員も出席してないけどいいです。

> 社員Bは，互選によって議長となり

とまた嘘ばかり書いてありますけど，これは私文書なので嘘を書いても基本は罰せられませんからここもいいです。

> 議事録作成者　代表社員甲　印

一番大事なのはここですね。「議事録作成者　代表社員甲　印」と書いてあるのですが，ここに甲さんの印鑑が押されています。議事録作成者は，代表者甲です。思いっきり文書偽造という気がしますね。ただ文書偽造は，有印私文書（159条1項）なのか無印私文書（159条3項）なのかで適用罰条が変わってきますので，ここは気をつけないといけません。この印が代表社員甲さんの印であることから，有印になるか無印になるかは，誰を名義人としているかによります。ですので，論理的に間違える可能性がここでは発生し得ますから注意をしてください。代表社員甲の横の印鑑は，会社の印鑑でなく甲さんの印鑑です。

5　まとめ

　甲さんには，まず，文書偽造罪及び同行使罪が成立します。有印か無印かは，名義人をどうとらえるかによって変わります。
　次に，抵当権設定行為について，A社に対する関係で業務上横領罪が成立します。売却行為についてもA社に対する関係で業務上横領罪が成立します。この2罪は説明したように両方成立し，罪数処理の段階で包括一罪もしくは併合罪となります。今回は併合罪ですね。
　売却行為には別途，Dさんとの関係で背任罪が成立します。
　売却行為は乙さんと共謀して行ったので，乙さんとの間で共同正犯となります。
　乙さんには業務上横領罪との関係でも，背任罪との関係でも身分がないので，65条によって成立する罪名及び科刑が決定されます。背任罪および業務上横領罪が成立します。罪数処理については，講師答案をみてください。

第3章 出題趣旨を読み解く

1 はじめに

　それでは，出題趣旨を読みながら，試験委員がどのようなことを書いて欲しいと考えていたかということを分析していきたいと思います。私はこの年の試験を受けて詐欺罪について書いたのですが，この出題趣旨には詐欺罪のことが出ていません。詐欺罪が出ていない理由として考えられるのは，Ｄさん及びＥさんのどちらに対しても詐欺罪が成立しないという結論になってしまうかもしれないということです。でも，あれだけなお書きで善意無過失と書いておいて，書いたらあかんということはないやろうとは思うわけです。ただ，そこを頑張って書いてしまった私はひょっとしたら点数が低かったのかもしれません。

　と，3年前の私は，上のように考えていました。今は，ＤさんもＥさんも詐欺の点について困っていないのに，わざわざ成立させる必要もない犯罪を検討する必要はないと思います。検察修習のたまものです。

2 全体について

> 　本問は，Ａ合同会社（以下「Ａ社」という。）所有の土地（以下「本件土地」という。）に対するＡ社代表社員甲によるＡ社に無断での抵当権設定行為並びに甲及び甲の知人乙による本件土地のＡ社に無断での売却行為という具体的事例について，甲乙それぞれの罪責を問うことにより，刑事実体法及びその解釈論の知識と理解

　ああ，また出ましたね。「刑事実体法及び」からの部分は平成22年の分析でも見たところです。ですので，話したことを思い出しておいてください。

> 　すなわち，本問の事案は，①甲が，自己のＤに対する債務を担保するため，本件土地に，Ａ社定款で必要とされている社員総会の承認決議を経ないまま

　ここ大事ですね，「承認決議を経ないまま」です。承認決議を経ていたらちゃんと管理処分権があるので，それで処分していれば何の問題もなかったんです。

223

> 抵当権を設定し，抵当権設定登記を行った（以下「抵当権設定行為」という。）

抵当権設定行為がまず問題となっています。

> ②甲が，抵当権設定行為を行うため，A社社員総会が開催された事実はなく，抵当権設定行為に対する社員総会の承認決議が存在しないにもかかわらず，A社社員総会において，抵当権設定行為に対する承認決議が行われた旨記載された社員総会議事録と題する文書を作成し，Dに交付した（以下「社員総会議事録作成行為等」という。）

そして2番めとして，ここ大事ですね，文書を作成して交付した。

> ③甲が，乙の勧めに応じて

そして最後ですね，乙さんが出てくるのはここからなので，「乙の勧めに応じて」というところが大事であるということになってきます。

> 売却代金を自己の用途に費消する目的で，本件土地をEに売却した（以下「売却行為」という。）

自己費消目的なんですね。

> 各行為に対する甲及び乙の罪責を論じる際には，事実関係を的確に分析した上で

「的確に分析」って毎回書かれていてすごく嫌なのですが，どこまで行けば的確に分析したといえるのかがわからないので，練習段階では可能な限り深く分析をするようにしましょう。私は，何回やっても抜け落ちが出ていますので，もっと精進します。

> 構成要件該当性，共同正犯の成否等の事実認定上及び法解釈上の問題を検討し，事案に当てはめて妥当な結論を導くことが求められる。

「妥当な結論」に関連して本問で問題となるのは，同一物に対する横領行為が2回

行われている場合に，これは併合罪なのか，包括一罪なのかというところとかですかね。

この論点を不可罰的事後行為とか共罰的事後行為とか言いますが，そこの理解が問われているので必ず自分の見解の理由を付した上で書くようにしてください。横領後の横領に関しては，一応判例は先行行為と後行行為どちらにも横領罪が成立し，その後の罪数を決めるということになっています。実務上起訴するときには，先行行為もしくは後行行為，大概後行行為の方が重いので後行行為でいくと思うのですが，後行行為のみを起訴対象としている場合には先行行為を勝手にのんでいるわけですね。

今回は成立するか，するとしてどうするかということを罪数できちんと書かなければならないということです。ここで問題なのは，構成要件・違法・有責の段階では成立するが罪数上一罪になると考えるのか，そもそも構成要件の段階で成立しないと考えるのかということを，構成要件の段階できちんと明示しないといけませんし，明示したとしても「成立する」まで書いておいて，罪数の段階で，包括一罪なのか併合罪なのかをきちんと書かなければいけませんので，そこは注意をしてください。

本件は理由があって，併合罪の方が良いのかな，と思い，併合罪にしました。講師答案を見てください。

3　抵当権設定行為についての甲の罪責

> 甲は，「A社の委託に基づき業務上本件土地を占有する者」であると同時に「A社の委託に基づきA社の財産上の事務を処理する者」に該当することになる

と書かれているのですが，これ，必ず先に認定しないといけないかというと，見解によって違うと思われます。すなわち，業務上横領罪（253条）が特別法で背任罪（247条）が一般法であると考えた場合には，業務上横領罪から先に検討する必要があるということになります。そうなると業務上横領罪を検討し，業務上横領罪が成立しなかった場合に初めて背任罪の検討をすることになりますので，区別基準を最初に一々どんと挙げる必要があることになります。

また，「A社の委託に基づき業務上本件土地を占有する者」という認定や，「A社の委託に基づきA社の財産上の事務を処理する者」という認定をせず，区別基準を設けるのも問題です。なぜならば，成立要件が業務上横領罪及び背任罪では違う以上，成立要件の一部が重なっているもしくは2罪成立しそうであるということを指摘した上でないと，業務上横領罪と背任罪の区別を書く実益が全く見えてこないからです。

時間とスペースがたくさんあったら，両罪の関係や区別基準を書いた方がいいと思

第5編　過去問徹底分析②　司法試験平成24年刑法

うんですよ。なぜかというと，そうしないと業務上横領罪が成立しないときに背任罪を検討した場合に，なぜ業務上横領罪が成立しないのに背任罪を検討するのかというツッコミが入ってしまうので。だから，先に書いておいた方がいいということはわかるんですが，セコく点数を取りに行くという観点からすると，そこを頑張ると答案用紙が足らんのです。講師答案みてください。2時間，振り回されました。

　本番では詐欺罪も頑張らないといけないと私は勝手に思っていましたので，詐欺罪を頑張るのにここでどんだけ頑張るねんと思ったわけです。そして，自己の見解が「両罪は特別法と一般法の関係にあって業務上横領を検討した上で成立しない場合に背任罪を検討すれば足りる」という考え方であった以上，横領罪と背任罪の区別基準に関して頑張って書こうという意識があまりなかったんですね。さらなる問題として，横領罪と背任罪の区別を考えるためには，横領罪の罪質，すなわち横領罪とは一体何であるのかということと，背任罪とは一体何であるのかということを考えた上で，横領罪と背任罪はどのような点が違うのかということを意識し，見解を立てないといけないわけです。

　長いんですよね，それを考えただけで長いんです。考えたし論証を作ったこともあるんですけど，まあ長くなってどうコンパクトにしていいかわからなくなったのでここも問題でした。3年経った成果は講師答案をどうぞ。まだよりよくなる気がするぞ……！

　さらにもっと言いますと，判例は理由づけをせずに結構本人名義とか自己名義とかっていうところも加味しながら検討しておられます。この判例の検討に関しては『事例研究　刑事法』（日本評論社）シリーズの刑法の横領罪と背任罪の区別というところに詳しく載っていますので，気になる方はそこも読んでみてください。読んでもらうとわかると思いますが，どう理由づけしようかなと思うわけです。たとえ判例の見解でいくと決めたところで，なぜ本人名義と自己名義の違いで横領罪と背任罪が区別できるのかということをいちいち書かないといけないですし，その前にクリアしないといけない要件がいくつもあるので，もういいかなと思ったわけです。今回，講師答案ではこの点も頑張ってみたんですけど，どうでしょう？参考にしてみてください。

　結局，業務上横領罪を先に検討する場合であったとしても，やはり本来であれば「**業務上横領罪もしくは背任罪が成立しそうだけれどもこの両者は特別法と一般法の関係にあると考えられるから，特別法であるところの業務上横領罪から検討する**」と書くのが最もよいと思われます。しんどい時はこれで逃げ切る！こう書くのがいいと思われますが，本番では詐欺罪で頭が一杯だったのでそんなことは書いてへんですね。詐欺罪は成立せぇへんけど成立せぇへん理由をちゃんと書かなあかんやんかと思っていたので，ちょっと詐欺罪にかけすぎたかなというきらいがないではないです。成立しない場合には成立しない理由をきちんと挙げた上で成立しないと言った方がいいと思っていたんですけど，犯罪が成立する方が厄介なのでもちろん成立する犯罪をメイン

で書いた方がいいというのはその通りだと思います。
　そして，実務家になるのであれば，一番優先順位が高いのは，成立する犯罪についての検討です。結局成立しない犯罪なら無視しても良いんです。修習いってよくわかりました。

> この点について，横領罪の保護法益を「物（個別財産）の所有権及び委託信任関係」，背任罪の保護法益を「全体財産及び委託信任関係」と捉え，両罪の保護法益に重なり合いを認め

　この見解は，横領罪の保護法益はその通りですよね，「所有権及び委託信任関係」でいいと思います。背任罪の保護法益について，「委託信任関係を含む」と捉える場合には権限濫用説ではなく背信説がメインとなっていると考えられますので，**背信説をとっていない方はここは注意をしてください。**

> 両罪の保護法益に重なり合いを認め，法益侵害が一つであることから，両罪の関係は法条競合であり

　ということが大事になってきます。法条競合でない場合には，2つ成立してその罪名の重なり合い，罪質を問題とするわけですよね。併合罪になるか観念的競合になるか牽連犯になるか，包括一罪か，まあ牽連犯はあり得ないので観念的競合か包括一罪でしょうね。法条競合の場合には，一罪が成立すれば他方の罪名は成立しないということになりますので，そこが特別法と一般法の関係に繋がってくるわけです。

> 重い横領罪が成立すると考える見解からは，まず業務上横領罪の成否を検討することになる

　これが，一応判例・通説だとされています。ですので，この考え方で書くのが一番書きやすいと思います。ただこの考え方で書く場合には，**背任罪の罪質を背信説もしくは限定背信説に立って考えているということが推認されますので，この見解をとった上で権限濫用説をとるのだけはやめてください。**矛盾が発生します。多分権限濫用説を書く人はいないのですが，権限濫用説を使用した見解があって，それを書かれるとちょっと厄介なのでやめた方がいいかなという気がします。

第5編　過去問徹底分析②　司法試験平成24年刑法

> 他の見解に立つ場合であっても

　と書かれているので，他の見解も採りうるのですが，上記の判例通説で良いと思います。他の見解を採る場合は結論などが判例から外れる可能性があることを意識した上で，整合的に書くようにしてください。そして判例通説でない見解をとっていますので何故違う考え方をとるのかを説明しなければなりません。そうするとさらに分量が増えてしまうのですね。ここでは区別基準も書かなくてはならないのに，さらに違う見解をとる理由を書き，丁寧に論証しなくてはならないので，分量が大幅に増えてしまいますから，この出題趣旨に載っている見解を書くのが試験対策上ベストだと思います。理論上の問題は，背信説は根拠が薄弱であるとか，確かにありますが，別の見解を採ると上に述べたように自分の首を絞めることになるのは確実なのでやめることをお勧めします。

　私自身，判例・通説と別の見解で論証を作って，「なんでこんなことをしたんやろ」と思ったことがあるんです。確かに**自分に合う学説の思考過程に乗っておくことは悪いことではないのですが，刑法の学説の思考過程は複雑で頭が混乱してしまうことがあるので，とりあえず通説の理解をしっかりするようにしておいてください**。通説で問題点となっている箇所が論点へと繋がっていくことになるので，その通説の問題点をみるために反対説・少数説をみるのはいいことですが，答案を少数説で書こうと考えないほうが無難だと思います。刑法はある程度通説の理論上の問題点などに目を瞑らなくては先に進めない科目なのかなという気がしています。

> 本問において，抵当権設定行為について業務上横領罪の成否を検討する場合，業務上横領罪における**客観的構成要件要素**の意義をそれぞれ正確に理解した上で

　刑法では客観から主観へ，形式から実質へという検討の仕方が一般的です。形式的な要件からみていって，実質それが阻却されるのでないかと考えるのが思考経済上もいいですし，検討しなくていいことを検討するという無駄を省くことになるのでこれは「そらそうか」という気がします。

> 問題文中に現れている各種事情を的確に当てはめていく必要がある

　というのは，まず委託信任関係があるかという話もありますけど，委託信任関係は構成要件に書かれていない書かれざる構成要件要素ですので，なぜ委託信任関係が必

要かということは一言触れておいた方がいいでしょう。ただ，遺失物等横領罪（254条）との区別の他に，行為無価値・結果無価値二元論からは主観的違法要素としての理由づけもあると考えていますので，そこを書くと長くなりますよね。なので，できれば一言で委託信任関係がなぜ必要なのかということが書けるといいと思われます。

> 本問で特に問題となるのは

と書かれているところがありますが，ここが大事ですね。特に問題となるところを厚く書けばいいので，委託信任関係が必要な理由は横領罪の本質とかでさらっと書いてしまえばいいわけですよ。単純横領罪が窃盗罪より軽く処罰されているというところからはちょっと書きにくいので，やっぱり遺失物等横領罪との違いですね，「遺失物等横領罪よりも刑が加重されているのは」という形で書いてもらえるといいのかなと思います。ただ単純横領罪が基本類型で遺失物等横領罪が刑の軽くなった減刑類型，業務上横領罪が加重類型になりますので，その点は注意してください。なので，刑の加重根拠は，ではなくて，「区別をしなければいけない，その区別の理由となっているのは委託信任関係の有無である」くらいにしておいたほうが，よりいいのかなと思われます。

> 抵当権設定行為が横領行為に該当するか否かについてであろう

というのは先ほど説明した，全部横領と部分横領で部分横領は横領ではないのではないか，という考え方ですね。

> この点について，判例は，一貫して横領罪の成立を認めている

ので，横領罪を成立させずに背任罪を成立させるという学説を取るのは，ちとまずい。別に論理的には間違いではないですし，これはセコい考え方なのですが，背任罪にして横領罪にすると横領後の横領の論点が抜けるんですね。横領後の横領の論点が抜けるということは，罪数の話で書くことがほぼなくなるわけです。点数がなくなるのであまりお勧めしないですね。

また，背任罪で書こうと思うと，あまり書いたことのない事務のあてはめ，他人の事務といえるかというようなところが問題となってきますから，さらにややこしくなるわけです。二重抵当について背任罪を成立させるのが判例（最判昭31.12.7百選Ⅱ69事件）ですが，そこに関しても学説からはいろいろ言われているところがあります。

解釈上の問題が潜んでいるので，そこに気づいた上で的確に論述をすることが必要になってきます。難しいところは，できれば避けましょう。**難しいところを避けてくれてるのが判例なんやったら，何も考えずに乗っておいた方がいいと思います。**判例は行為無価値・結果無価値二元論であると思しきものですから，より適合的だと思われます。

> なお，業務上横領罪の成否を検討した場合には，同罪の既遂時期についても言及すべきである

　というのは，先ほども不動産の話で言いましたが，抵当権設定に関してはより問題があります。なぜかというと，抵当権設定をして抵当権が付いているだけで，一応**当事者間では抵当権がある**ということになるわけです。対抗できるために抵当権設定登記がなされることが必要ですが，このように設定契約の時点で抵当権があると考えると，抵当権設定契約時点でも既に領得行為があったとして横領罪の既遂を認めてもいいような気もします。しかし，抵当権が第三者に対抗できてしまう状況になるためには抵当権の登記が必要になりますから，不動産すなわち所有権が全てなくなる売却の場合とパラレルに考えて，抵当権設定登記が必要であると考えるのがいいかなと思います。

　もっとも，既遂時期についての言及が必要であると書かれているだけで，どのような考え方をとるべきかが書かれていません。これはちゃんと書ければいいのかなと思います。あと，なぜ既遂時期をその時点にしたか，っていう理由が必要なのはその通りですね。これについては，不当領得の意思を実現する行為である領得行為があったといえるかどうかは，不法領得の意思を発現する一切の行為があったといえるか，そして不法領得の意思とは何かというところから書かないといけないので，丁寧に書いていく必要があります。

　話しているだけで嫌になってくるんですけど，論理的な難しさもはらみながら何より丁寧さが求められている問題でしたので，厄介極まりないですね。

> 背任罪の成否を検討する場合も業務上横領罪の成否を検討する場合と同様，客観的構成要件要素をそれぞれ正確に理解した上で

　と書いてくれているように，背任罪を取っても問題ないようであります。が，さっきも言ったように背任罪を取ると横領後の横領が書けないのでやめた方がいいんじゃないかなと思いますね。丁寧に書こうと思って背任罪も横領罪も成立し得ると書く場合には一言ずつあてはめていく必要があるので，それに関しては**「客観的構成要件要**

素をそれぞれ正確に理解した上で」というところがあてはまるのでそっちの意図かもしれないのが少し怖いところです。

Question ⑦

学生 ここで業務上横領罪の成否について個々の要件を掲示してあてはめをすることでまとめました。内容の適否等につきコメントをいただけないでしょうか。

業務上横領罪の要件

「業務」,「占有」,「委託信任関係」,「他人の物」,「横領」,「不法領得の意思」

・「業務」＝「社会生活上の地位に基づいて，反復・継続して行われる事務で，委託を受けて物を管理するもの」

　あてはめ　→　甲はＡ社の代表社員という地位に基づいて不動産の占有・管理をしており，「業務」性が認められる。

・「占有」　→　事実上の支配だけでなく法律上の支配も含む　∵濫用のおそれのある支配力から財物を保護するため

　あてはめ　→　甲はＡ社代表社員として不動産の処分・管理権を有しており，登記手続に必要な書類を管理していて対抗要件たる登記を移転させることも容易な状態であったと考えられることから法律上の支配が認められ,「占有」の要件を満たす。

・「委託信任関係」

　あてはめ　→　甲はＡ社の代表社員に選任されており，その地位に基づいて不動産の処分・管理権限を与えられていたため，甲の占有は「委託信任関係」に基づくものである。

・「他人の物」

　あてはめ　→　Ａ社の不動産

・「横領」→　「不法領得の意思を発現する一切の行為」

・「不法領得の意思」＝「他人の物の占有者が委託の任務に背いて，その物につき権限がないのに所有者でなければできないような処分をする意思」

　あてはめ　→　自己の浪費による借金を返済するという意図で抵当権を設定することはＡ社と甲の利益が相対立しており利益相反取引に該当する。利益相反取引は定款上利益相反取引を行う社員を除いた全社員の同意が必要。しかし本件ではその同意を得ないまま行った利益相反取引が行われている。

　そして，賭博で作った借金を返済するために定款に定めた承認手続をとらずに利益相反取引に該当する取引をしようとする意思があり，これは所

有者でなければできない行為をする意思なので，不法領得の意思が認められる。

先生 まず，「横領」のあてはめのところですが，取引の意図は関係ないんじゃないかしら。A社の土地に，甲の債務の抵当権がつくのがまずいだけで。そして，善管注意義務違反と領得行為は関係ないでしょう。背任の場合は関係しますね。
　質問にはないですが，既遂時期についても説明します。これは，領得行為＝不法領得の意思が発現した行為＝外部に「所有権者じゃないとできないことをしようとしている」ことがわかるようになったとき＝登記をすれば，外部に表示されたといえる，くらいですかね。

4　社員総会議事録作成行為等についての甲の罪責

私文書偽造，同行使罪

　これはもうわかりますよね。社員総会議事録がついているのに文書偽造罪を落とすのは意味がわからないので，そこは注意をしてください。先ほど問題文を分析しているときに，前提とされるような事情が今回はとても多くありました。いつもであればその行為の中身などがわかりにくかったりするのですが，今回は行為がわかりにくいことはなくてですね，どれが犯罪行為かはわかるのですが，その行為に本当に犯罪が成立するかがちょっと微妙な場面が多かったわけです。文書偽造罪に関しては，第3段落で必死こいて承認手続の話が書かれている，そして第4段落では代表社員甲がいかに悪いことをしたかが書いてある。
　そして，印鑑があります。有印か無印か気になりますね。さっきも言っていたように，有印か無印かというのは名義人が誰かということと関係していますので，名義人と作成者をちゃんと書かないといけないということですね。いやいつもちゃんと書くのですが，さらにちゃんと考えて書かないといけないということです。

偽造に当たるか否かという点である

　そりゃね，有形偽造でなくて無形偽造だったら，不処罰になるというかなり大事なメルクマールです。平成22年の分析でもお話ししたように，**司法試験は犯罪が成立するかしないかというところの基準と，どの犯罪が成立するかというところが大好きで**

すので，そこを注意しておいてください。遺失物等横領罪（254条）と単純横領罪（252条），遺失物等横領罪と窃盗罪（235条），窃盗罪と利益窃盗罪などですかね。他に詐欺罪（246条）と恐喝罪（249条）も好きです。そのあたりをどうやって区別するかということは自分で用意をしておくようにしてください。

有形偽造と無形偽造に関しては，しっかり基本書等に書かれていますので復習をしておいてもらえればいいです。この作成名義人および作成者について論述していく必要があるというのは，それは有形偽造にあたらないと基本的には私文書偽造罪で処罰することができないからです。これは別に医師が作成した診断書（160条参照）でもありませんので，無形偽造では処罰できません。

作成名義人及び作成者について，作成者のところから見ていくと，作成者に関しては事実説と概念説（意思説，精神性説）の対立があります。基本は精神性説で何の問題もないのですが，とりあえず作成者が誰であるかということを認定してください。

そして，作成名義人に関してはやはり争いがあります。責任追及説と意思・観念の主体説という違いやったんですけど，どちらの立場に立ったとしても注意していただきたいなと思います。作成名義人の方はどちらの立場でも結局結論は変わりにくい対立ですのでどちらでもいいですが，自分が立つ立場を明らかにした上で，ちゃんと名義人は誰かという定義はしておくようにしてください。説の対立がある以上，ある程度の説明をしておいた方がいいと思われます。

文書なので，**文書の使い方というものを考えてそこから論証していけばいいんじゃ**ないかなと思います。証拠としての機能があると言う人もいるんですが，証拠を強調するとやはり書きにくくなりますし，法的責任を追及すると書くと責任追及説に流れていってしまうので，まず自分の立場をしっかり確認するようにしてください。基本書によってはそこがちゃんと書かれていなくて曖昧に流されているところもあるとは思いますが，その場合にはその基本書がどのような説に立っているのかということをしっかり認識した上で書くようにしてください。

> 判例の考え方に従えば，本問における作成名義人は社員総会ということになる。また，最決平成15年10月6日刑集57巻9号987頁の考え方に従って，本問における作成名義人を社員総会議事録作成権限が付与された甲と考えることも可能であろう。

ちなみに私はこの年の試験を受けた時，普通に代理人と同じように考えてしまって，代表役員の権限を付された甲さんが名義人であると考えてしまっていました。こう考えることも可能ですが，そう考えないようにするということがちゃんと書かれているんですね。「記」の下の「議案　当社所有不動産に対する抵当権設定について」のところに「全員異議なくこれを承認した」ということが書かれています。さらにその下，

「以上の決議を証するため」と書かれていますよね。

すなわち，この社員総会議事録というのは，全員が異議なくこれを承認しそれが社員総会の決議となった，ということが大事なわけです。そうすると代表社員甲が権限を持っているということではなくて，社員総会においてこのような決議がなされ，社員総会がこのような意思表示をしたものであるということが考えられるのがこの書面なわけですから，そう考えると**作成名義人は社員総会**ということになりそうですね。

問題文分析をしているときに，議事録がこんなに頑張って書いてあるのはちょっとわかりにくいと言っていたのは，この作成名義人は社員総会であるということをこの議事録を使って認定できるということを，おそらく出題者側が予想していたのではないかなと思います。ただ，多くの受験生はそんなことに本番のとき思い至るわけもなく，あっさりとこの**「社員総会議事録作成権限が付与された甲と考えることも可能であろう」**という，ここにいってしまったわけですね。

社員総会の決議であるということを考えると，全員分の印鑑が押してあることが必要となるか，それかＡ社という印鑑が押してあることが必要なのですが，残念ながら議事録作成者の甲さんの印鑑しかありませんので無印となります。よって，無印私文書偽造罪（159条3項），同行使罪（161条1項）になるでしょう。

講師答案では有印にしておきました。有印にするときの論理の流れを確認しておいてください。

> なお，本問においては，有印私文書偽造，同行使罪が成立するのか，無印私文書偽造，同行使罪が成立するのかについても言及すべきである。

なお書きは大事すぎるんですけど，ここも嫌で，やはり名義人をどのように考えるかによって有印と無印で分かれるということになるわけですから，書かないとだめですね。基本書ではよく有印と無印を分けずに書いてあって，私文書偽造，同行使罪ということになっている事が多いと思いますが，印鑑がついていたらやはり有印か無印か気にした方がいいと思います。罪名が違いますしね。そこは注意をしておいてください。

Question ⑧

学生 ここで，有印私文書偽造罪，同行使罪の構成要件のあてはめをまとめたのですが，これでよろしいでしょうか。

　　　有印私文書偽造罪の要件

「行使の目的」,「他人の署名・印章」,「事実証明文書」,「偽造」
・「行使の目的」→　社員総会すら開催されていないのに正規の手続を経て作成された議事録としてDに議事録を提出する目的があったため,「行使の目的」が認められる。
・「他人の署名・印章」→　名義人が社員総会の場合は,名義人の印がないので無印偽造。名義人が社員総会議事録作成権限の付与された甲の場合は,名義人の印があることから有印偽造にあたる。
・「事実証明文書」→　利益相反取引につきA社社員総会で承認されたことで甲が単独で有効に取引できることを証明する文書であり,不動産取引という実社会生活に交渉を有する事項を証明する文書にあたる。
・「偽造」
　名義人　社員総会（もしくは議事録作成の権限を付与された甲）
　作成者　甲（もしくは権限のない甲）
同行使罪
　抵当権設定のため実際にDに交付されており,行使罪が成立する。

先生　このまとめで問題ありません。あ,講師答案に事実証明文書について書くの忘れました。条文見ながらやらないとだめですね……。

5　売却行為についての甲の罪責

> 売却行為については,A社に対する関係で成立する犯罪と,Dに対する関係で成立する犯罪とを区別して検討する必要がある

というのは問題文分析でもお話ししたところでした。

> （なお,後述するように,売却行為については,乙との共同正犯の成否が問題となる。）

というのも,乙さんが働きかけをして甲さんに売却行為をさせているわけですから,ここから乙さんが関係してくるわけです。ですので,甲の罪責,乙の罪責と書いてもいいですし,とりあえず甲さんのみに言及した上で,次に甲さんと乙さんについて書いていくというのでも,どちらでもありではあると思います。私は人によって罪名を

書き分けるのが好きだったので，甲の罪責，乙の罪責という書き方で統一していました。私は，時系列で書こうと思うと混乱するので，注意をしていました。みなさんも書き方については統一しておくことをお勧めします。ここは自分の性格によりけりですね。

> A社に対する関係で成立する犯罪を検討する際には，抵当権設定行為と同様，業務上横領罪を検討すべきか背任罪を検討すべきかが問題となるが，抵当権設定行為について成立する犯罪を検討する際に定立した規範と矛盾なく論述を展開する必要がある。抵当権設定行為について業務上横領罪の成立を認めた場合，売却行為についても業務上横領罪の成否を検討することになろう。この場合，問題となるのは，横領物に対する横領が認められるか否かである。この点については，最判平成15年4月23日刑集57巻4号467頁が参考になる。この判例は，横領物の横領は不可罰的事後行為であるとしてきた従来の判例を変更し，横領物の横領を認めたものと理解できる。

そうですね，それは問題となるわけですよ。なぜかというと，抵当権を設定した段階では占有形態に変更はありません。信任関係を破壊されたということを言って，次の横領が成立しなくなるとする見解もなくはないですが，判例は基本的には抵当権が設定されたところで信任関係が破壊されたとは考えていませんから，そこについては何の問題もありません。同様に背任罪に関しても，A社に対する関係で背任罪が成立する可能性はまだありますので，やはりここが問題となり得ます。

ただ，抵当権設定行為について横領罪を成立させないにもかかわらず，売却行為について背任罪を成立させるのはなかなかリスキーではないかと思います。ですので，次にも書いてあるように，「抵当権設定行為について業務上横領罪の成立を認めた場合，売却行為についても業務上横領罪の成否を検討することにな」るわけです。なぜかというと，**抵当権設定行為にすら横領罪を認めたのに，なぜか売却行為で背任罪に落ちるということはなかなか考えられないから**ですね。

ただ，業務上横領罪の成否を検討する場合には色々な問題が発生し得ます。まず横領物に対する横領ですね。次にも書いてありますが，既に1回横領して所有権侵害行為を行っているにもかかわらず，さらに所有権侵害行為を行うことができるのかということです。「この判例は，横領物の横領は不可罰的事後行為であるとしてきた従来の判例を変更し，横領物の横領を認めたものと理解できる。」と書かれているだけで，ここについては出題趣旨があまり丁寧には書いてくれていません。この横領物に対する横領に関しては，先ほども紹介した『事例研究　刑事法』（日本評論社）シリーズの刑法に一節とって詳しく書いてあるので参考にしてください。

まず不可罰的事後行為とされていたということについてきちんと認識できているこ

とが必要です。なぜなら，やはり，1回所有権侵害を行っているのであるからそれで終わるはずですよね。所有権を2回侵害しようと思ったら，所有権ってそのように分裂するものでしたっけということになるので，所有権は1つの物に対して1つしかありえないということを考えると，所有権侵害行為を1回してしまうとそれだけでもう次の所有権侵害は行えないのではないかという考え方です。が，抵当権設定は交換価値の把握をすることによって所有権を侵害する行為ではありますが，**所有権そのものが動いたわけではありません**。所有権は未だ形の上でちゃんと本人の元にあるわけです。ですので，所有権侵害をさらに行うことは事実上可能でありますから，これを捕捉する必要があるので横領物の横領が認められています。ただこの判例は読み方が難しいので注意してくださいね。

> 抵当権設定行為について背任罪の成立を認めた場合，売却行為について，背任罪が成立するのか業務上横領罪が成立するのか

さっきも言いましたよね。基本，判例では横領罪ですが，背任罪を認める学説もあるわけです。抵当権が部分横領行為だからやっぱり嫌だという考え方ですかね。この場合に関しても，**「売却行為について，背任罪が成立するのか業務上横領罪が成立するのか」**についてはやはり問題があります。抵当権設定行為を所有権侵害行為として認定していないわけですから，いまだ所有権侵害行為は行われておらず業務上横領罪が成立する可能性がさらに高くなっていると考えられるため，やはりこの区別を書く必要があります。

> 抵当権設定行為について背任罪の成立を認めた理由によって異なることとなるので，論理矛盾のない論述を展開することが求められる。

というのは，抵当権設定行為が所有権侵害行為でないとするのか，そのあたりが結構ややこしいですね。やはり**「論理矛盾のない論述を展開することが求められ」**ます。抵当権設定行為を所有権侵害行為ではなく売却合意が所有権侵害行為であると考えるならば，業務上横領罪が成立しうるとは思うんですけど，「抵当権設定行為が所有権侵害行為であるが部分横領にあたるから」と書いてしまうと，うーん，確かに難しいですね。

残っている所有権を侵害する行為も本当に横領といえるのか，すなわち，所有権が若干侵害されてもう一回侵害されたから，全部侵害したとして横領罪を成立させるとなると，その前の部分横領をどうするのかということが問題になり得ますし，部分横領という実質というか見た目ですかね，部分横領した後に残っているのは部分なので

第5編　過去問徹底分析②　司法試験平成24年刑法

それは部分横領ですよね，そうなると背任じゃないのかということも考えられます。となって，やはり非常にややこしいので，抵当権設定行為を横領罪にするのがとてもお勧めです。

どちらにしても書かないといけないということですね。横領物の横領についてちゃんと書かないといけないですし，抵当権設定行為について背任罪を成立させた場合，売却行為について何罪が成立するかを書かないといけないということになります。

Dに対する関係で成立する犯罪としては，背任罪を検討するべきである

そりゃそうですね，Dさんに関しては横領罪が成立する余地が全くないので。Dさんは所有権を持っていないですからね。となると背任罪を検討するべきですが，ここで問題なのは事務です。担保に関しては二重抵当の判例（最判昭31.12.7百選Ⅱ69事件）があって，登記に協力すべき義務などがあります。その義務を履行すべきだということがあるのですけれども，それはもともと甲さんが行うべき事務であって，「他人のために」といえるのか，そして法文上は「他人のために事務を処理する者」と書かれています。六法を見てください。

六法を見るときにですね，背任罪が書かれているのが横領罪ではなくて詐欺罪のところなんですね。引くときに背任罪を探すのに少しだけ時間が掛かるということがあり得ますので，気をつけましょう。背任罪は247条です。「他人のためにその事務を処理する者」なんですね。出題趣旨には「他人のために事務を処理する者」と書いてありますよね。これは間違っているのではなくてですね，通説判例に立つと，「その事務」ではなくて「**他人のために事務を処理する者**」にあたれば背任罪が成立すると考えられています。なのでこう書かれているんですね。ただ，条文上は「その事務」と書いてあるので注意はしておいてください。

背任罪に関しては，さっき横領罪と背任罪の区別のときに背信説に立っていたということも注意をしておいてください。限定背信説もしくは背信説に立っている場合には，主体及び行為，それから図利加害目的などに関してはその説から派生して考えなければいけない場合が結構あります。権限濫用説からすると，代理権のみに限定されて事実行為が入らなくなるとかいう関連性がありますけど，背信説というのは他人との間の信任関係に違背する財産的加害としか書かれていなくてですね，信任関係ってなんだなどの限定がほぼかかっていない状態となります。こうすると背任罪はさっきも言ったように債務不履行まで含まれてしまうのではないかという恐ろしさをはらんだ類型になりますので，学説は限定をかけていっているわけですし，判例も一応具体的事案においては限定をかけているのでそこは注意をしておいてください。背任罪に関しては，一度丁寧に検討しておいていただいた方がいいと思います。

論点解説がメインの講義ではないのでこれくらいにしておきますが，背任罪は怖い

よっていうのは頭に入れておいてください。来年出たらどうしましょうねというぐらいなので，丁寧に見ておかれることをお勧めします。

とりあえず，構成要件の解釈に関してどう解釈するのかということは，財産犯は徹底的にやっておいた方がいいと思います。横領罪（252条），背任罪（247条），強盗罪（236条），詐欺罪（246条），恐喝罪（249条）はしっかり勉強しておいてください。盗品等関与罪（256条）に関しては横領罪や背任罪と同じようにその罪質，本質がどこにあるのかというところの時点で争いがあるので，盗品等関与罪が出たときにはそこから論述しないといけません。あそこはさらに罪数関係とかややこしいところがあります。横領罪の横領後の横領みたいな問題点が発生していて，そこを突かれて論理矛盾を起こす可能性が非常に高いので，盗品等関与罪に関しては自分で検討するようにしておいた方がいいと思います。

Question ⑨

学生 A社に対する業務上横領罪と，Dに対する背任罪についてまとめてみました。次のような内容でよろしいでしょうか。

　A社に対する業務上横領罪……おそらく抵当権設定によって土地の財産的な交換価値がすでに侵害されており，2回目の横領の時にはもう侵害すべき法益が残っていないのではないかというところが問題なのではないかと思います。今回は特に時価1億円相当の土地に1億円の抵当権が設定されているところが悩ましいところだと思います。

　横領罪が財産犯であることを考えると土地が有する1億円の交換価値は全て把握されており，すでに財産犯において侵害されるべき法益はないようにも思われるからです。

　なお，1回目と2回目でどちらの方が罪が重くなるのかも悩ましいところです。財産的価値から考えると1回目の横領，侵害された権利（所有権）から考えると2回目の横領の方が罪が重く，財産犯であることを考えると1回目の方が罪が重くなるのでしょうか。

　Dに対する背任罪……登記をすべき義務にかかわる事務は甲自身が行うべき事務であり，「他人の事務」にあたらないのではないかということが問題になると思います。

先生 まず，Aに対する業務上横領罪に関してですが，財産犯の根本理解が疑われます。交換価値だけ守るのが財産犯のように読めますが，そんなわけないので，注意してください。

239

第5編　過去問徹底分析②　司法試験平成24年刑法

> また，所有権がなくなる2回目の方が重くなると考えるのが一般的でしょう。とりあえず，業務上横領罪が成立しうるのかどうかを考えましょう。罪の軽重については，包括一罪の処理をする場合に，やっていることがえげつない行為の方に吸収させればいいので，そんなに悩まないと思います。
> 　Dに対する背任罪に関しては，おっしゃる通りでしょうね。

6　甲に成立する犯罪の罪数処理

> 的確な罪数処理を行うことが求められる

　というのはいつもの話なんですが，なぜここで出ているかというと，所有権侵害は1回しかできないんじゃないだろうかということですね。法益侵害の同一性がある以上，併合罪とさらっと書くと点数はないと思った方がいいと思います。この前までに，どんなによいことを書いていても理解していなかったのねと終わらされてしまうので，罪数は特に注意をしてください。
　罪数論は全ての構成要件・違法・有責の理解がないと的確に処理することはできないので，罪数で間違えると全ての理解を疑われることになってしまいます。ですので，気をつけてください。あまりみんな罪数論を見ていないんですけど，見ておいた方がいいと思いますね。

> 同一主体による同一客体，同一保護法益に対する侵害行為の罪数処理をどのように行うかについて，説得力のある論述

　とあります。あまりこういうことは書かれていないことが多かったのですけど，包括一罪とか法条競合がややこしいことこの上ないので注意してください。また，法条競合や吸収関係に関しては，特別関係，吸収関係，包摂関係など色々ありますが，基本書によっては一部が載ってないということもあると思います。とりあえず自分の持っている基本書でどのように書かれているかに着目していただければそれでいいです。分けようと思えばいくらでも分けられますが，分けることに意味はないといって包括一罪でぽんと終わらせてしまうことも可能ですので，そのあたりはあまり気にすることはないと思いますが，どういう理由で観念的競合になり，どういう理由で包括一罪になるかということは注意をしておくようにしてください。
　併合罪は45条ですけど，前段が確定裁判を経なくて後段に関しては確定裁判があ

ったときなので，後段と書いた瞬間に何を書いたんですかとなりますし，45条と書いただけでどっちですかというツッコミを入れられることがあるので前段，後段まで書くことは注意をしてください。観念的競合と牽連犯もそうですね。同じ状態にあるのでそこも注意をしてください。観念的競合と牽連犯は54条ですね。1項ですかね。

7 売却行為についての乙の罪責

> 売却行為については，甲のみではなく，乙が関与していることから，乙に売却行為について甲に成立する犯罪の共同正犯が成立するか，あるいは教唆犯，幇助犯が成立するにとどまるのか検討する必要がある。乙は，実行行為自体を行っていないため，いわゆる共謀共同正犯の成否が問題となる

やっと甲が終わりました。乙が厄介ですよね。もちろん書かれているように，共同正犯が成立するか，教唆，幇助が成立するに止まるかというのを検討する必要があるというのは先ほど問題分析の最中にも言いました。そしてさっきも言いましたけど，ここで実行共同正犯であれば楽だったんですよ。実行行為を行っておきながら故意ある幇助道具として間接正犯になる場合があるので，必ずしも正犯とはいえませんが，基本的には実行行為を行っていてくれれば正犯であると思っていいかなと思います。

ただ，この共同正犯が成立するか，あるいは教唆，幇助が成立するかが問題となるのは，乙が実行行為自体を行っていなくて，乙の関与形態からどちらが成立するのかが一見して明らかというわけではないからですね。ですので，この「乙は，実行行為自体を行っていないため」というところが最も重要になってきます。この指摘がないにもかかわらず何が成立するのかと書かれてもなんなのでしょうねと言いたくなるので，ここは必ず指摘をしてください。関与形態からすると教唆っぽいし幇助っぽいし，でも結構自分のためにやっているから共同正犯っぽいしどうしようということが書けていると，具体的事案の目配りができていていいのかなと思うんですけど，普通は乙の罪責に来た時点で時間がなくなっているはずですよね。私が受けたときどれくらい残っていたかというと，乙を書くときには残り20分くらいですかね，20分だと2枚半しか書けないのでちょっと焦っていたかもしれません。で，今回書いた講師答案でも，20分くらいしか時間なかったです。進歩ないわー。

実行行為自体を行っていないというところが一番大事な問題提起の主要事実となっていますので，ここだけ書いて終わらせることもありですし，この時点で35分くらい余っていたらもうちょっと書いた可能性があります。そうやって自分が書ける枚数と残り時間とを加味した上で問題提起で一番大事なところだけ書くか，色んな事情を拾

第5編　過去問徹底分析②　司法試験平成24年刑法

いながら問題提起をするかというのを変えていかれるといいかなと思います。

> 問題文中に現れている具体的な事実を丁寧に拾い上げて，共謀の成否（特に犯罪を行う意思の相互認識，相互利用補充意思）及び乙の正犯性を論じる必要がある。

と書かれていますがなぜかといいますと，どう見てもこれ共同正犯やと思うんですよ，私も。でもとにかく事実が多いんですよ。問題文の段落5に関しては，背任罪の認定に使えます。背任罪認定の前提ですので，ここに関しては別に今の話ではないのでいいんですけど，段落6は共犯の前提だとさっき言いましたよね。そして段落7からずっと働きかけ続けていて，段落8まで続いているわけなんですね。こんなに長く事情が挙がっているのにあてはめないわけがない，というのがセコい考え方ですね。

それでは納得しないという方もいらっしゃると思うので実質的な理由を挙げると，段落6の段階で一度断っています。そして段落7の最初でも一度断っています。断っているのにやらせるというのはどうなんだ，だが関与形態としては「やろうぜ，やろうぜ」と言ってやらせたわけですから，教唆にも思えますよね。すなわちちょっと微妙なんですね。教唆と思うべきことしかしていないわけですよ。確かにその後仲介をしているのでこの仲介のところを捉えて幇助でもいいですし，教唆して仲介までするなんてそこまで関わるということは共同正犯でいいじゃないかというのもあるとは思うんですけど，仲介が二次的である，問題文中から仲介が二次的であって，基本的には決意させるためにそそのかして，そそのかして，そそのかし続けていることを考えると，やはり教唆か共同正犯かというとちゃんと事実を見ないと何とも言いがたいと思われます。特に乙さんがここから何の利益も得ていないと仮定した場合，いや事実としては得ていますけど，乙さんが利益を得ていないと仮定した場合にはやはり教唆の可能性の方が強いと思わしき事態もありえますので，たくさん書くしかないかなというのが理屈ですかね。

ただ，答案を書くときにそこまで理屈を考えてから「よし，やっぱりいっぱい書こう」と思うには時間が足らないので，**基本的には事実の量で見分けていました**。事実の量とは，さっきも言いましたように段落を2つも使って頑張って書いてあるので，これは書かないといけないだろうというセコい考えでいっぱい書いた記憶があります。

もう1つはさっきも言ったように背任罪の共同正犯や業務上横領罪の共同正犯でしかも取引相手方側にいる場合には，通常の取引のときに結構押しますよね。そんなこと言わずに買ってくださいよとか売ってくださいよとか言うことが多いということを考えると，一応形態としては売って売って売ってと言っているような状態ですので，これ処罰していいのかしらということもやはり気にはなるところです。

で，そのあたりを判例（最決平15.2.18百選Ⅱ73事件等）が気にしていたというこ

第 3 章　出題趣旨を読み解く

ともありまして，言い方とかその違法性の度合いとか強い働きかけからすると共同正犯でいいと思うんですけど，やはりここはいっぱい頑張って書かないかんのかなと思ったわけです。ではどうすればいいかといいますと，出題趣旨がほとんど答えを書いてくれているのでそこを一緒に検討していきたいと思います。

> 共謀の成否に関して言えば，①乙は，甲がA社に無断で本件土地に抵当権を設定してDから1億円を借りているという事実を認識した上で，甲に本件土地の売却を勧め，甲もこれを了承していること

　ここ大事ですね。乙がこの事実を認識した上で，勧めた甲も了承しているということが共謀になるのか。「犯罪を行う意思の相互認識，相互利用補充意思」と書かれていました。共謀ですね。まず，乙さんが犯罪を行う意思があったかどうかということが問題となります。業務上横領及び背任をする認識があるので，あったと言っていいと思うのですけど。
　次に，甲さんに関して乙さんとそれを一緒にやるという意思があるかというところが問題となり得るということだと思います。それから，乙の正犯性に関してはですね，この人が正犯として第一次的な責任を負うべきなのかというところが問題となっていますが，まずは共謀です。

> ②乙は，甲の売却行為を利用して仲介手数料という利益を得ることを，甲は，乙の売買仲介行為を利用して売却利益を得ることを，それぞれ企図していることなどの事実が共謀の成否の判断にどのような影響を及ぼすかを論じる必要がある

　「乙は，甲の売却行為を利用して……どのような影響を及ぼすかを論じる必要がある」というのは，乙さんが甲さんの売却行為によって何の利益も得ないとすれば，相互利用補充意思が認められない可能性があります。すなわち，自分のために何かしようという，先ほども言いましたね，自己の犯罪といえるかどうかは正犯性の問題でしたけど，ここでも問題となっていて，自分の犯罪としてこの売却行為を行ってもらう，そして自分にも何らかの利益があると思っていないと利用したといえないのではないかということですね。特に横領罪は領得罪ですから，**自分が何らかの所有権を得るとかという意図が必要なわけです**。
　そして問題なのは，乙さんの仲介手数料なんですね。大事なのは，業務上横領罪が認められるときは普通，売却した土地の代金を手に入れること，それが領得したということになっているわけです。甲さんに関しては，売却代金を得るということが領得

行為なわけです。これが領得になっているわけです。でも乙さんはこの売却代金から利益を得ているわけではありません。売却代金から仲介手数料を得ているのですが，**売却代金を二人で山分けしようという話にはなっていません**。仲介手数料をもらいますという話になっているわけです。ですから，ちょっといつもとは見た目が違うといえば見た目が違います。ここを丁寧に書かないとだめだというのは確かにそうかなあという気がします。

> 正犯性に関して言えば，①乙は仲介手数料という利益を得ることを企図して売却行為に関わっていること

　自己の犯罪かどうかという考え方で書くと，乙さん自身に利益を得たい動機があったという事実ですね。重要な役割説からすると，乙が利益を得ることができるくらいなんだから，乙が重要な役割を果たしていたと推認できる，ということになるんですかね。

> ②乙は現実に売却行為により１３００万円の利益を得ていること

　Eさんからも300万円を貰っているので，だいぶお金もらっていますね。結局自分の犯罪だからこそこんなにお金をもらえたのではないかということがいえると思います。

> ③乙は売却行為の仲介という重要な行為を行っていること

　ここが重要な行為であるということは一言説明しなければいけません。すなわち甲さんは，乙さんさえいなければEさんに売るということはなかったですし，この土地に関して売る相手を探していたわけではありませんから，この売却行為の仲介がなければ誰かに売るということもなかった，ということを考えると重要かなと。ただそれはちゃんと認定しないとだめですよね。それから，１ヶ月，半年，半年とありましたけど，１年くらいは平穏無事だったわけですからそこも重要かなと思います。

> ④甲の犯意は乙が誘発したものであること

　犯意の誘発については，一応問題文中に「決意した」と書いてあったのでここを使ってもいいと思います。それから執拗な働きかけですね。会社に悪いとか言っている

かもしれないけど一緒じゃないか，Ｄさんにそんな約束をしているけど抹消したＤさんが悪いんだからやってしまえ，というようなかなり強い働きかけがあったということは認定するべきだと思われます。

これさえなければ，甲さんは，そもそもＤさんに対して悪いからそんなことはできない，と思っているわけですから，この**甲さんの気持ちをひっくり返すだけの強い働きかけを乙さんが行ったということはちゃんと認定するべきでしょう**。ですので，これを書く場合には，甲さんは元々売る気がなかったということを１年間にわたって維持していた，ということを指摘する必要があります。

そして１年間も売る気がなかったものを売らせようとするぐらいのものがあったという認定ですね。ただし否定事情としては甲さんが暴力団関係者から厳しい取立てを受けていて，そこから逃れたいという気持ちが強かったから簡単にひっくり返ったということを言われる可能性もありますので，否定事情としてそこを挙げておいても良いな，と思います。

しかもですね，業務上横領罪も背任罪も身分犯です。身分犯といえば65条の問題があります。判例（最判昭32.11.19百選Ⅰ92事件等）があるんですが，身分犯の共犯に関しては学説が錯綜していることと，どの学説をとったとしてもあてはめが厄介であるということと，あてはめをする際に単純横領罪と業務上横領罪の関係性というところが問われることになりますので，自分で書いた文章同士が矛盾しないようにしてください。

特に単純横領罪が基本類型で業務上横領罪が加重類型であるという通説的な理解に立たずに，遺失物等横領罪からの加重類型，二重の加重類型であると考えると，単純横領罪が不真正身分犯になってしまったりするので注意してください。また，責任要素と違法要素に分ける見解からすると，責任要素と違法要素は行為無価値結果無価値二元論からと結果無価値論からでは結論が変わってくる，ということも注意してください。なので，責任要素と違法要素の見解は取らへん方が無難かなと思っています。

> 本問で論述が求められる問題点は，いずれも刑法解釈上の基本的な問題点であり

基本的な問題点ですが難しいなと私は思っています。

> 具体的な事案の中から必要な事実を認定し，結論の妥当性も勘案しつつ，法規範の当てはめを行うことが求められる。常日頃から，基本的な判例・学説の学習等を積み重ねることはもちろんであるが，特に判例を学習する際には，単に結論のみを暗記するような学習ではなく，判例の事案の内容や結論に至る理論

第5編　過去問徹底分析②　司法試験平成24年刑法

> 構成などを意識し，結論を導くために必要な事実を認定し，その事実に理論を当てはめる能力を涵養（かん）することが望まれる。

ここはいつも書かれていることなので読んでおいてください。

Question ⑩

学生　共謀が認められるために必要な要素，正犯性が認められる要素はどのようなものなのでしょうか。
　出題趣旨から考えると，前者は成立する犯罪についての故意，相互利用補充関係だと思いました。また後者は，動機，犯罪による収益の有無，役割の重要性，原因設定の有無と思いましたが，この理解で正しいのでしょうか。

先生　間違ってはないですけど，なんとなくわかってない雰囲気が……。共謀は正犯意思と意思連絡で構成されています。正犯意思は主観面ですから，本人の言葉から認定するか，客観面から推認するしかできません。
　正犯意思とは「各被疑者が，相互に相手の行為を利用補充しあい，自己の犯罪として主体的に犯罪を実現しようとする意思」を言います。このうちの自己の犯罪として，がよくクローズアップされるところですね。自己の犯罪といえるか，すなわち，「自分のためにあえて犯罪を行おうとしている」といえるかの判断材料として，あなたがあげてくれた要素が考えられるわけです。動機があるから危ないこともやっちゃうし，分け前がもらえるからあえて犯罪を犯す。自分のために犯罪をするからこそ，重要部分は自分が担当しておきたい（し，担当すると）。犯罪において原因を設定する，ということは，自分が進んでその犯罪をしてることを示しますよね。
　さて，意思連絡に行きましょう。意思連絡とは「おのおのの犯人がそれぞれ犯意を相互に認識したこと」をいいます。AさんとBさんとの間の意思連絡とは，AさんもBさんも，それぞれ「ある特定の犯罪をしよう！」と思っていて，AさんはBさんがそう思っていることを知っていて，BさんもAさんがそう思っていることを知っているということです。これを認定するには，2人の間のやり取りや，その時の2人の認識を明らかにする必要があります。自分がとっている共謀の定義を復習しておきましょう。

第4章　採点実感等を読み解く

第4章　採点実感等を読み解く

1　出題の趣旨について

> 既に公表した出題の趣旨のとおりである。

2　採点の基本方針等

> 出題の趣旨にのっとり

のっとっていないとだめなんですね，いつものことですね。

> 本問では，①甲がA合同会社所有（以下「A社」という。）の土地（以下「本件土地」という。）に，A社所定の手続を経ないまま，自己の債務を担保するため，Dを抵当権者とする抵当権を設定（以下「本件抵当権設定行為」という。）し，②甲が①に際して「社員総会議事録」と題する書面を作成した上，Dに交付し（以下「本件社員総会議事録作成行為等」という。），③甲が乙の勧めに応じて，売却代金を自己の用途に費消する目的で，本件土地をEに売却した（以下「本件売却行為」という。）という一連の行為について，事実関係を法的に分析した上で，

と書かれているんですけど，これは既に話したので省略します。

> 甲乙両名の刑事責任を分析するに当たっては，侵害された法益に着目した上で

と書いてあるので，侵害された法益が何かということが重要です。もう一回言いますと，構成要件は基本的に実行行為・結果・因果関係・故意の形で規定されています。この結果，客体に対して発生した結果，基本的には法益侵害なんですけれども，たまに公務執行妨害罪（95条1項）とかで法益侵害と客体に対する結果が違ったりするのでそこは注意をしてください。

247

そして法益侵害，保護法益が何かというところから各論の解釈が進んでいくことがほとんどですので，まず**構成要件を勉強するときには何の法益を保護しているのかということを必ず考える**ようにしてください。

保護法益について争いがある場合はですね，そこが一番肝になってくるので，そこでは保護法益は何なのかということをきちんと理由を付けて書けるようにしておいてください。背任罪（247 条）などもそうですね。背任罪の保護法益って何ですかと聞かれると多分ぽかんとしてしまうことが多いので，一罪一罪について検討するようにしてください。

どこまでやればいいかというと，**択一で出ている罪**に関してはやっておいた方がいいと思います。逃走罪（97 条以下）のような罪がたまに出るのも嫌なのですけど，どちらも択一で出る以上ちょろっと出ても何の文句も言えないのでやっておくようにしましょう。名誉毀損罪（230 条）もそうですね。偽証罪（169 条）も出ますから見ておいたほうがいいと思います。こうやって侵害された法益に着目しておくと，保護法益がわかっていることから何罪が成立するのかが考えやすくなります。窃盗罪（235 条）などは特に占有と本権がすごく大事になってくるので，ここに関しても一度きちんと勉強しておかれた方がいいと思います。

> 構成要件要素を一つ一つ検討し，これに問題文に現れている事実を当てはめて犯罪の成否を検討すること

が必要であるということはもちろん当たり前のことですが，あてはめをするためには規範の理解が正確である必要がありますし，規範が正確に現れている必要があります。そしてそのあてはめをする際に最も大事なのが，**典型例と限界事例を理解しておくこと**です。典型例であるからあてはめは薄くていいというか当たり前のことだけ書いておけばいいときと，限界事例に近いがゆえに，丁寧にあてはめなければいけないときがわからなくなってしまいますので，できる限り典型例と限界事例を頭に入れておくようにしてください。

その際にはですね，典型例だと基本書に書かれていた場合には，線を引いておくなりメモしておくなりしておいた方がいいと思います。また，判例に現れている事案は基本的に限界事例が多いと考えられていますから，判例を勉強する際には**なぜこれが限界事例になるのか**ということも意識して考えるようにしておいてください。そうすると，たまに助けてくれることがあります。択一で判例の概要を勉強しておいてですね，勘を養っておくことも必要になってくると思います。

さらに，今回問題文を分析しても出題趣旨を分析しても，書くことが山のようにありましたので8ページではとても足らないと思うわけです。時間も足らんし，やってられへんなと思いました。とりあえず大事なことは，手厚く論じるところと簡潔に論

じるところをきちんと考えておくことです。バランスが悪くなって何がまずいかというと，読みにくいという問題点だけではなくて，点数が入らないんですね。手厚く論じるべきところに厚く点数が配分されていて，簡潔に論じるところは点数がそんなに配分されてないのが現状であると考えられますので，点数がいっぱい落ちているところを薄く書いて，点数が全然落ちていないところをどんなに頑張って書いても受かりません。そこは注意をしておいてください。
　その際にはどうやって見分けるんだということをよく言われていますが，事実の量，特殊事情の量，それから問題提起をする際にどれだけ難しいか，どれだけ今回の犯罪で問題となるかということを考えれば，バランスでミスをすることは比較的ないかなと思います。ただ解釈論上難しいからといって論証を厚くしなければいけないかというと，必ずしもそうとは言えません。判例が確立されているところは結局その判例に至るまでの理由づけがしっかりできていればいいと思うのでそこは大丈夫ですが，自分が別の見解をとる場合にはしっかり論じなければいけないのではないかと思います。
　巷ではですね，刑法は理由づけはいらんとかいう噂が流れておりますが，それは噂なだけで本当ではないと思うんですよ。解釈するときには，基本的にはなぜそのような解釈になるのかという理由が必要ですし，そうでないと文章が流れていかないので，問題提起，規範，あてはめの流れは刑法においても堅持すべきであると考えます。反対説までフォローした上で反対説の批判をすることは必要ではないですし，基本的にどうしてこのように考えたかということが伝わればいいのかなという気がします。あてはめと論証が一対一とか，論証の方があてはめより多くなるという事態はほぼあり得ないと考えておいていいような気がしています。

> 　本問において，甲乙の罪責を検討するに当たり，本件抵当権設定行為について，業務上横領罪又は背任罪の成否が，本件社員総会議事録作成行為等について，私文書偽造・同行使罪の成否が，本件売却行為について，A社に対する関係で業務上横領罪又は背任罪の成否が，Dに対する関係では背任罪の成否が主要な問題となる。
> 　それぞれの問題を検討するに当たっては，甲の罪責に関して，本件抵当権設定行為を業務上横領罪の成否の問題と捉えれば，抵当権設定行為が横領行為に該当するか否か，横領行為の既遂時期等

というのは先ほども検討しました。

第5編　過去問徹底分析②　司法試験平成24年刑法

> 詐欺罪の成否を検討する余地があるが，答案全体のバランスを考えた構成を工夫する（事案に即して問題の重要性に応じた検討をする）という観点から，仮に，詐欺罪の成否に触れるにしても，Dが本件土地に対する抵当権を，Eが本件土地に対する所有権をそれぞれ取得しているという前提の下で，財産的処分行為に向けられた欺罔行為が存在したと認められるかを中心に簡潔に論じるべきであろう

　ここですね。問題文分析のときにも話しましたが，本当に財産上の損害があるのかなというところで欺罔行為，私は欺く行為と言っていましたが，これが認められない可能性が高いわけです。ですので，頑張って書こうと思っても欺く行為で終わってしまいます。会社法の話を長々と書くのもどうかと思って3行ぐらいで止めておいたように思うので，やはりDさんとEさんを合わせたところで1ページもいっていないでしょうね。
　私は8ページまで書くため全体のバランスで言うと8分の1くらいなので，バランスが悪いとは言えないかなという気がします。詐欺罪に関して先ほど言った要件先出しで書いてしまうと，かなり分量が厚くなる可能性がありますのでここは注意をしておいた方がいいですね。今では，あわせて3行もいらないと思いますよ。被害ない，終わり，でも良い。
　確かに横領罪とか背任罪とか偽造罪とかは成立するんですけど，詐欺罪は成立しない可能性が高いので，成立しないところであまり頑張ってもしょうがないかなという気がします。なぜかというと，「欺罔行為が存在したと認められるかを中心に簡潔に論じるべきであろう」と書かれている以上，おそらく成立しないと考えている可能性が非常に高いと思われます。なので，やはり頑張って書かなくてよかったし，頑張って書こうとしてもできなかったのではないかなという気がしています。

3　採点実感等
(1)　全体について

> 多くの答案がD及びEに対する関係での詐欺罪の成否を論じていた反面，本件社員総会議事録作成行為等について私文書偽造・同行使罪の成否あるいは本件売却行為についてDに対する関係で背任罪の成否に全く触れていない答案が散見された

とされています。受験生が詐欺罪（246条1項）を頑張っていて詐欺罪以外を全然

頑張っていないという嫌味なのですかね。私は，この年の試験を受けて，詐欺罪を頑張っていたんです。なぜかというと詐欺罪が全くわからなかったので，佐伯仁志先生が『法学教室』（有斐閣）で連載されていた「刑法各論の考え方・楽しみ方」とか読んでめちゃくちゃ頑張ったんです。で，詐欺罪が出た！と思って飛びつこうと思ったら成立しないという悲しい状態だったのです。とりあえず飛びつくのはまずい，といういい例です。成立しないにしても頑張りすぎた人が多かったのかなという気がします。

私文書偽造罪（159条），同行使罪（161条）に関しては有名論点ではありますが，詐欺罪との関係でよく出てくるからやっていると思うんですけどね。背任罪（247条）はあまり勉強していなくても仕方がないですかね。財産犯に関して，他にやっていないと思しき分野は，**盗品等関与罪（256条）**です。盗品等関与罪は択一の頻出分野ですから，盗品等関与罪は頑張ってください。

(2) 具体例
ア 甲の罪責について

> ① 抵当権設定行為について，横領と背任の区別を全く論じないまま，業務上横領罪又は背任罪の成否を論じている答案（特に背任罪の成否を論じている答案）

特にと書かれているのは，特にこれがやばいということですね。なぜかというと，業務上横領罪（253条）又は背任罪（247条）の成否に関して，特別関係ですね，法条競合と考える場合は基本的に業務上横領罪から検討すればいいという思考ルートができ上がっているものですから，業務上横領罪から書くことに関しては最悪許され得ると思います。ただ法条競合にないという見解がある以上，やはり区別は書いておいた方がよかったようですね。ただ，見解があまりちゃんとしていないので特別関係にあるということだけ書いて業務上横領罪から検討するのが一番いいと思われます。

このような思考ルートからすると，なぜ背任罪から書いたんだと言われてしまってもしょうがないと思われます。背任罪から書くメリットはどこにもないですし，書かなければいけない見解もないですからね。基本は重い罪から軽い罪で，区別を書いて初めて背任にしかならないから背任罪になるというのはわかるのですが，重い罪から軽い罪のはずが軽い罪から書いていてなおかつ区別を書いていないとなると，思考過程が分断されていて何を考えているのかわからへんなということになると思われます。

> ② 業務上横領罪における「業務」の解釈について，「人が社会生活上の地位に基づき反復継続して行う行為」とのみ論じている答案

第5編　過去問徹底分析②　司法試験平成 24 年刑法

そして,「業務」出ましたね。平成 22 年の本試験問題でもやりましたが,今回も業務があるので頑張ってください。なぜかというとこの業務,業務上失火罪（117 条の 2）,業務上過失致死罪（211 条前段）,今回の業務上横領罪（253 条）,全部この**業務の解釈には保護法益に関する考え方と,その犯罪の本質が隠されている**ので,この業務の解釈がきちんとできるかによってここが判断される可能性があります。別のところでちゃんと書いていたら業務が多少薄くてもいいとは思うんですけど,この**「『人が社会生活上の地位に基づき反復継続して行う行為』とのみ論じている答案」**は業務の解釈が横領と離れてなされていると読まれかねないですし,横領をわかってへんのかなと読まれてしまう可能性があるので注意をしてください。

> ③　業務上横領罪における「業務」の解釈について全く論じないまま,横領罪の成立を認めた答案

「**『業務』の解釈について全く論じないまま**」とありますが,基本的にあてはめはしてください。なぜかというと,「業務」に問題はないと思われますが,問題はなくても業務上横領罪の「業務」にあたるかどうかはあてはめないと何罪が成立するかわからないですね。単純横領罪かなと思って読んでいたら実は業務上横領罪だったということもありそうなので,それは注意をしてください。

> ④　業務上横領罪における「占有」の解釈について,「事実的支配」のみ論じ,「濫用のおそれのある支配力」の観点が論じられていない答案

次です。「**業務上横領罪における『占有』の解釈について,『事実的支配』のみ論じ**」,**こう書いた時点でもう終わりです**。「横領がわかっていません,以上」となるのでやめてください。

> ⑤　業務上横領罪における「占有」の解釈について,「法人の機関に占有は認められない」とする答案

「**『占有』の解釈について,『法人の機関に占有は認められない』とする答案**」とあるんですけど,法人の機関に占有が認められないというのは民法のところで出てきますよね。ごっちゃにしないでくださいね。特に占有の解釈が事実的支配じゃなくて濫用の恐れのある支配力が問題となりますから,法人の機関だったらやり放題なわけで

すよ。管理処分権はその代表役員にあるわけですからやり放題やのにそれも横領で捕捉できないのねとなると，刑法を勉強していないと言われてしまっても仕方ないので，気をつけるようにしてください。

> ⑥ 業務上横領罪の成否を論じるに当たり，不動産に対する抵当権設定行為は，所有権侵害に該当しないとした答案

うーん，これはまずいですね。交換価値の把握をされている時点で所有権侵害が発生しています。ただ**所有権侵害が全部所有権侵害ではないがゆえに，問題となるわけです**。それから，所有権を交換価値の把握と使用収益権の把握と考えた上で，交換価値・使用収益のどちらも侵害しないと所有権侵害にはあたらないとするのであればまあいいですけど，難しいかなという気がします。

> ⑦ 業務上横領罪の成否を論じるに当たり，不動産の横領の既遂時期について何ら触れられていない答案が大多数であった。

最後の「不動産の横領の既遂時期について何ら触れられてない答案が大多数であった」，これはまずいですね。なぜかというと，未遂処罰規定がある場合には実行の着手の時期を書かないといけないですし，既遂しか処罰されない場合には既遂時期を書かないと犯罪が成立するかどうかが判断できません。犯罪が成立するかどうかの判断基準を書かないのはまずいです。私は，この年の試験を受けた時，確か理由をつけずに「移転登記があるから既遂に至っている」と一言書いた記憶があります。書く癖を付けてくださいね。

> ⑧ 私文書偽造罪の成否を論じるに当たり，「偽造」，「作成者」及び「作成名義人」という基本概念の理解が不十分な答案

偽造に関しては無形偽造と有形偽造があって，偽造罪で処罰されるのは基本は有形偽造であるという理解がまず必要です。そして作成者と作成名義人に関しては説の違いがあって，その説の違いがわかるように定義をしないといけないので，ちゃんと理解して定義を書いてくださいね。というのは，私はあまり説の違いを意識しなかったために，ごっちゃになった定義を書いた可能性があるからです。説が違う場合に，そして説が違うと定義が違う場合には，その説の違いを意識できるような定義を書けるようになっておいてください。

第5編　過去問徹底分析②　司法試験平成24年刑法

> ⑨　私文書偽造罪における「有印」の概念と「無印」の概念の理解が不十分な答案

　作成者と作成名義人をちゃんと認定したら有印と無印は綺麗に区別できるはずですが，この有印と無印がごっちゃになったとか，論理的矛盾が発生している場合には有印の概念と無印の概念の理解が不十分であると言われてもしょうがありません。これに関しては基本書にあまり書いてないやんけと私は思ったんですけど，辰巳から出ている『条文・判例本』には載っていますし，『基本法コンメンタール』という日本評論社から出ている本にもちゃんと載っているので気をつけてください。有印と無印は罪名を分けるメルクマールになっていますから，ここはちゃんと分けて書かないとまずいかなという気はしています。

> ⑩　本件抵当権設定行為及び本件売却行為にA社に対する関係で業務上横領罪の成立を認めた上，罪数処理に対する問題意識を欠いたまま，特に理由を論ずることなく併合罪処理をした答案

　「本件抵当権設定行為及び本件売却行為に……罪数処理に対する問題意識を欠いたまま」，これはさっき言ったところですね。共罰的事後行為とかいうところです。気をつけてください。

> ⑪　本件抵当権設定行為及び本件売却行為にA社に対する関係で業務上横領罪の成立を認めた上，罪数処理に対する問題意識を有するものの，両罪の関係を共罰的事後行為とのみ指摘し，実際の罪数処理を行っていない答案

　これ，何がまずいかというと，構成要件の段階で横領後の横領，即ち成立すると書いたならば，2罪成立するように見えてしまいます。2罪成立するように見えてしまっている以上，罪数処理のときに，成立するように見えるのだけど片方は吸収されるよ，成立しないよという理由をもう一度書かないといけません。このような処理が必要であるにもかかわらず，共罰的事後行為だから何なんだということですね。共罰的事後行為であるとまで書いたのであれば，包括一罪と書かなければならないにもかかわらず，それを行っていないということですね。⑩より⑪の方がまだマシな気がします。問題意識を有するものの，という部分の記載からして，まだ救いがあると思われているようなので。

> ⑫ 本件売却行為にDに対する関係で業務上横領罪の成立を認めた答案

　抵当権は交換価値の把握だけで，所有権を侵害し尽くしてしまっているわけではないので気をつけてくださいね。

> ⑬ D及びEに対する詐欺罪の成否を延々と論じ，バランスを失した答案
> ⑭ Dに対して抵当権設定登記の抹消登記を求めた行為について，詐欺罪を論じた答案

　ここで何がまずいかというと，「Dに対して抵当権設定登記の抹消登記を求めた行為」が財産上の損害が発生するような行為なのか，もっと問題なのは問題文のなお書きで故意がないと書かれていたにもかかわらず，故意があるとするということですよね。ということを考えると，論じて欲しくないということが問題文から読み取れるにもかかわらず書いてしまうのはちょっとまずいんじゃないか。問題文に明確に「書くな」というメッセージが出ていますので，書かないという選択肢がよかったかなと思います。
　それから翻って考えてみると，「D及びEに対する詐欺罪の成否」に関しても，書くなというのがD，Eの善意無過失から若干出ていたような気もするわけです。なぜかというと，刑法の答案の中であれだけ長々と会社法の話を書かせるのかなという気もしたので。**私は触れておかないとまずいというか，みんなが書いてくるのなら書かないとまずいかなと思ってびびって書いたんですけど，そういう場合には少なめにするというのがセオリーなのかなという気はしています。**

イ　乙の罪責

> ① 共謀共同正犯の概念が認められるかを延々と論じ，バランスを失した答案

　共謀共同正犯はですね，確かに学説上争いはあるものの一応認める方向になっています。そして認められるとしてその根拠が問題となっていますが，根拠論と成否の要件が基本的に連動していませんので，論じる実益が薄いと考えられます。ですので，これはできるだけやめた方がいいというか，論じても点数が入らないと思った方がいいでしょう。

② 甲との共謀を認定する際に，乙の故意を認定しないまま甲との意思連絡を認めた答案

　これはまずいですね。共謀共同正犯の場合には，共謀とそれに基づいた実行行為が必要となるのは基本ですけど，共謀とだけ言われると，これ刑訴でもやりますけど，共謀というのがあってそれを認定するというイメージになると思います。ですがそうではなくて，共謀というのは個々の犯罪意思及びその犯罪意思を相互に認識し，犯罪を共同遂行する意思を有しているというところが必要になります。

　ですので，甲さんと乙さんがまず犯罪をするという行為の認識・認容を持っているということ，そして甲さんも乙さんも，甲は乙が，乙は甲がその犯罪を行うと認識・認容していることが必要になります。ですので，基本的に共謀共同正犯になるという形にした場合にはその後に共謀の認定をしますが，その共謀の認定の際には，**甲さんは故意があって，乙さんも故意があって，甲さんも乙さんもお互いにそれを知っていたと言えるということを認定する必要**があります。

③ 乙に共同正犯が成立するか教唆犯が成立するかを論じる際に，問題文中に現れた各事実が摘示できていない答案

　「共同正犯が成立するか教唆犯が成立するかを論じる際に」とあって，出題趣旨では教唆犯ではなく「教唆犯，幇助犯」と書かれていましたがやはり教唆犯でしたね。「決意した」という文章から考えると，私がこの試験を受けた時は，教唆犯を書けと言われているような気がしたので教唆にしておいたのですが，よかったなと思います。「問題文中に現れた各事実が摘示できていない」ということはあてはめられていないはずですけど，これはどうなのでしょうかということです。

④ 乙に共同正犯が成立するか教唆犯が成立するかを論じる際に，問題文中に現れた各事実を摘示しているが，事実の評価の妥当性に疑問がある（例えば，乙の発案であること，乙自身も利益を取得していることなどを認定しながら，乙の得た利益が甲に比較して少ないことだけを理由に教唆犯の成立を認める）答案

　あちゃーという感じです。なぜかというと，これ長々といっぱいやっていますけど乙さんがいらないことを言わなかったら甲さんはやる気なかったですし，乙さんも結

構自分のためにやる気満々でしたよね。ですので，共同正犯だと思うなというのは勘として持っておいて欲しいと思います。これは多分，理論大好きやけどあてはめは苦手という人がやりやすいことかなという気がしますね。

> ⑤ 共犯と身分の問題について，規範の定立を行わないまま，結論だけを記載した答案

ああ，やらない方がいいと思うのですけど，時間がなければしょうがないかなという気がします。ここ最後の方ですし。

> ⑥ 乙に関する罪数処理を失念している答案

失念しているのか時間がなかったのかは判別できないんですけど，罪数処理は甲及び乙については必要なので注意をしてください。

ウ　その他

> 昨年度の指摘にもあるが，少数ながら，字が乱雑なために判読するのが著しく困難な答案が存在した。

ああ，字ですね。字が汚いと読む気をなくします。添削を少しさせていただいているんですけど，たまに読まずに返したくなる答案があるので本当に注意してください。通常添削するのに 30〜40 分かけるのですが，字が汚い答案は，まず解読するのに 15 分かかってそれから添削を始めるのですごく時間がかかりました。続け字をされると判別できなくなります。**一文字一文字離してくれていたら何とか読めるので**，お願いします。

エ　答案の水準

> 「優秀」と認められる答案とは，本問の出題趣旨及び上記採点の基本方針に示された本問の主要な問題点を理解した上で，どのような犯罪の成否が問題になるのかの判断基準，成否が問題となる犯罪の構成要件要素等について正確に理解するとともに，必要に応じて法解釈論を展開し，これに丁寧に事実を当て

> はめ甲乙の刑事責任について妥当な結論を導いている答案である。特に単に事実を当てはめるだけでなく，その事実の持つ意味を論じながら当てはめを行っている答案は高い評価を受けた。

　それはその通りだろうと思うので飛ばします。

> 「良好」な水準に達している答案とは，本問の出題趣旨及び上記採点の基本方針に示された本問の主要な問題点は理解できており，甲乙の刑事責任について妥当な結論を導くことができているものの，一部構成要件要素の理解が不正確であったり，必要な法解釈論が一部展開されていなかったもの，事実の当てはめが一部不十分であると認められたものなどである。

　一応「主要な問題点は理解できて」いることと，「妥当な結論を導くことができている」けれども，「理解が不正確」なところが一部あるということですね。

> 「一応の水準」に達している答案とは，事案の分析が不十分で，複数の論点についての論述を欠くなどの問題はあるものの，刑法の基本的事柄については一応の理解を示しているような答案である。

　となるとですね，「事案の分析が不十分」になっているんですね。「良好な水準」はどうやら事案の分析はできているようです。すなわち分析はできているのだけれども，うーんちょっと無理かなという感じみたいですね。

> 「不良」と認められる答案とは，そもそも刑法の基本的概念の理解が不十分であり，本問の出題趣旨及び上記採点の基本方針に示された主要な問題点を理解していないか，問題点には気付いているものの，適切な論述を展開できず，結論が著しく妥当でないものなどである

　だと「基本的概念の理解が不十分」であって，「問題点を理解していない」か，「適切な論述を展開でき」ていないということになっているようです。

4　今後の法科大学院教育に求めるもの

　ここのところで気をつけて見ておいていただきたいところが一点だけありまして，「**各論の学習が不足しているのではないか**」と言われているそうです。具体的なイメージがないのではないかとも言われています。「**典型的事案をイメージできていない**」ということが言われていますので，典型的事案をイメージすることと各論を頑張っていただきたいと思います。これはいつでも言えることだとは思います。

第5編　過去問徹底分析②　司法試験平成24年刑法

第5章　再現答案を読み解く

●再現答案①（刑事系 108.08 点　刑事系順位 989 位）

第1　甲の罪責について
1　業務上横領罪（抵当権設定）について
 (1)　甲が本件土地につき抵当権設定契約を締結している点について，甲に業務上横領罪（刑法（以下，法令名は省略する。）253条）が成立しないか。
 (2)ア　まず，本件土地は，A社が所有する「他人の物」にあたる。そして，甲は，A社の代表役員として本件土地の管理権を有しているところ，甲はA社の委託信任に基づき本件土地を管理しており，本件土地は「自己の占有する」物である。また，甲は，本件土地をA社の代表役員という社会的地位に基づいて反復継続して管理しており，本件土地を「業務上」占有している。
　イ　次に，「横領」とは，不法領得の意思が発現したことを指すと解する。そして，委託の趣旨に反して所有権者でなければ為すことを許されない行為をした場合には，不法領得の意思が発現したものと考える。
　　本件についてみるに，確かに，本件土地の処分権は代表役員である甲が有している。しかし，本件土地に抵当権を設定し甲が現金1億円を受け取ることは利益相反取引にあたるところ，A社定款によれば社員総会の開催や全社員の承認という手続きが必要となる。それにもかかわらず，甲は，このような手続きを踏まずにDと抵当権設定契約を締結しているところ，当該行為は，代表社員として許された権限を逸脱するものといえ，A社でなければ許されない行為であるといえる。したがって，抵当権設定契約時に，甲の不法領得の意思が発現したといえ，当該行為は「横領」にあたる。
　ウ　最後に，甲は，適正な手続きを踏んでいないことを認識しあえて当該契約を締結している以上，故意及び不法領得の意思が認められる。
 (3)　よって，甲に業務上横領罪が成立する。
2　Dに対する詐欺罪について
 (1)　甲が社員総会議事録を用いてDと契約を締結し，Dに現金1億円を交付させた点について，甲に詐欺罪（246条1項）が成立しないか。
 (2)ア　甲は，別紙のように，実際には社員総会が開催されていないにもかかわらず，社員総会が行われ社員BCによる承認がされた旨の偽りの社員総会議事

録を作成している。Dにとって，利益相反取引の承認手続きが適正に行われたかどうかは，抵当権設定契約が有効に成立するか否かを判断する上での重要事項であるといえる。したがって，甲が偽りの議事録を作成し，契約時にDに交付したことは欺罔行為にあたる。
　　イ　次に，甲の欺罔行為によって，Dは，承認手続きが適正に行われ抵当権設定契約が有効に成立していると信じたため錯誤に陥っている。
　　ウ　次に，Dは，錯誤に陥ったまま，甲に現金1億円を交付するという処分行為をし，財産損害を被った。
　　エ　最後に，甲は適正手続きを踏まずに，あえて上記行為を行っているところ，故意及び不法領得の意思が認められる。
 (3) したがって，甲に詐欺罪が成立する。
3　業務上横領罪（売買）について
 (1) 甲が，本件土地の売買契約を締結した点について，甲に業務上横領罪が成立しないか。
 (2)ア　前記と同様，本件土地は「業務上自己の占有する他人の物」である。
　　イ　次に，利益相反取引にあたる本件土地の売買契約を締結する際には，社員総会の開催及び社員BCの承認が必要になるにもかかわらず，当該手続きを踏まずにEと売買契約を締結している。したがって，甲の契約締結行為が，甲の代表役員としての権限を逸脱し，A社でなければ許されない行為であり，不法領得の意思が発現したものといえ，「横領」行為にあたる。
 (3) 横領後の横領について
　　確かに，本件土地については，既に抵当権設定契約を締結することによる横領行為が為されている以上，本件土地の売買は，不可罰的事後行為になるとも思える。
　　しかし，抵当権設定契約と売買契約とでは，本件土地の所有権を喪失するか否かで違いがあるのみならず，売買により新たに委託信任関係を害するものといえる。
　　したがって，当初の横領によって，後の横領が評価しつくされているとはいえず，横領後の横領も別個の犯罪として成立する。なお，売買は，当初の横領から半年経過した時点での横領行為であるため，包括的一罪にはならない。
 (4) よって，甲に，業務上横領罪が成立する。なお，後述のように，乙との関係において共同正犯（60条）となる。
4　背任罪について

(1) 甲が，本件土地について，Eへの所有権移転登記手続きを完了させた点について，甲に背任罪（247条）が成立しないか。
(2)ア 確かに，甲は抵当権設定時において，いったん設定登記手続きに協力し登記を行っている以上，甲はDに対して以後設定登記の協力義務を他人の事務として負わないとも思える。しかし，甲は，会社の信用が失われるという会社側の利益を図るために登記抹消を自ら申出，設定登記が必要となればいつでも協力することを約束している。そこで，甲は，抵当権設定契約を締結した者として，いったん手続きに協力した後においても，再度他の者に本件土地を売却したり抵当権を設定しない旨の消極的義務を他人の事務として負うものと考える。

したがって，甲は「他人のためにその事務を処理する者」にあたる。

イ 次に，甲は，Dに無断で，本件土地の売買契約を締結し，Eへ所有権移転登記手続きをすることで，Eに対抗できる第1順位の抵当権設定登記を行う機会を失わせたところ，誠実な事務処理者として期待された行為に反する行為を甲はしており，「任務に背く行為」がある。

ウ 最後に，甲は，暴力団関係者からの借金返済を目的として，売買を行っており，「自己……の利益を図」る目的があったといえる。

(3) よって，甲に背任罪が成立する。なお，後述のように，乙との関係で共同正犯となる。

5 Eに対する詐欺罪について
(1) 甲は，Eとの売買契約締結時において，A社の社員総会を開催せずBCの承認を得ていないことを乙を介してEに伝えていないところ，A社の代表役員の地位にある取引者として信義則上要求される手続に関する情報提供を行っておらず，告知義務違反が認められる。したがって，甲が，当該情報提供を行っていない点について，欺罔行為が認められる。
(2) 次に，上記欺罔行為によって，Eは本件土地の売買が正規の取引であると信じることで錯誤に陥っている。
(3) 最後に，Eは，錯誤に陥ったまま，乙を介して，甲に1億円を交付するという処分行為をし，財産損害を被った。
(4) よって，甲に詐欺罪（246条1項）が成立する。

6 罪数

売買に関する業務上横領罪（横領罪の範囲で共同正犯）と背任罪の共同正犯は，一個の売買行為で行われており観念的競合（54条1項前段）となる。そして，他

罪は，併合罪（45条前段）となる。
第2　乙の罪責について
1　業務上横領罪について
　(1)　乙は，甲の本件土地売買に協力しているところ，乙に業務上横領罪の共同正犯（253条，60条）が成立するか。
　(2)　共謀の有無について
　　ア　乙と甲との間に共謀が認められるか。乙の甲に対する申し入れ行為により乙が教唆犯（61条1項）ないし狭義の共犯となるか否かの区別として問題となる。
　　イ　そもそも，共同正犯と狭義の共犯の違いは，正犯意思の有無にある。そこで，乙の犯行における役割，乙が受け取る犯行後の報酬，乙の犯行動機等から，乙に正犯意思が認められる場合には，甲と乙との間に共謀があると認められるものと考える。
　　ウ　本件において，乙は，本件土地の売渡先であるEを自ら見つけたのみならず，本件土地の売買の際には必要書類をEに交付しブローカーとしての積極的な役割を果たしている。また本件土地をEに売却することで，甲から1000万円，Eから300万円という計1300万円の多大な利益をEは得ることができることから，犯行への積極的意欲があったものといえる。さらに，乙が犯行を持ちかけたのは仲介手数料を得られるからであり積極的な動機がある。したがって，乙には，業務上横領罪の正犯意思が認められる。よって，甲乙間の話し合いにより，業務上横領罪の共謀が認められる。
　(3)　65条について
　　ア　次に，乙は，業務上の占有者という身分を有していないことから65条の適用が問題となる。
　　イ　そもそも65条の文言からすれば，1項は真正身分犯の成立と科刑を，2項は不真正身分犯の成立と科刑を規定したものであると考える。
　　ウ　本件における業務上横領罪は占有者という真正身分と業務上という不真正身分から構成される犯罪であることから，占有者という身分については1項が適用され，業務上の身分については2項が適用される。
　　エ　よって，乙は，横領罪（252条1項）の共同正犯となる。
2　背任罪について
　(1)　乙が本件土地の売却に協力した点について，乙に背任罪の共同正犯（247条，60条）が成立するか。

(2) 共謀の有無について
　ア　そもそも、仲介行為における自由取引競争の確保の見地からすれば、乙において、甲の行為が背任行為であることの高度な認識と当該認識に基づく積極的利用行為が認められることで初めて自由取引競争の範囲を逸脱する者として、背任罪の共謀があると認められると考える。
　イ　本件についてみるに、乙は、甲から会社に無断で抵当権を設定し、抵当権設定登記を抹消した旨、Dと他の抵当権を設定しない約束をした旨の事情説明を受けているのだから、甲による本件土地の売却行為がDとの関係で背任罪にあたることの高度な認識をもっているといえる。そして、乙は、上記認識をもとに、甲が賭博により暴力団関係者から多額の借金を負っており逼迫した状況にあることを認識し殊更この状況を利用するつもりで、売却の話を甲に持ちかけて説得することで積極的な利用行為を行っている。よって、上記乙の果たした犯行役割や犯行による報酬内容を加えると、乙は自由取引競争の範囲を逸脱する者といえ、甲乙間に背任罪の共謀が認められる。
(3) 次に、背任罪は真正身分犯として65条1項の適用がある。よって、乙に背任罪の共同正犯が成立する。
3　Eに対する詐欺罪について
　上記共謀には、Eに対する詐欺も含まれていることから、乙に詐欺罪の共同正犯が成立する。
4　罪数
　横領罪の共同正犯と背任罪の共同正犯は一個の行為により行われていることから観念的競合となる。そして、詐欺罪の共同正犯は併合罪となる。

以上

1　はじめに

　答案の検討に入っていきたいと思います。答案に関しては，基本的にはここがまずいというところをメインに指摘していきたいと思います。
　ではいきましょう。まず全体を確認していきます。

> 第1　甲の罪責について

　「1　業務上横領罪（抵当権設定）について」は，業務上横領罪というのが誰に対する業務上横領罪なのか書いていませんね。「2　Dに対する詐欺罪について」こちらはDに対すると書いてありますね。ここはわかりやすいですね。
　またなぜか「3　業務上横領罪（売買）について」は「売買」と書いてあって，「1　業務上横領罪（抵当権設定）について」は「抵当権設定」と書いています。業務上横領罪と決め打ちしているようですが，背任罪はどこに消えた，横領罪と背任罪の区別はどこに消えた，ということになります。やはり「〜の行為について」と書いた上で，「〜罪が成立するのではないか」という書き方をした方が読みやすいでしょう。
　「4　背任罪について」，誰に対するどういう背任罪なのかがわからないですね。「5　Eに対する詐欺罪について」，この人はひょっとして，詐欺が2罪成立する可能性があるから「Dに対する」と「Eに対する」と書いたのでしょうか。**すべての犯罪についてきちんと誰に対するものなのかを書くくせをつけておきましょう。**

> 第2　乙の罪責について

　「業務上横領罪について」と，「65条について」と，「背任罪について」と，「Eに対する詐欺罪について」と，「罪数」ですね。一つずつ検討していきましょう。

2　甲の罪責
(1)　業務上横領罪（抵当権設定）について

> 契約を締結

　こう書いているのがかなりまずいですね。なぜかというと，移転登記の時点で既遂なのか，契約締結時点で既遂なのかによって違いますが，(1)の段階においては，契約締結時点で業務上横領罪が成立すると考えていて，移転登記に関しては不可罰的事後

265

行為にあたると考えたと読まれる可能性が高いです。

　これやっぱまずいんちゃうかな。既遂時期に関しては後できちんと摘示しなければいけませんが，この時点では具体的な行為，「契約し移転した行為について」と書いて，その後で既遂時期はいつかということを丁寧に書いた方が論述としてはわかりやすいかなと思います。それか，登記の段階や，って決め打ちするか。先に既遂時期を決めうちで書いてもいいですよ。でも，この答案のような書き方だと，なぜ契約締結時にしたのかと絶対つっこまれるようになってしまいますので，きちんと書かないと点数が下がる可能性が高いです。

> まず，本件土地は，Ａ社が所有する『他人の物』にあたる。……甲はＡ社の委託信任に基づき

　委託信任と書いていますけど，もう少し丁寧に認定した方がいいですね。代表役員で社員なので委託信任関係があるとは思いますが，逆に言うと代表役員ではなかったら管理権も委託信任関係もないはずですからね。

> 甲は，Ａ社の代表役員として本件土地の管理権を有しているところ，甲はＡ社の委託信任に基づき本件土地を管理しており，本件土地は『自己の占有する』物である

　占有というのが事実上の占有ではなくて濫用の恐れのある支配力であることは，争いがないとはいえ，ここはしっかり認定した方がいいでしょう。
　もう一つ問題なのは，利益相反取引によって管理処分権が限定されることがある以上，そこが若干問題とならないとも限らないので，やはり論証はした方がいいかなと思いますね。論証をしないにしても，せめて「自己の占有する」といえるためには濫用の恐れのある支配力がいるのだ，すなわち法律的支配で足りるのだということは規範を一言入れないと話が繋がりません。事実とあてはめが遠くなりますね。管理していたら占有しているといえるかというと，窃盗のときはいえないので。それなのに上のように簡単に書いてしまうのはちょっとまずいですね。

> また，甲は，……反復継続して管理して

　ここも，まずいですね。先ほど採点実感で見た，「業務」の認定の悪い例にもろにあたっているので，やばいなという気がしますね。

各論で何が難しいかというと，各論は基本的に文言からすぐにあてはまることはあまりないので，文言の解釈をした上であてはめないといけないわけです。それがあまりに多すぎてページ数を食ってしまうのはよくわかるんですけど，仮にページ数を食ってしまったとしても，きちんとその**定義を挙げた方がいいです**。しかし，定義を中途半端に挙げるくらいなら，いっそ挙げへん方がよっぽどましです。そこをどう考えるかが難しいですね。

> 次に，「横領」とは，不法領得の意思が発現したことを指す

　うーん，発現する行為ですけど，実行行為だときちんとわかっているのかが微妙な文章ですね。「不法領得の意思を実現するすべての行為をいう」と書くのはどうですか。

> そして，委託の趣旨に反して……不法領得の意思が発現したものと考える。

　ちょっと気になるのは，不法領得の意思について「委託の趣旨に反して所有権者でなければ為すことを許されない行為」をする意思と考えると書いていることです。そうじゃない見解があるということを意識はしていますが，ではなぜそう考えるのかが全く書かれていないですし，横領罪の本質である委託信任関係の破壊が保護法益であるという視点がどこにも出ていないので，横領罪についてわかっていると，明確に読むことができない答案になってしまっています。
　横領罪の本質や保護法益をきちんと書こうと思うと，どこかできちんと論証をしなければなりません。今回であれば横領行為のところよりは，「自己の占有する」のところで論証した方がいいでしょう。そうでないと委託信任に基づき「自己の占有する」というところとちゃんとリンクしないですしね。委託信任関係は書かれざる構成要件要素ですから，それが必要だと言うためには必ず論証しないといけないわけです。
　論証せずに再現答案①のように書くと委託信任関係が抜けますし，「自己の占有」について自己の占有する委託信任関係に基づいて有している法律的支配と考えても別にいいですけど，そうだとすればやはり委託信任関係が出てくる理由を書かないとだめなので，そこが抜けているのが少しまずいですね。

> 本件についてみるに，確かに，本件土地の処分権は代表役員である甲が有している。

　この「確かに」の意味がわからないですよね。「委託の趣旨に反して所有権者でなけ

れば為すことを許されないことをした」かどうかについて今からあてはめようとしていると考えられますが，処分権は代表役員である甲が有しているから何なんだと。文章がちょっとわからないですね。「しかし」でひっくり返したいのでしょうが。

> しかし，本件土地に抵当権を設定し甲が現金1億円を受け取ることは利益相反取引にあたるところ，A社定款によれば社員総会の開催や全社員の承認という手続きが必要となる。

今書いているのは，処分権に制限があるということです。さらに読んでいくと，「権限を逸脱するものといえ」と書いていますね。「委託の趣旨に反して」があてはまっていないんですよ。権限逸脱だから許されない。委託の趣旨はどこ？と。それなら最初から「所有者でなければ為すことを許されない行為をした」にしておけば良かったのに，委託などと書いてしまうからこんな疑問が発生しますね。さらに問題なのは，やはり抵当権設定契約締結を横領行為と考えている以上，移転登記の時点で既遂であるとかいう理由は書いていないですね。

> 故意及び不法領得の意思が認められる

不法領得の意思が書かれざる構成要件要素パート2ですので，なんで不法領得の意思が必要なのかということは一言理由がいりますし，たとえ理由を書くヒマがないとしても，横領罪ですから不法領得の意思が発現した行為であることが必要なので，せめて不法領得の意思の内容を書きましょう。

> 適正な手続きを踏んでいないことを認識しあえて当該契約を締結している以上

仮に認識の対象は抵当権設定契約を処分権限なしに締結することであるとするならば，それを認識し認容していると書いた方がいいです。「あえて当該契約を締結している」と書かれると，構成要件該当事実を認識する段階と認容する段階とが分けられているのかどうかが微妙になるので，避けた方がいいかなぁ。

> よって，甲に業務上横領罪が成立する

既遂時期の論述が抜けちゃいましたね。既遂時期が抜けたとしても，横領罪に未遂

規定がないことからして，横領行為があった時点で既遂だと考えているのでしょう。ただ，既遂時期を契約締結時に認定するのは少し難しいですね。締結しただけで既遂だとする結論をとるな，とはいいませんが，このままでは動産と不動産の違いという視点が完全に抜けているんです。抵当権設定契約を締結した瞬間に抵当権が発生して，その抵当権が交換価値を把握するものであるから，所有権侵害が発生するという考えだと思うんですけど，うーん。

(2) Dに対する詐欺罪について

> 甲が社員総会議事録を用いてDと契約を締結し，Dに現金1億円を交付させた点について，甲に詐欺罪(246条1項)が成立しないか。

現金1億円なので1項詐欺ですね。ここは別にいいです。

> 欺罔行為にあたる

　財産上の損害，あれ？成立させたんですね，これ。詐欺罪の成立には財産上の損害が必要であって詐欺罪が個別財産に対する罪であるところ，実質的個別財産説に立たずに形式的個別財産説に立てば，確かにこうもいえそうな気はするんですが，善意無過失というところのなお書きを全部無視してしまったので，これはこれでどうなのかしらという気がしますね。
　なぜかというと，善意無過失というのがあれだけしつこく書かれていた以上，それを使って詐欺罪が否定される可能性があるのではないか，財産的損害がないのではないか，なんのために承認手続がいっぱい書かれていたのかというところを考えた方がよかったような気がします。
　そのため，財産上の損害に向けられた詐欺があるのかという問題になってくるので，難しいですけど，これでは問題文をちゃんと読んでいないと思われてもしょうがない気がしますね。この調子でEに対する詐欺罪も成立させてしまうと，民法で保護されるのに刑法でさらに保護して，民法で適法なのに刑法では違法になるという状態が発生するので，体系的な理解が疑われる可能性があります。

(3) 業務上横領罪（売買）について

> 前記と同様，本件土地は『業務上自己の占有する他人の物』である。

一応交換価値の把握が発生していて，委託信任関係の破壊があるのではないかというところがあるので，せめてそこぐらいはちょっと触れられるとよかったかなという気がしますね。判例上ここは何の問題もなくスルーするところなのでこういう書き方でもいいです。

> 当該手続きを踏まずにEと売買契約を締結している。したがって，甲の契約締結行為が……『横領』行為にあたる。

まず横領行為にあたるかどうかの判断ですが，この人は既遂時期をあまり考えていないようですね。なぜかというと，売買契約を締結していることが横領行為だとしているので，売買契約締結時点で既遂になると考えているようです。そう考えると，不動産と動産の違いというものも意識していなくて，典型例がわかっていないという判断がなされる可能性が高いです。

> 横領後の横領について

横領後の横領が成立するかどうかは所有権侵害の視点から見ないといけないので，そこから見られているかなということを確認していきましょう。

> 既に抵当権設定契約を締結することによる横領行為が為されている以上

抵当権設定行為が所有権侵害であって横領行為であるから，売買により同じ所有権に対する所有権侵害が2度行えるかということが明確に書かれていません。

> 不可罰的事後行為になるとも思える

不可罰的事後行為がどのような行為なのかということがここからは読み取れません。論点を知っていることは伝わってきますが。

> 抵当権設定契約と売買契約とでは，本件土地の所有権を喪失するか否かで違いがあるのみならず

交換価値の把握か所有権が全部なくなるかという違いはありますけど，所有権を喪失するか否かと書かれると，抵当権設定契約で，喪失しないなら侵害はないんじゃないのって言いたくなりますよね。抵当権設定契約は交換価値の把握であるから部分横領の可能性がある，という問題意識がわかっていないことが明確にここで示されていますし，所有権を喪失しないと所有権侵害ではないんじゃないのという疑義さえ出てきてしまいます。

判例は「貸与」も横領行為に含めています。すなわち，所有権の権能のうち何かが侵害されれば，それで「横領」にあたるのです。そこを意識してください。

> 売買により新たに委託信任関係を害するものといえる

委託信任関係ってどこで書いていたかというと，自己の占有する物で委託信任と書いていたのですね。委託信任関係というのは一体どこからどう出てきたんですかとつっこみたくなりますね。**委託信任関係が書かれざる構成要件要素として必要であるということをどこかにきちんと書いた上でこのように書いてください。**

> 売買により新たに委託信任関係を害する

ここは判例もそう考えていると思うので，こう書いても良いです。

> したがって，当初の横領によって，後の横領が評価しつくされているとはいえず

いきなり評価しつくされているかどうかが書かれていますが，先に法益侵害が前の行為で評価しつくされているために，後の行為が不可罰的事後行為にならないか，ということを書いた方が良いでしょう。評価しつくされていれば不可罰的事後行為になるのだと書かないと，評価しつくされているかどうか，ということを書く意図が全くわからないのですね。多分そう考えているんでしょうけど，答案中からはそれが読み取れません。時間なかったのかな……。

> 売買は，当初の横領から半年経過した時点での横領行為であるため，包括的一罪にはならない。

この書き方では包括一罪処理をしない理由がわかりにくいです。横領後の横領で包

括一罪になるかならないかは罪数関係で処理する話ですので，このように書くのは次元が分かれていることを理解していないのではないかな，とも思います。横領後の横領で罪数まで書いてしまうのは気持ちとしてすごくよくわかりますが，やはりあまりよくない気はしますね。それと，犯意の発生時期の違いは，修習でもよく聞いたので，講師答案読んでみてください。

> 後述のように，乙との関係において共同正犯となる

というのは罪数のところで書けばいいので，ここで書く必要はありません。

(4) 背任罪について

> 他人のためにその事務を処理する者

　気になるのは，「他人のためにその事務を処理する者」の定義が挙がっていないことです。どのような事務を負っていてそれが他人のためかというのはおそらく分けて考えるべき事柄だと思われます。読んでいくと，「設定登記の協力義務を他人の事務として負わないとも思える。しかし，甲は，会社の信用が失われるという会社側の利益を図るために登記抹消を自ら申出，設定登記が必要となればいつでも協力することを約束している」から，「消極的義務を他人の事務として負う」とあります。定義が挙げられていないため，どの話がどうリンクしているのかわかりにくくなっています。

　ただ，問題点には気づいていると思われます。すなわち，登記協力義務とは自分の事務ではあるんですけど他人ためにする事務でもありますから，他人のためにする事務として一般的に承認されています。これが一旦為されて契約上の義務は消滅しているわけです。しかし，甲は，後からDと約束をしているわけですから，この方のいう消極的義務を認めてもいいと思います。ちょっと問題点が多いところなのでもう少し丁寧にあてはめた方がよかったかなという気はしますね。他には「その事務を処理する者」のあてはめにもなっていないし，「他人のために」というのもちょっと薄いあてはめのような気がします。ここらへんは頑張れるかどうかによります。背任罪が苦手なら，あっさりでも良いですよ。

> 任務に背く行為

　「次に，甲は，Dに無断で，本件土地の売買契約を締結し」，そしていきなり「誠実

な事務処理者として期待された行為に反する行為」を「任務に背く行為」としていますが，この「任務に背く行為」に関しても，背信説からと権限濫用説からでは任務違背行為の定義には違いがあります。したがって，必ずどこかで背任罪の本質について触れないといけないはずなのですが，触れられていません。ただ，「誠実な事務処理者として期待された行為に反する行為」という定義を挙げているので，許されたのかなと思います。背任罪は本当に難しいので，これぐらい書けていればいいのかなという気がしますね。

> 最後に

　ずっと気になっていたんですけど，この人は「まず」，「次に」，「最後に」，という書き方が好きなようですね。3つめ以降があったりしたらどうするんでしょうか。「第三に」と書くんですかね。絶対3つしかないときとわかっているときはいいと思うのですけど，新たに問題が発生したときに，「接続詞どうしよう！」となってしまうので気をつけてください。前回も言いましたが，いらない一言を書いて自分の首を締めることは避けましょう。癖なら，うーん，頑張って直していきましょう。私もあります。直らないので困っています。

> 甲は，暴力団関係者からの借金返済を目的として，売買を行っており

　加害目的のときは本人のためにする意思がなかったという形で消極的に判断するわけですが，自分のためにというときは積極的加害目的が認められるので，これでいいかなと思います。ただここで暴力団関係者を挙げる必要があったかというと少し怪しいので，「借金返済のため売却行為を行っており」くらいでよかったのかなという気はしますね。あてはめに不必要な事情を入れた上であてはめをすると，わかっていないと判断される可能性がありますので，気をつけましょう。

(5)　Eに対する詐欺罪について

　財産損害がないと考えられるにもかかわらず財産損害を認めているので，なお書きの読み飛ばしが認められますね。このなお書きの読み飛ばしはかなり怖いので，本当にやめてくださいね。

(6) 罪数

> そして，他罪は

　罪数を判断できないんですよ。何罪と何罪と何罪が成立していたっけ？となるのでやめてくださいね。
　この他罪に多分抵当権設定の横領行為も入っているので併合罪だと思うのですけど，なぜ併合罪になるのかということの理由を書かないとだめです。科刑上一罪ではないというのと，包括一罪ではないというのを書いて，なおかつ２つ以上あるから併合罪になるというところまでちゃんと書いてください。ただ「45 条前段」と書いてあるのはいいですね。「54 条１項前段」と書いてあるのもいいと思います。

3　乙の罪責
(1)　業務上横領罪について

> 協力

　これは仲介と働きかけというところを意識したのだと思うんですけど，ふわっとしていますね。

> 共謀の有無について

　共謀の話は正犯意思と意思連絡です。乙さんは自らＥさんを見つけて甲さんのところに行っているわけじゃないです。乙さんはＥさんから「売ってもらえへんかな」みたいな話をされていました。おそらく，「Ｄの抵当権設定がされているけど抹消登記しちゃってんねん」という話を聞いたときくらいから故意が認められるはずなので，Ｅさんの話から書くのはスリリングですね。
　しかもですよ，「役割」「報酬」「犯行動機」とありますけど，「積極的な役割を果たしている」と書いていますよね。そしてその後に「利益」。なぜか利益のときは「積極的意欲」，そして「積極的な動機」と書いていますが，仲介手数料を得られるということ，すなわち報酬と，300 万円の利益は多分一緒やと思うんです。
　これをなぜ分けて書いたのか，そして「話し合い」と書いていて意思連絡という感じがしないので，「共謀が認められる」と書かれてもちょっと困りますね。そして共謀

が認められて実行行為があって共謀共同正犯になるんですけど，ここもまたちょっとややこしい。わかっていないのではないかという気がすごくするので，とりあえず共謀共同正犯の書き方についてはみなさんももう一回勉強しておいてください。
　次に「(3)　65 条について」です。

> 業務上の占有者という身分を有していないことから

　ここはカギカッコしておいた方がいいと思うんですけどね,「業務上」,「占有」として。

> 65 条の適用が問題となる

　イの中で論証しますが，論証になっていない，理由がついてないんですけど，とりあえずこれしかしょうがないかなという気がします。文言上こう見えるからしょうがないというぐらいの理由づけで私も逃げたように思います。ここは難しいので規範だけでもいいですよ。

> 業務上横領罪は占有者という真正身分と業務上という不真正身分から構成される犯罪である

　占有者がなぜ真正身分であるのか，業務上がなぜ不真正身分であるのか，理由を書かないといけませんよね。書いていないので，点数が入っていない可能性が高いですね。みんなこのあてはめをしているので，みんな等しく入っていないと思うんですけど，不真正身分と真正身分というのは，条文の文言では不真正とか真正とか言っていないですよね。**文言上書かれていないのに使うときはちゃんと一回説明してくださいね**。不真正と真正やったら説明しなくていいかなと思いはしますが，ただ不真正身分である，真正身分であると認定する場合には必ず理由を付けなければいけませんから，その理由を書くときに結局書くので，書いてないのはやっぱりまずいなと思います。
　ただ，時間がカツカツなので，私も今回書いてません！ごめんなさい。判例，って言って逃げました。

(2)　背任罪について

> (2)　共謀の有無について

第5編　過去問徹底分析②　司法試験平成24年刑法

　背任罪の共同正犯についてですけど，また共謀なんですね。共同正犯だと言うて，共謀なんですね。これ，順序はどうなんやろと思うんですけど，背任罪の共同正犯が認められるかどうかについて解釈論上疑義があるというところを捉えて，共謀のみについて書いていると思われますが，そうであればナンバリングの見出しを変えないと，それを書いていると理解していただけないと思います。
　さっきの話をもう一回出すのかなと思うので，そこは注意をしてください。見出しを書くのはいいですが，その見出しが本当に自分の書いている中身を反映しているかどうか確認してください。いらん見出しを書いたせいで点数が下がるなんて絶対に嫌ですからね。

> 仲介行為における自由取引競争の確保の見地

　なぜ仲介行為に限定するのかなという気はするわけですよ。確かに今回は仲介行為でしたけど，自由取引であれば基本的に仲介行為であろうがなんだろうがいけるんではないかという話のはずなので，ちょっと具体的すぎると思われます。

> 甲の行為が背任行為であることの高度な認識と当該認識に基づく積極的利用行為が認められることで初めて自由取引競争の範囲を逸脱する者として，背任罪の共謀があると認められる

　なぜ高度な認識と積極的利用行為が必要なのかという理由づけが全くないです。この人の論証は基本的に理由づけが全くないので，論証の説得力が０です。論証の説得力が０ということはそこで点数は入っていないと思います。書いて欲しいと言っていた横領罪の本質も背任罪の本質も書いていないですし，偽造もなかったですね。

> 抵当権を設定し，抵当権設定登記を抹消した旨，Ｄと他の抵当権を設定しない約束をした旨の事情説明を受けているのだから……背任罪にあたることの高度な認識をもっているといえる。

　続いて見ていくと，背任罪の認識にあたることが高度な認識を持っていると本当にいえるのか微妙ですね。背任罪にあたる事実の内容を先に書かないと，背任罪にあたるということの認識としてその程度で足りるかということがわかりません。
　Ｄとの間にその約束が本当にあったのか，またどのレベルの約束なのかが乙にはわ

第5章　再現答案を読み解く

からないのに「高度な認識」と本当に言い切っていいのか，すごく怖いと思います。

> 殊更この状況を利用するつもりで

　まあ確かに殊更ですけど，ここからそれが読めるかというと「逼迫した状況にあることを認識し」，それによって自分が利益を得るとわかっていて「殊更この状況を利用するつもり」というのが必要なので，そこもまたちょっと抜けていますね。

> よって，上記乙の果たした犯行役割や犯行による報酬内容を加えると，

　背任罪においてはこれが加重要件になっているとされるのですけど，なぜ加重要件になるのか上の論証の説得力がないのでわかりません。そして共謀があるというのは，やはり正犯意思と意思連絡の話なので，なぜこの要件が共謀で加重されるのかがまたわからないわけです。聞いたことがあるのを書いてみたんやけど失敗したみたいな感じがしますので，やめときましょう。基本的な理解を淡々と書いていただければおそらく合格点は付いたものと思われますので，いらんこと書いて，いらん傷負って，点数が下がるぐらいだったらやめた方がいいと思います。

> 背任罪は真正身分犯として65条1項の適用がある。

　そしてなぜ背任罪が真正身分犯なのかの理由が書かれていません。書けたらよかったのに……。

(3)　Eに対する詐欺罪について

> 上記共謀には，Eに対する詐欺も含まれていることから

　乙がEに対する詐欺を認識していたかどうかの認定も必要ですし，正直Eに対する詐欺が成立しない可能性が高い以上，こうやってさらっと流すはどうかなと思います。

(4) 罪数

> 横領罪の共同正犯と背任罪の共同正犯は一個の行為により行われていることから観念的競合となる。そして，詐欺罪の共同正犯は併合罪となる。

　共同正犯における罪数としては，詐欺罪も観念的競合じゃないのかと思わないでもないのでちょっと疑問があります。ここに関しては，なぜ詐欺罪が併合罪になるのかという理由が書かれてないので検討しようがありません。ですので，ここの部分も点数がない可能性があります。

●再現答案② (刑事系107.81点 刑事系順位1053位)

第1 甲の罪責
1(1) 甲が本件土地に第一順位の抵当権を設定した行為につき，業務上横領罪（刑法（以下，条数のみ記す）253条）に問擬するべきか，背任罪に問擬すべきか。甲は，他人の物の占有者であるとともに，他人の事務処理者であると思われるため，いずれに問擬すべきかが問題となる。

　この点について，横領罪と背任罪の性質から，一般的権限の逸脱が横領罪であり，一般的権限の濫用の場合が背任罪に問擬されると解すべきである。

　本件についてみると，甲は，不動産の処分・管理権を有しているものの，利益相反取引の承認手続きについては，全社員が出席する社員総会を開催した上，利益相反取引を行おうとする社員を除く全社員の承認が必要な状態にあった。甲が単独で処分できる取引態様でなかったことから，本件行為は権限逸脱行為であったといえる。

　よって，甲は，業務上横領罪に問擬される。

(2) では，甲に業務上横領罪が成立するか。

　ア 業務上
　　業務とは，社会生活上反復継続して行う事務をいう。
　　甲は，A社の代表社員であり，社会生活上反復継続して，A社の事務を行なっていたといえ，業務上にあたる。

　イ 他人の物
　　本件土地は，A社の所有物であり，他人の物にあたる。

　ウ 占有
　　甲は，本件土地を代表社員として管理していたことから，本件土地を占有していたといえる。

　エ 委託信任関係
　　甲は，A社の代表社員であることから，善管注意義務を負っていたといえ（会社法593条1項），委託信任関係があったといえる。

　オ 横領
　　横領とは，不法領得の意思を発現する一切の行為をいい，不法領得の意思とは，所有者でなければできない行為をする意思をいう。
　　本件では，甲は，本件土地に抵当権を設定している。抵当権の設定は，所有者でなければできない行為であるといえる。それ故，不法領得の意思が発

現したといえ，横領したといえる。
　　　よって，甲には業務上横領罪が成立する。
2　甲が，「社員総会議事録」を作成・交付した行為につき，私文書偽造罪（159条1項）同行使罪（161条）が成立しないか。
(1)　まず，文書偽造罪の保護法益は，文書に対する公共の信用を図る点にある。文書の名義人と作成者に齟齬があると，文書に対する信用が害されるといえる。それ故，偽造とは，名義人と作成者に不一致があることをいうと解すべきである。
　　　本件についてみると，社員総会議事録は，甲が作成したものであり，作成者は甲である。
　　　また，作成者欄には，代表社員甲と署名しているものの，本件社員総会議事録には，社員総会で議決した内容が記されており，社員総会には甲のほか，BCも出席して議決をしている。BCが社員総会で議案を承認したことが記されている文書であり，名義人は，甲BCである。
　　　よって，名義人と作成者に不一致があるといえ，偽造にあたる。
(2)　甲は，本件土地に抵当権を設定するために本件文書を作成していることから，行使の目的があったといえる。
(3)　事実証明に関する文書とは，実社会生活に交渉を有する事項を証明するに足りる文書をいう。
　　　A社では，社員総会議事録がなければ抵当権の設定ができない状況であった。社員総会議事録がなければ，抵当権の設定ができないことから，実社会生活に交渉を有する事項を証明するに足りる文書といえ，事実証明に関する文書にあたる。
(4)　よって，甲には私文書偽造罪が成立する。また，甲はかかる文書をDに交付していることから，同行使罪が成立する。
3　Dは真実を知ったならば，甲と抵当権設定契約を締結しなかったといえることから，欺罔行為があったといえる。また，Dは錯誤しており，錯誤に基づく処分行為も認められ，1億円を交付していることから，交付それ自体が損害といえる。
　　　よって，甲には，Dに対する詐欺罪（246条1項）が成立する。
4　甲がDに抵当権を抹消させた行為は，不可罰である。なぜなら，かかる時点において，甲には，他に売却したり，他の抵当権を設定したりするつもりが全くなかったからである。
5(1)　甲がEへ，本件土地を売却した行為につき業務上横領罪が成立しないか（253

条)。甲には，本件土地に対する抵当権設定行為によりすでに横領罪が成立していることから，横領後に横領罪を問擬できるのかが問題となる。
　この点について，横領罪の本質は，委託信任関係の破壊にある。先行する抵当権設定契約では，所有権の所在に変更がないことから，委託信任関係が全面的に裏切られたことにはならない。それ故，抵当権設定契約後であっても，横領罪に問擬される。
　本件についてみると，甲は，本件土地に抵当権を設定しただけであり，委託信任関係は全面的に裏切られたとはいえない。
　よって，甲は業務上横領罪に問擬される。
(2)　では，甲に，業務上横領罪が成立するか。
　ア　業務上
　　甲は，A社の代表社員であり，社会生活上反復継続して，A社の事務を行なっていたといえ，業務上にあたる。
　イ　他人の物
　　本件土地は，A社の所有物であり，他人の物にあたる。
　ウ　占有
　　甲は，本件土地を代表社員として管理していたことから，本件土地を占有していたといえる。
　エ　委託信任関係
　　甲は，A社の代表社員であることから，善管注意義務を負っていたといえ（会社法593条1項），委託信任関係があったといえる。
　オ　横領
　　本件では，甲は，本件土地をEへ売却している。土地の売買は，所有者でなければできない行為であるといえる。それ故，不法領得の意思が発現したといえ，横領したといえる。
　　よって，甲には業務上横領罪が成立する。
6　甲が，本件土地をEへ売却した行為につき背任罪（247条）が成立しないか。
(1)　事務処理者
　甲は，Dに対する抵当権設定登記を抹消しているものの，抵当権自体は消滅していない。甲は，Dに抵当権設定登記が必要となった場合には，Dの抵当権設定登記に協力すべき義務を負っていたといえ，他人の事務処理者であったといえる。
(2)　図利加害目的

甲は，本件土地を売却して得た金員で，暴力団関係者への返済を行い，暴力団関係者からの取立てを免れようと意図している。自己の利益を図るための行為であり，図利加害目的があったといえる。
(3) 任務違背
甲は，Dに対し，登記を抹消しても，土地を他に売却したり他の抵当権を設定したりしないし，抵当権設定登記が今後必要になればいつでも協力すると約束していた。
それにもかかわらず，甲は，Dとの約束を破り，Eへ本件土地を売却している。
それ故，任務違背があったといえる。
(4) 損害
背任罪における損害は，全体財産に対する損害をいう。
Eは，本件土地に対する登記を得ている。抵当権の設定は，登記をしなければ，第三者に対抗することができない。Eは登記を得ていることから，本件土地の所有権をDに対して対抗することができる。しかし，Dは，抵当権設定登記を得ていないことから，抵当権をEに対抗することはできず，抵当権を実行して債権を回収することができなくなったといえ，全体財産が減少し，損害があったといえる。
(5) よって，甲には，Dに対する背任罪が成立する。
7　Eは，A社との正規の取引でなければ，本件土地の売買をしなかったといえ，甲には，Eに対する詐欺罪（246条1項）が成立する。
8　罪数
以上により，甲には，①業務上横領罪②私文書偽造罪③同行使罪④詐欺罪⑤業務上横領罪⑥背任罪⑦詐欺罪が成立し，①と②は包括一罪となり，②と③は原因結果の関係にあることから牽連犯（54条1項後段）となり，ほかとは併合罪（45条前段）で処断される。

第2　乙の罪責
1(1)ア　乙が，甲の業務上横領罪に関与した行為につき，共同正犯に問擬されないか（60条）。共同正犯と幇助の区別が問題となる。
　イ　共同正犯として，一部実行全部責任が認められる根拠は，相互利用補充関係にある。それ故，相互利用補充関係が認められる場合には，共同正犯が成立すると解すべきである。具体的には，重要な役割を果たしていたか，利益の分配の有無，正犯意思の有無により判断する。

ウ(ア) 本件についてみると，乙は，甲E間の売買の仲介をしている。乙が甲に売買の話を持ちかけなければ，本件売買は成立しなかったといえる。甲は，乙を介して必要な書類をEへ渡している。乙が書類を交付しなければ，本件売買は成立しなかったといえ，乙は，重要な役割を果たしていたといえる。

　(イ) また，乙は，甲から1000万円を受取っており，利益の分配を受けているといえる。

　(ウ) では，正犯意思があったといえるか。

　　甲は，当初乙の売買の申し出を断っている。それにもかかわらず，乙は，甲が金に困っている状態を利用して本件土地を，Eに売却させようと考え，売買の申し入れをしている。乙は，売買を断る甲を強く説得して，本件売買を成立させようとしていたことから，正犯意思があったといえる。

　エ　よって，乙は，業務上横領罪の共同正犯に問擬される。

(2) もっとも，業務上横領罪は，身分犯である。そこで，共同正犯と身分犯が問題となる。

　この点について，65条の文言から，1項が真正身分犯の成立と科刑を2項が不真正身分犯の成立と科刑を定めたものと解する。そして，業務上横領罪は，占有者という点で真正身分犯であり，業務上という点で不真正身分犯である。また，非身分者であっても，身分者を介し保護法益を侵害することができるから，65条の共犯には共同正犯も含まれると解すべきである。

　本件についてみると，乙は，非身分者であるものの，単純横領罪の共同正犯が成立する。

2　乙が，甲の背任に関与した行為についても同様に共同正犯となる。

以上

第5編　過去問徹底分析②　司法試験平成24年刑法

1　甲の罪責
(1)　業務上横領罪について
それでは再現答案②を見ていきましょう。また全体から確認していきます。

> 第1　甲の罪責
> 1(1)　甲が本件土地に第一順位の抵当権を設定した行為につき，業務上横領罪……に問擬するべきか，背任罪に問擬するべきか。

うぬぬ，誰に対して業務上横領罪が成立するか書いていないですよね。共謀の中身として，正犯意思と意思連絡という2つがあるという考え方が判例・通説のようです。それは書きにくかったので，**私は共同正犯と幇助，教唆という狭義の共犯の区別のときには正犯性の話を書いて，その後，意思連絡を検討するようにしていました**。出題趣旨を見てみると，そういう感じで書いてもいいのかなという気がするので，どちらで書くか自分で決めておいてください。

まず自分が，共謀とはどのようなものだと認識しているかということを摘示した上で，なぜ本件で共謀があったといえるのかを書きましょう。そうしないと採点者側は点数を付けられないということになるので，頑張って書いたのに点数が入らないということになります。それは本当に悲しい話なので，なぜ自分がこのように論述をしているのかということをちゃんと書かなければいけないということを意識しながら書くようにしてください。

話は元に戻りまして，「第一順位の抵当権を設定した行為につき，業務上横領罪」を「誰に」対して行ったのかというところを書いてくださいね。書いていることは別に間違っていませんよね，業務上横領罪なのか背任罪なのか。

> 甲は，他人の物の占有者

「甲は，他人の物の占有者」としか書かれていなくて，他人の物の占有者やったら普通に考えると単純横領罪（252条）が成立するので，「業務上」を付けないと業務上横領罪（253条）というところに対応していません，ここは気をつけてください。

> 他人の物の占有者であるとともに，他人の事務処理者であると思われるため

ここは，あてはめもせずに問題提起でかなりごまかしています。いっぱい書くのは面倒くさいと思いますが，ちょっとごまかしすぎたかもしれないですね。ただ，問題

提起のところであまり頑張りたくなくて後であてはめを頑張るのであれば，これくらいでもいいかなと思います。問題提起はやはり事実を摘示してあてはめをしていく中で問題点を発見するというのが通常ルートですので，完璧な答案を目指すのであれば，ここはもう少しあてはめをした方がよかったかなと思います。

> この点について，横領罪と背任罪の性質から

　横領罪と背任罪の性質に関しては争いがありました。争いがあるということは，「自分は横領罪の性質についてこのように考えている，そして背任罪の性質についてこのように考えている，であるがゆえに，一般的権限の逸脱が横領であって，一般的権限の濫用が背任であると考える」と書かないと理由になりません。一言で言えば確かに横領罪と背任罪の性質です。間違っていないですが，なぜ，どういう性質からこの2つに分けたのだろう，というところがつっこみどころ満載です。
　横領罪と背任罪の区別は出題趣旨でも聞かれていたところですし，特にこの書き方からすると特別関係なのか，それとも法条競合関係にはない併合罪関係なのか，どう考えているのか少しわかりにくいので，横領罪と背任罪をどのように適用するのかということをちゃんと書いた方がいいかなと思いますね。
　横領罪と背任罪の区別が出題されていない段階でこれが書けたらいいかなと思いますけど，一度出てしまっていますし，犯罪の区別は司法試験が大好きであるということを考えると，犯罪の区別について丁寧に書いたらこうなって，端折ったとしてもこのくらいは書かないといけないのではないかというのは自分で用意しておいてください。**遺失物等横領罪（254条）と窃盗罪（235条）とか，利益窃盗と詐欺罪（246条2項）とかですかね。あと電子計算機使用詐欺罪（246条の2）等も気をつけてください**ね。これ詐欺のところに入っていますけど，利益窃盗の拡張処罰規定なのでそのあたりは注意をしてください。

> 本件についてみると，甲は，不動産の処分・管理権を有しているものの，利益相反取引の承認手続きについては，全社員が出席する社員総会を開催した上，利益相反取引を行おうとする社員を除く全社員の承認が必要な状態にあった。

　とりあえず1文が長いですね。思考過程をちゃんと切って考えていくとすると，不動産の処分・管理権を有していて，ただそれを自分のために使っただけであるから，一般的権限の濫用として背任罪であるとも思える，というのがおそらくこの**「有しているものの」**ところでしょう。

> 利益相反取引の承認手続きについては，全社員が出席する社員総会を開催した上，利益相反取引を行おうとする社員を除く全社員の承認が必要な状態にあった。

必要な状態にあったということは，権限の範囲内ではなかったということですね。権限の範囲内ではなかったというところが，次のところにいってしまっているのでちょっと分かりにくいです。

> 甲が単独で処分できる取引態様でなかったことから，本件行為は権限逸脱行為であったといえる。

こう書くと，権限ということをちゃんと考えているかどうかがわかりにくくなります。なので，ここのところを「単独で処分できる権限を有していなかったため権限逸脱行為である」と書いた方がいいと思います。中身は間違っていないのですけど，ちょっと思考過程がわかりにくいですね。なので，まず自分の思考過程でどこまでが切れていて，どことどこがくっついていて，どういうことが言いたいのかということを頭の中でちゃんとわけてから書くようにしてください。

普通1行25〜30文字くらいですかね。私は1行で38〜40文字つっこんでいたので，1文が2行以上になると長い，多分思考過程が2つに分かれているのに1文で書いているのだろうなと思っていました。2行を超えた時点で思考過程が2つあるのではないか，2つの思考過程をごっちゃにしたまま1つに書いているのではないかという恐れがあるので気をつけてください。**思考過程を綺麗に流れよく示そうと思うと，1文で言いたいことは1つのはずです。**1文で言いたいことを1つにして，接続詞や同じ単語を使って繋げていくと思考過程が見えるようになるはずです。1文が長いなと思ったら，訳がわからんけどとりあえず書いているかもしれないと注意するようにしてください。分けられるものを分けずに言いたいことがぼんやりしてしまうということは，先ほど見てわかっていただけたと思います。こういう文章は注意してください。この人は考えていることは間違っていないと思うんですが，間違っていないのに減点される可能性があってすごく勿体ないので，そこは注意をしてください。

> 甲は，業務上横領罪に問擬される

結構みなさん「問擬される」と書きますよね。私はこんな格好良く書けないです。「甲に業務上横領罪が成立するかをまず検討する」と私は書いています。まねっこす

るのはいいのですけど，自分がどういう意味でこれを使っているのかわからない段階でまねっこするのはやめてください。

> 業務上

ああ，やっちゃいましたね。「業務とは，社会生活上反復継続して行う事務」って定義を書いていますが，これはやらないでねと採点実感で言われていることですね。横領罪の性質を一応上で触れようと頑張っていますが，触れていないせいでここに反映されないという恐ろしい状態が勃発しています。注意してくださいね。横領罪の性質から横領罪（252 条），業務上横領罪（253 条）の構成要件の文言の解釈をしていくのが通常なので，上で横領罪の性質をちゃんと認定していたら気付いた可能性が高いのですが，ここは残念でした。

> A社の代表社員であり，社会生活上反復継続して

これはまあいいでしょう。社員さんで事務にあたっていたといえる，どう考えても業務上にあたるので，あまりここで頑張る必要はないかなと思います。

> 占有

占有に関しても，再現答案①でも言ったと思うんですけど，横領罪の占有は窃盗罪における占有とはまた別の解釈が必要になってきます。刑法上同じ占有という言葉を使っておきながら違う状態を指しているので，ここは解釈をしておいた方が無難だと思います。なぜかというと代表社員として管理していたことが，確かに横領罪における占有ではあるんですけど，窃盗罪における占有があるのかどうかとはまた別の話なので，ちょっと気になるなと思わせてしまうのですね。なので，ここは注意をしてください。

> 委託信任関係　甲は，A社の代表役員であることから，善管注意義務を負っていたといえ（会社法 593 条 1 項），委託信任関係があったといえる

確かに委託信任関係は書かれざる構成要件要素として必要となるとずっと言っていますが，なんで出てきたのか書かないといけないはずですよね。なんで出てきたのでしょう。多分覚えていたんですね。覚えているとブワーッっといきなり出てくるん

すけど，なぜこれが出てくるのか全く脈略がわかりません。

そして，「善管注意義務」を負っていれば常に委託信任関係があったと言えるのかは疑問です。まず各自の基本書で委託信任関係があったとされる典型的な場面と，そのあてはめについては検討しておくようにしてください。判例に関しては『判例プラクティス刑法Ⅱ各論』（信山社）にいっぱい載っていて勉強しやすいのと，『基本判例に学ぶ刑法各論』（成文堂）が山口先生，結果無価値の先生ではあるんですが，判例に配慮してわかりやすく書いてくださっているのでお勧めです。

ただ，結果無価値からのお話もたまに載っていて，判例が行為無価値・結果無価値二元論であることからするとちょっと戸惑うときもあると思いますので，そういうときは行為無価値・結果無価値二元論からはどうなるのかということをきちんと考えるようにしてください。判例・通説だけ丸呑みにしていてもわからないときがあります。

通説がたまに行為無価値・結果無価値二元論から修正をかけている場合があるので，修正をかけているとわかっていないとちゃんと論証を書けないときがあります。そのあたりは注意をしてください。できるだけ自分が書いている論証がどういう意味を持っているのかということはわかった上で，答案を書くようにしてください。論理矛盾が発生すると点数が落ちるのは採点実感等にも書かれているので注意してください。

> 横領とは，不法領得の意思を発現する一切の行為をいい，不法領得の意思とは，所有者でなければできない行為をする意思をいう。

確かにそれはそうですが，また理由がない。徹頭徹尾横領罪の性質をちゃんと摘示していないので，なんでこうなるのかよくわからないというところですね。

> 本件では，甲は，本件土地に抵当権を設定している。抵当権の設定は，所有者ではなければできない行為であるといえる。それ故，不法領得の意思が発現したといえ，横領したといえる。

抵当権設定行為を横領行為としているので，登記時ではないというところはちゃんと説明しなければいけません。なぜ抵当権設定が「所有者でなければできない行為である」といえるのかがそもそも問題となっているはずです。別に抵当権を設定しても，当事者間でしか効力がなくて抵当権者が第三者に抵当権に関する事務を委託できないのであれば既遂でなくてもいいんじゃないかという考え方も発生し得る場面ですので，必ず一言説明するようにしてください。

登記が為されていれば第三者に委託をできるので，確実に所有権者でないとできないといえるはずなんですけど，設定だけやとちょっと怖いなと思いました。一応調べ

てはみたのですが，私の見方が悪かったのかあまり明確に書かれている文献が見つからなかったので，みなさん気になるのであれば確認してみてください。ただ，抵当権設定と登記というところが問題となり得ることは意識をしておいてください。

(2) 私文書偽造罪・同行使罪について

よかった，私文書偽造罪を書いていますね。ただ一つ気になるのが，無印なのか有印なのかを先に書いておいた方が読みやすいですよね。みなさん書くようにしてください。

> まず，文書偽造罪の保護法益は

なんでこれを書いたのかがちょっとわからないですよね。「偽造とは」という定義をするために文書偽造罪の保護法益に言及しているということは後からわかるのですが，今回の行為が偽造にあたるかどうかを判断するために文書偽造罪の保護法益を検討するのであれば，偽造とはどの行為を指すのかということを書くべきでしょう。本件行為をちゃんと摘示した方がいいですね。社員総会議事録をどのように偽造したのかということですね。

やっていないことを書いているので文書の中身も間違っていますし，作成名義人が誰かにはよりますが，この人は社員総会の意思とは違うことを勝手に書いているので，社員総会が作成名義人であればずれていることになりますから，結局有形偽造も無形偽造のどちらもやっているんです。有形偽造と無形偽造のどちらもやっているんですが，やはり偽造にあたるのかというところが問題になるので，そこをちゃんと摘示した方がいいでしょう。

> 文書の名義人と作成者に齟齬があると，文書に対する信用が害されるといえる

これはそうなんですが，**どうして害されるといえるのかが問題**なので，ここももうちょっと書かないとだめですよね。文書に対する信用とは一体何なのかというところに争いがあるので，そこをもう少し書いてください。これはどの説に立っているかによって書き方が変わってきますし，判例（最判昭59.2.17百選Ⅱ93事件）で書く場合は判例が書いているように書いていただければいいんですけど，ちゃんと説明しなければいけない場面です。名義人と作成者に不一致があることを言っているんですけど，作成者も定義が分かれていたということをお話ししたところですので，作成者とはどのようなものをいうのかということもここで書いてくださいね。

> 作成者欄には，代表社員甲と署名しているものの，本件社員総会議事録には，社員総会で議決した内容が記されており，社員総会には甲のほか，ＢＣも出席して議決をしている。ＢＣが社員総会で議案を承認したことが記されている文書であり，名義人は，甲ＢＣである。

　Ｂ，Ｃが出席して議決をしてはいるのですが，Ｂさんの意思とＣさんの意思と甲さんの意思という形で出ているわけではなく，Ａ社の社員総会で決めた社員総会の意思が反映されていると考えるのがおそらく素直なので，よって名義人を甲ＢＣと考えるのは論理の飛躍があります。しかもこう考えると何が怖いって，**一応名義人と作成者に部分一致がある**んですね。この部分一致がある場合に不一致と言い切っていいのか，というところが次に問題となり得ます。これは間違っていると即断はできないですがちょっと怖いですね。名義人は社員さん全員になってしまうんですかね。こういう形にも読めるので，ちょっと実態から離れている気がします。

　それから，名義人の定義が書かれていないので，名義人って誰ですかというつっこみが入ることになります。名義人も説が分かれていることは既にお話しした通りですので，名義人の定義もきちんと挙げなければいけません。ちゃんと書いてくださいね。

行使の目的

　ここはいいですね。

事実証明に関する文書

　私文書にあたらない場合には名義人と作成者に不一致がある云々の前に，そもそも私文書偽造罪が成立しなくなります。怪文書偽造をしているくらいでは誰も捕まえに行かないので。と考えると，これは書くなら先に書かないといけないところですね。事実証明に関する文書について偽造があったのではないかとところなので，これは論理的な順序がおかしくなっています。どの科目でもそうですけど，順序がおかしいとわからへんけど適当にあてはめたんやなと思われてしまうので，論理的な順序には気をつけてください。

交付していることから，同行使罪が成立する。

　ここはいいですね。交付しちゃったのでね。

(3) 詐欺罪について

　詐欺罪をあっさり書いているのはいいんですが，成立させたんですね。これも，なお書きを完全に無視しているように思えますが，交付それ自体が損害といえると考えているので，おそらく善意無過失であったとしても損害が発生しているということでしょう。でもこう書くのであれば，説得力が出るようにもう少し書かないといけない気もします。

(4) 抵当権抹消行為について

> 甲がDに抵当権を抹消させた行為は，不可罰である

　この答案は「不可罰である」と書いてあります。ここの摘示をどうするか私も本番で迷いましたが，まあ摘示しても3行くらいなのでいいですかね。そんなに時間もかからないですし。「他に売却したり，他の抵当権を設定したりするつもりが全くなかったから」と言われると事実しか摘示されていないので，構成要件のどこが切れるのかというところも示せるとよかったと思います。「犯罪を犯す行為」がそもそも認定できないですね。何の犯罪にあたるかどうかさえわからない行為ですので，ここは何の問題もなかったかなと思います。

(5) 横領後の横領について

　あれ，Dに対する詐欺罪とはちゃんと書いているのに，業務上横領罪は誰に対すると書いていないですね。再現答案①もそうでしたが，みんな結構この傾向ありますね。詐欺罪はなぜか人を摘示するというのがみなさん癖になっているような気がしますが，**詐欺罪だけではなく，他の財産罪に関しても，個人的法益に対する罪ですので，誰に対する罪が成立しているのかちゃんと認定してくださいね。**

> 抵当権設定行為によりすでに横領罪が成立していることから，横領後に横領罪を問擬できるのかが問題

　問題とはなるのですが，なぜ問題かというところがちょっとふわっとしていますよね。抵当権設定行為による横領後の横領がなんで問題なのかというと，所有権侵害を2回行えるのか，すなわち横領罪の保護法益であるところの所有権は1回侵害されたらもう二度と侵害できないものではないのか，ということが問題となっているからですね。というところが摘示されていないので，点にならないわけではないですけどそんなに大きく点にはならないですね。書いたんやけどもったいないという感じがしま

す。

> この点について，横領罪の本質は

やっと本質が出てきました，もっと前に書けばよかったのに。

> 本質は，委託信任関係の破壊にある。先行する抵当権設定契約では，所有権の所在に変更がないことから，委託信任関係が全面的に裏切られたことにはならない。

これはどうなんですかね。本質が委託信任関係の破壊にあると言いきってしまうと，背任に大分接近するわけです。すなわち，これを突き詰めていくと所有権侵害が発生しない委託信任関係の破壊でも横領罪になりかねなくなるので，ミスリーディングですね。確かに本質は委託信任関係……，本質と書くとちょっとまずかったかな，横領罪は，委託信任関係をも保護法益とするものであって，先行する抵当権設定契約では，交換価値の把握しかしていなくて売ることは可能であるからこれを捕捉しないのはおかしいということと，委託信任関係がまだ全面的に裏切られたわけではないから保護法益はまだ残っているという話を書いて，横領罪が成立しうると書いた方がまだよいかなと。問題の所在をしっかり把握していないせいで，こういう形のミスリーディングな答案になってしまったと考えられますので注意してくださいね。

> 甲は，本件土地に抵当権を設定しただけであり，委託信任関係は全面的に裏切られたとはいえない。

こう書いてあるのですけど，私は，抵当権が設定されていることに気付いたら，委託信任関係はほとんど裏切られたのではないかということを思ってしまうので，このあてはめもちょっと怖いですよね。
この横領後の横領は確かにここで書くのもいいと思われます。なぜかというと，構成要件にそもそも該当しない行為ではないのかという考え方と，構成要件に該当するが罪数で処理しなければいけないのではないかという考え方があるので，ここで書いた方が読みやすくなる場合もあるのでしょう。

> では，甲に業務上横領罪が成立するか

「業務上」，すでに業務上をあてはめたから，さすがに業務上は一緒と書けばいいんじゃないかな。「他人の物」も抵当権が付いていたけどまだ所有物やから一緒と書いて，「占有」も一緒と書けばよかったですね。「委託信任関係」も一緒ですね。

同じことを2回書くのは面倒臭くないですかと言いたくなりますね。こういう場合には同様だという形で言い切るか，それとも抵当権設定行為が行われたとしても同様だと書いた方がいいのではないかと思います。抵当権設定行為の前と後で違う可能性がある委託信任関係に関しては，抵当権設定行為の前か後かを意識してあてはめた方がいいですし，他人の物であったとしても所有権はまだ移転していないからということはきちんと書いておくべきでしょう。メリハリが利いていない感じがしますね。

> 横領

また「土地の売買は，所有者でなければできない行為であるといえる」とあります。土地の売買は所有権を移転させる行為であって，所有権者でなければ所有権の移転ということはそもそもできないので，所有権者でなければできない行為である，ということですね。

> 本件土地をEへ売却している。……それ故，……横領したといえる。

もっと気になるのが「売却」ってふわっと書いていて，意思表示の段階で既遂になるのか，それとも所有権移転登記の時点で成立するのか，という既遂時期が意識されていません。結局は全部移っているので，まあええやん，と思うかもしれません。ただ，**どちらの段階で既遂になるかというのは未遂がない横領罪ではとても大事**ですので，ここは書かないかんよな，ということは意識をしておいてください。未遂犯がある場合には実行の着手がいつだったかということが問題となりますが，未遂犯がない場合には既遂に至らないと処罰できないので，既遂時期がいつかというのを気にしていただきたく思います。

択一でもよく聞かれますね，実行の着手があるかとか，未遂が成立するか既遂が成立するかを振り分ける問題がありますが，なんでこんな問題があるかというと，そこが大事だからですよね。意識をしていただいて，なおかつちゃんと答案にも示していただくことが重要であると考えます。ちなみに，背任罪（247条）は未遂罪（250条）がありますから，実行の着手がいつかという方が問題となりやすいですね。

(6) 背任罪について

背任罪がこういう書き方になるのはよくわかりますね。勉強していないときはこう

やって逃げてもいいかなと思います。淡々とあてはめて，構成要件知っていましたというのをアピールできればいいかな。もちろん理想はちゃんと勉強しておくことです。ただ，1回出ましたのでもうやってくださいね。

続けて見ていきましょう，「事務処理者」「図利加害目的」「任務違背」，中身に立ち入りはしないんですが，やはり背任罪の解釈論が問題となっているのはその本質に争いがあるからでした。と考えると，やはり背任罪の本質から事務処理者にあたるかとか図利加害目的があるかとか書いた方がいいです。あと全体的に気になったのですが，この人は条文の文言を引いてきていないですよね。事務処理者とは書いていないんでね。やはり文言通りに引いた方がいいかなと思います。「以下事務処理者とする」と書いてしまえば事務処理者と何回も書かないといけなくなっても結構楽なので。

図利加害目的

自分の利益を図るための行為やったら図利目的であって加害目的ではないですよね。気を付けてくださいね。図利**または**加害目的です。

任務違背

約束破りだけで任務違背というのはなかなか厳しいですね。事実上の行為も含めるという背任罪の考え方からするとまあいいかなという気はしますし，背信説から考えると信任関係が破られているのでいいかなという気もしますが，どういう行為をすると任務違背行為になるのかという規範がないので，あてはめがふんわりしています。とりあえず背任罪が1回出てしまった以上，みなさんちゃんと復習していただいて，自分の説と書き方だけ決めておいていただければもうそれでいいのかなという気はしています。

損害

いきなり「背任罪における損害は，全体財産に対する損害をいう。」と言われても，なんでこんなん書いたのかようわからないです。確かに全体財産に対する罪とされていますが，なぜこれを書いたのかというと，おそらくプラスマイナスで考えてマイナスが全体に出てへんと背任罪が成立しないということですよね。今回は担保をなくすということであって，債権が消滅しているわけではありません。債権が消滅しているわけではなかったら，プラス財産がなくなったわけではないですから，問題ないので

はないかという問題提起を上の損害の項目の中で書いていただかないと話が繋がらないわけです。

「背任罪における損害は」と「損害」と書かれた後に書いていますが，常に書く必要はなく，必要なのはプラスマイナスに変化がないんじゃないかと見えるときですよね。法的財産説からするとそう見えるときに書かなければいけない話ですので，そこは注意をしてください。

書いている内容は別に間違っていないのでいいですけど，「全体財産に対する損害をいう」と書いた意図を示せた方が，よりよかったですかね。

(7) Eに対する詐欺罪について

この人，ものの見事に詐欺をあっさり終わらせているんですけど，なんか形式的個別財産説みたいに見えてすごいなという気はします。本問では，出題趣旨にも沿っていますしちょうどいいのかなという気はします。

(8) 罪数

> 以上により，甲には，①業務上横領罪②私文書偽造罪③同行使罪④詐欺罪⑤業務上横領罪⑥背任罪⑦詐欺罪が成立し，①と②は包括一罪となり，②と③は原因結果の関係にあることから牽連犯（54条1項後段）となり，ほかとは併合罪（45条前段）で処断される。

②と③が牽連犯なのはいいですが，①と②が包括一罪，……包括一罪か？という気もするので，包括一罪としたいのであれば包括一罪である理由を書いていただきたいです。①と⑤が併合罪ですね。なんで併合罪なのか理由がないと，やはり横領後の横領の処理としてどうなんだろう，と思います。

2 乙の罪責
(1) 業務上横領罪について

> 共同正犯と幇助の区別が問題となる

「区別が問題となる」と書いてありますが，なぜ？と思いますよね。確実に共同正犯としか言いようがないときにはこんな論点は書かないですよね。となると，なぜ問題かということをちゃんと書いて欲しいなと思います。書いてあったら点数が上がる

はずなんです。

> 一部実行全部責任が認められる根拠は，相互利用補充関係にある。それ故，相互利用補充関係が認められる場合には，共同正犯が成立すると解すべきである。具体的には，重要な役割を果たしていたか，利益分配の有無，正犯意思の有無により判断する

　なぜ重要な役割とか，利益分配の有無とか，正犯意思の有無とかで相互利用補充関係があったかなかったか判定できるかがわかりません。この考慮要素がどのような絡まり合いを持って相互利用補充関係を認定する際に使えるのか，というかそもそも相互利用補充関係とは一体どのような関係性なのか。マジックワードをいっぱい使ってみている感じがします。もうちょっとちゃんと書いて欲しいですね。
　相互利用補充関係とは何かというと，自分の犯罪を1人で実行するときよりも，他人と一緒にやったときの方がやりやすいし，相手の行為を利用して自分の犯罪を実現するということですよね。そういう関係性がないとだめだと。すると，犯罪を実行するにあたって重要な役割を果たしていないから，それ自分の犯罪じゃないじゃないか，とか，利益分配が0と100やったら，自分は相手の役に立っているかもしれないけど相手は自分の役に立ったといえるのか，とかですね。
　また正犯意思の有無であれば，役には立つけど自分の犯罪だとは思っていないからね，すなわち相手を利用しようと思っていないからね，自分は利用されるけど，ということになり得るということですね。というところをきちんと意識できているのか，そして相互利用補充関係の中身というものをきちんとわかっているのか，というところがすごく気になる論証です。
　みんなこのくらいしか書かないようですし，時間もシビアではあります。できるだけあてはめて，重要な役割を果たしていることがどうして相互利用補充関係に解消されていくのかというところを書いていけば点数は高くなるでしょう。

> 乙は，甲E間の売買の仲介をしている。……乙が書類を交付しなければ，本件売買契約は成立しなかった

　売買の仲介，必要書類の交付，まあ確かに重要な役割です。ただ，業務上横領罪における実行行為とあるところの売却行為に関する重要な役割，ということをどこかで書ければよかったですよね。売却行為が業務上横領罪における実行行為である。その実行行為をするにあたって，ということを書けるとさらに思考過程がわかりやすかったのですけど，まあ急いでいたんやったら仕方ないですね。

> 1000万円を受取って

　確かにそうです。利益の分配で大事なのはその量です。1対9っていう数字だけを見た瞬間に，なんか利用されているだけっぽくないか，自分から利用しにいっているのかというところに疑問点が浮かぶわけです。しかし，この人は元々ゼロだったので，10分の1ももらえればそれはいいだろうと。ほとんど自分の手を汚していないのでね。10分の1ももらえるならまあいいじゃないか，みたいなところで利益分配を受けている。つまり自分の犯罪とするかどうかにおいて，**自分の犯罪としてもいいレベルで利益の分配を受けている**，と言えるというところが重要なんですね。

> では，正犯意思があったといえるか。
> 　甲は，当初乙の売買の申し出を断っている。それにもかかわらず，乙は，甲が金に困っている状態を利用して本件土地を，Eに売却させようと考え，売買の申し入れをしている。乙は，売買を断る甲を強く説得して，本件売買を成立させようとしていたことから，正犯意思があったといえる。

　なんでここだけちょっと問題提起してしまったのでしょうね。問題提起をするとすれば，正犯意思がなかったと思しき事態が勃発しているがゆえに，正犯意思があったといえるかというところが問題になり得ると考えられますので，これは問題文の前提であるところの第6段落や第7段落を使って，問題提起をするべきであったと考えられます。
　甲が乙の申し出を断っているんですね。断っているから，なんなんでしょうね。あ，この人は共同正犯と幇助との区別を問題にしちゃったんですね。幇助にしちゃったからちょっとふわふわしているのかなと思うんですけど，教唆犯が問題になりますよね。教唆犯のレベルで止まるのであれば，申し出を断られた段階で諦めて然るべきだということになる，ということでしょうね，多分。ただ幇助との違いであれば，**「正犯意思があったといえるか」**というこの問題提起と，**「それにもかかわらず」**というところがちょっと読み取りにくいので，何とも言えないですね。また，強く説得して売買を成立させようとしているということが，本当に正犯意思のところに必要なのかというのもありますし，正犯意思の有無というのが相互利用補充関係の認定に必要だったかなというところも正直疑問点ではあります。自己の犯罪とする意思，という意味で正犯意思を使っているのかどうかもちょっと疑問なので，なかなかここはようわからんところです。

> よって

　3つともあるから「よって」と書いているのですね。それだったら，3つあるから相互補充関係が認定できる，と書いた上で共同正犯だと書かないといけないのですけどね。論理が飛んでいますね。どうしましょうね，という形になります。

(2) 共犯と身分

> 身分者を介し保護法益を侵害することができるから，65条の共犯には共同正犯も含まれると解すべきである。

　ここは，こんなものでいいです。
　やはり問題は，業務上横領罪は「業務上」と「占有者」という2つの身分が問題となり，この2つの身分をどう処理するかというところです。ここが抜けたのは痛いけど時間がなかったんやからしょうがないですかね。時間配分は気を付けてくださいね。多分業務上横領罪の2回目の売却のところでもう少し書かへんかったらここ書けたはずですので，そこはちゃんと考えて書くようにしてください。

●再現答案③（刑事系 107.08 点　刑事系順位 1053 位）

第1　甲の罪責（以下，特記なき限り条文は刑法とする）
1　甲がA社所有の本件土地につき，甲D間の金銭消費貸借契約に伴い担保として，抵当権設定契約を締結した行為及び売却した行為につきA社に対する背任罪（247条）が成立しないか。
　この点，横領罪（253条）の成立も考えうるが，甲はA社の本件土地の管理処分権を有していたこと，および，本件土地の所有権を侵害していることから，背任罪の成否が検討されるべきと解する。
2　背任罪の成立要件は①他人のための事務処理者であること，②自己もしくは第三者の利益を図り，または本人を加害する目的で，③任務違背行為をし，④本人に財産上の損害を与えたことである。
　①とは，背任罪は財産犯であることから，財産上の事務処理者に限られることになる。②とは自己図利目的と本人加害目的が併存していてもよく，未必的な認容で足りると解する。③は，任務違背行為とは誠実な事務処理者としてなすべきものと期待された行為に背信する行為をいう（背信説）。④は背任罪が全体財産に対する罪であるところ，本人の経済的見地において財産状態を背任の前後で比較し，その差額が損害であると解する。
3　これを本件についてみると，まず①については甲はA社の代表社員であり，Aの財産を管理する立場にあるためみたす。
　②についても，甲は自己のDに対する金銭消費貸借契約の担保とする目的を有しており，自己の利益を図る目的であったといえるといえるため，これをみたす。
　③については，Aと甲との間の信頼関係に違背する行為であることが必要である。本件では，本件土地の管理処分権限は甲が有していたが，会社と代表者の利益が相反する行為については社員総会での承認手続きが必要であるにも関わらず，甲はこれを経ずに，後述する社員総会議事録を偽造してDに交付している。これはA社の代表者として本件土地を誠実に管理するという義務に著しく違背する行為であり，Aと甲との信頼関係を破壊するものであるから，任務違背に該当する。よって，③もみたすと解する。
　④については，抵当権を設定しただけではいまだA社は本件土地の所有権を失っておらず，甲が金員を返還すれば抵当権を抹消することも可能であることから，A社に損害が生じたか否かが問題となる。しかし，甲には返済のあてはなかったのであり，そのような債務を担保するために抵当権を設定した時点で財産上の損

害が生じているというべきである。よって，④もみたす。
　以上より，Dに対して本件土地に抵当権を設定した行為につき背任罪の構成要件に該当する。
4　次に本件土地をEに売却し，所有権移転登記手続きを完了した行為につき，背任罪が成立しないか。
　背任罪の成立要件は前述のとおりであり，これにてらして検討する。
　①につき，抵当権設定行為と同様に甲はA社の財産上の事務処理者としての地位を有する。たとえ，すでに抵当権設定行為を行っていたとしても，なお代表社員の地位にあり，本件土地の管理処分権限を有する以上①を満たすと解する。
　②については，甲は本件土地を売却して暴力団関係者への借金の返済に充てるという極めて個人的な使途であり，もっぱら自己の利益を図る目的であるといえる。よって，②をみたす。
　③については，先行する抵当権設定行為によってA社との信頼関係が破壊されているようにも思える。しかし，行為者と本人との間の信任関係が先行行為によって全面的に破壊されるわけはなく，いまだ信任関係はあると解する。よって，売却行為によってさらに信頼関係に違背したということができる。
　④は，Eに売却し，所有権移転登記を完了し，かつ，本件ではEが本件土地をA社との適切な取引であると信じたことにつき，善意無過失であるから，Eは確定的に本件土地の所有権を取得し，A社は所有権を失ったことになり，これは財産上の損害といえ，④をみたす。
　以上より，①～④をみたし，本件土地の売却および所有権移転登記手続きを完了させた行為につき背任罪の構成要件に該当する。
5　なお，先行する背任罪と後行する背任罪は，同一目的物に対する，同一人による背任罪であるから両者は包括一罪として評価される。
　以上より，甲には背任罪（247条）が成立する。
6　虚偽の社員総会議事録を作成した行為について
 (1) 上記行為につき，私文書偽造罪（159条1項）が成立しないか。
 (2) 私文書偽造罪は①「行使の目的」で，②事実証明文書または権利義務文書を，③「偽造」した場合に成立する。②のうち，事実証明文書とは実社会生活に交渉を有する事項を証明するに足りる文書をいう。そして，③「偽造」とは，文書の名義人と作成者の人格の同一性を偽ることをいう。
 (3) 本件では，甲はDに交付し真正に作成された社員総会議事録として信じさせる目的を有していたため，①をみたす。②については，社員総会議事録は社会

的に見て社員総会が適切な手続きの上に成立したことを表す文書として使用されるものであるから，事実証明文書といえる。③は，文書の名義人は社員総会であり，作成者は甲であるから，人格の同一性を偽ったといえる。
　よって①②③をみたし，甲には私文書偽造罪が成立すると解する。
(4)　なお，実際に，偽造した社員総会議事録をDに交付しており，同行使罪（161条1項）も成立する。
7　Dに対する背任罪の成否について
(1)　Dに対し，本件土地を他に売却しないことを約束して抵当権設定登記を抹消したにもかかわらず，これに背いて本件土地をEに売却した行為につき，背任罪が成立しないか。
(2)　この点，前述の要件にてらすと，甲はDに対して適切に本件土地を管理する事務を負担していたことになり，①をみたす。そして，もっぱら自己の利益を図る目的であり（②充足），抵当権者のために適切に管理するという任務に違背した行為により信頼関係を破っており（③充足），抵当権を失ったことで甲は借金の返済のあてがないのであるから確定的に貸付金につき返済の見込みのない債権であることが確定したことになり，これは財産上の損害といえる（④充足）。
(3)　以上より，甲にはDに対する背任罪が成立する。
8　Eに対する詐欺罪（246条1項）の成否
　甲は本件土地を自己に処分権限がないにもかかわらずEに偽って売却しており，詐欺罪が成立しないか。
　この点，確かにEは1億円相応の土地を取得しており，経済的見地からの損害は生じていないと解することができる。しかし，詐欺罪は背任罪とは異なり個別財産に対する罪であり，真実を知っていたならば購入しなかったにもかかわらず，欺かれたために購入したならば，そのために支出した金額が損害となると解する。とすれば，Eには財産上の損害が生じていることになる。
　よって，Eに対する詐欺罪が成立する。
9　罪数
　甲の上記の罪責は，すべて併合罪となる（45条前段）。
第2　乙の罪責
　乙は甲と共に本件土地につき，Eへの売却行為に関与している。そこで，共同正犯としての罪責を負わないか（60条）。
　この点，乙は甲をそそのかすなどしているため，教唆犯との区別が問題となるも，甲とEとの売買契約につき，300万円という手数料を受領しており，その額も決し

て小さいものではない。また，Eへの売却行為についてなくてはならない重要な役割を演じており，乙は本件土地がDの抵当権が付着していることにつき悪意であり，にもかかわらず信義則に違反してEへの売却を進めた経緯もある。以上のことから，乙は共同正犯としての罪責を負うと解する。

以上

1 甲の罪責
(1) 背任罪!?

> 抵当権設定契約を締結した行為及び売却した行為につきA社に対する背任罪

　背任罪!?この後に「横領罪（253条）の成立も考えうるが，甲はA社の本件土地の管理処分権を有していたこと，および，本件土地の所有権を侵害していることから」と書かれています。所有権侵害って思いっきり横領罪ですよね。これ，最初から横領罪の本質をわかっていますか？と言われてしまいそうですね。「管理処分権を有していたこと」っていうのは，横領罪の占有を認める事情なのでね。横領罪を肯定することしか書いていないのに，「考えうるが」と書いていて，背任罪と言っているのでどうしましょうね。しかも確実に売却行為は横領罪にあたります。抵当権設定行為に関しては背任罪という考え方がすごく強いというほどではないですけどまだ根強く残っていますから，背任罪にしても何とも言えないですけど，上に売却した行為と書いちゃったのでね。どうしましょうね……。

(2) 背任罪の成立要件

> 背任罪の成立要件は……である。

　とりあえず背任罪を見ていくと，これは条文を書き写しただけですね。**意味のない要件先出しはやめましょう。**

> 財産犯であるから，財産上の事務処理者に限られる

　確かにそうですけど，なんで書いた？この人は確実に財産上の事務処理者ですよね。管理処分権を持っているので，財産上の事務処理者であることに，あまり疑いはありません。多分事務処理者であるかどうかというのは，Dさんとの関係で問題となるのであって，A社に対してこれが問題となるということはちょっと考えにくいですね。

> 自己図利目的と本人加害目的が併存していてもよく，未必的な認容で足りると解する。

　積極的な認容まで必要ないという判例（最決昭63.11.21）は確かにありますけど，そ

りゃそうやろと。なぜ書いた？という感じですね。

> （背信説）

なぜか③でいきなり背信説が出てきているんですけど，背信説は背任罪の本質の話でして，説の名前を書いても点数は一切入りません。背信説なんて答案に書かないでくださいね。背信説に立ったらどうなるかというので，全ての文言の解釈をしていって欲しいというだけで，名前を書けとは言っていないですからね。

確かに背信説だから背信する行為でしょうね。背信って何？とさらにつっこみたくなってしまいます。「信頼関係を破壊する」とか書いた方がよっぽどましやったかなという気がします。

> ④は背任罪が全体財産に対する罪であるところ，本人の経済的見地において財産状態を背任の前後で比較し，その差額が損害であると解する。

④もこれだけだと，なんで④の解釈をしたのとつっこまれると思うんですよ。結局は必要だと思いますけど，理由も無しに解釈されると，無駄なこと書いたと思わへんのかなと思いますね。

(3) あてはめ

> まず①については甲はＡ社の代表社員であり，Ａの財産を管理する立場にあるためみたす。

①に関しては何の問題もないからあてはめはこのくらいの厚さでよいです。

> ②についても，甲は自己のＤに対する金銭消費貸借契約の担保とする目的を有しており，自己の利益を図る目的であったといえるといえるため，これをみたす。

②に関しても，そりゃあ図利目的やろとつっこみたくなるわけですね。

> ③については，Aと甲との間の信頼関係に違背する行為であることが必要である。本件では，本件土地の管理処分権限は甲が有していたが，会社と代表者の利益が相反する行為については社員総会での承認手続きが必要であるにも関わらず，甲はこれを経ずに，後述する社員総会議事録を偽造してDに交付している。これはA社の代表者として本件土地を誠実に管理するという義務に著しく違背する行為であり，Aと甲との信頼関係を破壊するものであるから，任務違背に該当する。よって，③もみたすと解する。

③については，社員総会議事録を偽造してDに交付した行為がA社との関係を破壊する，というような内容を書いています。偽造はここで摘示する必要があったかどうかが微妙ですよね。なぜかというと，「**本件土地を誠実に管理するという義務**」というのは確かに認定できると思います。でも，それであるならば，自己図利目的で勝手に抵当権設定をするなというところまで言えばいいはずですよね。となると，なぜ偽造まで書いたのか。確かに偽造しているのは悪いことですけど，悪いことというのは犯罪との関係において違法要素，違法性をより大きくする要素を書くべきであって，これは背任との関係性において，本当に背任罪にするべき違法性要素と言えるのかが少し微妙です。

> ④については，抵当権を設定しただけではいまだA社は本件土地の所有権を失っておらず，甲が金員を返還すれば抵当権を抹消することも可能である

確かにそうですね，抵当権を抹消したらいいので。

> 返済のあてはなかったのであり，そのような債務を担保するために抵当権を設定した時点で

これ，上で「**本人の経済的見地において財産状態を背任の前後で比較し，その差額が損害であると解する**」と書いているので，本人の経済的見地において，結局抵当権が実行されてマイナスを負う可能性が高いということを書かないといけないんですけど，そう書いていない気がします。「**返済のあてはなかった**」というところでちょっと示されてはいるんですけど，示されているだけで別に明確に書かれているわけではないですね。ここもまずいでしょうなぁ。

(4) 土地売却行為について

> 次に本件土地をEに売却し，所有権移転登記手続きを完了した行為につき

そして今までは抵当権設定行為やったんですけど，次は売却ですね。

> これにてらして検討する

なぜ論証したのかが全く書かれていません。

> ①につき，……（他人のための事務処理者であること）

確かに，「代表社員の地位にあ」るということからすると，「管理処分権限を有」していることは間違いなくて，辞めているわけではないのでその通りですね。別にこれ，前述と同じだとあてはめれば良かったのに，なんであてはめたんだろうという問題点もあります。

> ②については，……（自己もしくは第三者の利益を図り，または本人を加害する目的）

別に「極めて個人的な使途であり」って書く必要なかったと思うんですよね。自己図利目的が認定できればいいので，「暴力団関係者への借金の返済」じゃなくて，サラ金への借金の返済でも，銀行への借金の返済でも，全部図利目的は図利目的なので。いらんところで格好良く書いちゃったなという気はしますね。

> ③については，……信任関係が先行行為によって全面的に破壊されるわけはなく，いまだ信任関係はあると解する。（任務違背行為）

なんで？と言いたくなりますよね。抵当権設定されて，それを気づいていたら信任関係がなくなっているといえませんかね。しかも「解する」と書いているということは，**違う方向に解することもできると自分で認めてしまっている**ように思えるわけです。だから，事実上未だ信任関係が継続しているからさらに破壊することが可能である，という理由を摘示するべきであると考えられるんですけど，それが摘示されてい

ないのでここも点数はないと思われます。

> ④は，……（本人に財産上の損害を与えたこと）

ここで善意無過失を使っています。これはまあ，背任罪にしたらこうする他なかったんかなという気はしますね。なので，これはしょうがないという気がします。

(5) 先行する背任罪と後行する背任罪について

> なお，先行する背任罪と後行する背任罪は，同一目的物に対する，同一人による背任罪であるから両者は包括一罪として評価される。

そして，包括一罪としています。犯意の発生時期等，問題はあります。

(6) 私文書偽造罪について

> 虚偽の社員総会議事録を作成した行為について

この人はおそらく要件先出し型なんですね。行使目的については解釈の必要性がないから解釈をしていなくて，事実証明文書にあたるから事実証明文書を解釈しています。もっとも，権利義務文書は挙げているものの，解釈をしていないので，権利義務文書ってなんやねんというつっこみが確実に入るのでやめましょう。そして，「③『偽造』とは」と言っていて，偽造罪の本質に全く触れずに偽造の解釈をしているのですね。

> (3) 本件では，甲はDに交付し真正に作成された社員総会議事録として信じさせる目的を有していたため，①をみたす。

そうですね，「①（行使の目的）をみたす。」ただ，「信じさせる目的」と行使目的ってずれていますよね。どうせ解釈するんやったら行使目的まで解釈すればよかったのに，と思ってしまうんですが。そこは一貫していないですね。だめなんだったらだめなりに，要件先出ししたら全部解釈する，とかしてもらった方がよっぽどスッキリするのですけど。

社員総会が適切な手続きの上に成立したことを表す文書

うーん，そうなんですかね，これほんまなんですかね。社員総会議事録を見るときって，大概社員総会でどのような決議がなされたかを確認したくて見るはずなんですけど，「適切な手続きの上に成立」したことだけでは別に取消事由はないですねで終わってしまうので。これも中途半端ですね。使い道を考えてないということがよくわかります。

文書の名義人は……作成者は……

名義人と作成者って絶対定義を出してあてはめないといけないので，定義を出してください。なんで社員総会なのか，なんでこうなのか。あと，有印と無印は分けてくださいね。再現答案②も再現答案③も有印とか無印とか絶対考えていないとよくわかるんです。私文書偽造罪と書いてしまっているし。お願いですから有印か無印か気にしてくださいね。

交付しており

交付だけで行使罪と言っているのですけど，行使にあたるかどうかというのはやはり気にしてくださいね。また，ここで長々書いても全く意味がないところなので，まあこれでもしょうがないかなという気はします。ただこの答案は割と短いので，全体にもうちょっと書いてほしかったですね。

(7) Dに対する背任罪について

Dに対しては背任罪しか見る余地がないのでしょうがないですが，詐欺罪を気持ちいいぐらい落としてますね。

前述の要件にてらすと

こう書いていますが，問題となりうる要件が違う可能性があります。すなわち，要件解釈の中で色んな要件の解釈があって，問題となる要件が違うかもしれないという意識が全くないので，これは真似しないでくださいね。なぜこの要件を解釈しないといけないのか，なぜこの要件が今問題となっているのかというのを，問題文の事実から引いてきて，問題文の事実に照らし合わせるとちょっとあてはまるかどうかわから

へんから要件解釈をするということをちゃんと考えてくださいね。気を付けてください。

　この書き方は，ただ要件にあてはめます，あてはめます，あてはめます，これ ばかりで何を考えてこの文章を書いたのかがわからない，思考過程が読み取れないですね。要件を先出ししても，ちゃんと問題提起ができていて流れが書けていればいいと思うのですが，なかなかできない。多分要件先出しすると安心しちゃって，解釈，解釈となってしまう。やっぱり要件先出しをしてこうなるぐらいであれば，ちゃんと一回一回文言について問題提起をして，あてはめをしていっていただけたらいいのではないかなと思います。

> Dに対して適切に本件土地を管理する事務を負担していたことになり

　どの事実とどの要件を照らすとこうなるのかが書いてないので，あてはめがあてはめになっていません。

> そして，もっぱら自己の利益を図る目的であり（②充足）

あてはめていないですね。

> 抵当権者のために，適切に管理するという任務により

　任務や事務の内容を書いていないと，その任務違背，事務違背が認定できません。適切に本件土地を管理する，まあ書いていると言っていいのかなと思うんですけど，やっぱりちゃんと認定して欲しかったですね。

> 信頼関係を破っており

　まあそりゃあね。信頼関係までちゃんと認定しましょうね。

> 返済の見込みのない債権であることが確定したことになり

　確定……。気になるんですけど，確定などと書かれるとほんまかってつっこみたくなるんですね。まあ海外で賭博しまくっているような人なので，確かに返済できない

可能性は高いのですけど，賭博当てたらどうすんねん，と思ってしまうわけです。なので，**不用意な一言はできるだけ書かないようにしてください。**確定ではなく，「見込みのない債権となってしまうため」とかでいいと思います。

(8) Eに対する詐欺罪について

次は，詐欺罪？Eに対する詐欺罪を書いてDに対する詐欺罪を抜かしたのですね。ここで問題なのは，1億円相当の土地を取得していることから財産上の損害がないのではないかと書くか，財産上の損害に向けられた欺く行為が必要なのに財産上の損害がないような気がするから欺く行為がそもそもないのではないかと書くか，2通りが考えられます。どちらでもいいですけど，構成要件のどこが欠けるのかということを問題提起で書いておかないとここが認定しにくくなります。

> 真実を知っていたならば購入しなかったにもかかわらず，欺かれたために購入したならば

Eさんが本当に真実を知っていたならば購入しなかったかというところが入ってないので，論理が飛んでいますよね。なので，ここも点数が入らないと思います。

(9) 罪数

全部簡単に併合罪にしてしまっています。**罪数関係には刑法の理論の全てが凝縮されていると言っても過言ではないので，そこは本当にちゃんと処理してください。**出題趣旨にも採点実感にも書いてありましたよね。

2　乙の罪責

> 悪意

「悪意」は民法，刑法では普通「故意」ですから，何の断りもなく刑法で「悪意」って書いちゃだめでしょう。

> にもかかわらず信義則に違反して

ここ信義則の話でしたっけということになってですね，自由競争をちょっと意識し

ているような気はするんですけど，ここの最後はよくわからないですね。全面的に書き直さないといけないところなので注意をしてください。

第5編　過去問徹底分析②　司法試験平成24年刑法

第6章　講師答案

※　これは「模範答案」ではありません。講師が時間を計って実際に2時間で書いた「実践答案」です。現場で実際にどこまで書けばいいのか，というイメージ作りの参考にしてください。

第1　甲の罪責
1　甲が「社員総会議事録」を作成した行為について
　甲は，実際には社員総会が開かれておらず，社員総会議事録作成者には選ばれていないにもかかわらず，議事録作成者代表社員甲として署名押印し，社員総会議事録を作成している。この甲の行為には有印私文書偽造罪（刑法159条1項）が成立する。以下，詳述する。
(1)　「社員総会議事録」（以下，本件文書とする）の作成者は甲である。文書偽造罪における文書の作成者とは，文書にその意思を表示させた者である。本件文書は甲によって甲の望む内容が記載されており，甲の意思が表示されている。したがって，甲が作成者となる。
(2)　文書偽造罪の保護法益は文書に対する公共の信用である。そして，この公共の信用が最も害されるのは，文書から看取される意思の表示主体と実際の意思の表示主体が違い，文書の意思表示が誰のものかわからない場合である。すなわち，文書の名義人と作成者が食い違う場合である。したがって，文書偽造罪として刑罰を科される「偽造」とは，文書の名義人と作成者の同一性を偽ることを言う。
　本件文書の名義人は，議事録作成者代表社員甲である。本件文書をみると，この文書はA社社員総会議事録であり，社員総会によってこの議事録を作成する権限を与えられた甲が実際に抵当権設定についての決議があったことを証するものであるという。すなわち，甲が上記の決議を証するという意思を表示したものと読むことができる。したがって，名義人は上記のようになる。
　作成者と名義人の同一性が偽られているため，甲の本件文書作成行為は「偽造」にあたる。
(3)　そして，甲は「議事録作成者代表社員甲」として，すなわち，名義人の署名押印をして文書を作成している。したがって，甲の本件文書作成行為は，「他人の印章を使用し……」にあたる。甲はこれをDに交付する目的で作成してお

り,「行使の目的」もある。
 (4) したがって,甲の本件文書作成行為には有印私文書偽造罪が成立する。
2 甲は,上記本件文書を真正な社員総会議事録として,Dに交付している。この行為は偽造文書を真正なものとして他人の認識下に置くものであるから,同行使罪(刑法161条1項)が成立する。
3 甲のA社所有の本件土地に抵当権を設定し,その登記を経た行為についてA社に対する業務上横領罪が成立する。以下詳述する。
 (1) まず,甲はA社の不動産について,代表社員として管理処分する権限を有していた。そのため,後述するように,A社不動産を「業務上」「占有」していたといえる。また,同時に,A社の事務をA社のために処理する立場にあったのであるから,「他人の事務を処理する者」にもあたりうる。そんな甲が,A社の本件土地に抵当権を設定したのであるから,「横領した」とも言えそうであり,「任務に違背した」とも言えそうである。したがって,甲の抵当権設定行為に業務上横領罪が成立するのか,背任罪(刑法247条)が成立するのか,両者とも成立するのかが問題となる。
  ア 両罪の共通点としてその本質は本人との間の信任関係を破壊する点にある。そして,業務上横領罪は財物を侵害し,背任罪は全体財産との関係で財産的損害が発生するという点に違いはあるものの,相手方に財産的損害を発生させる点では一致している。すなわち,両罪は共に同一の法益を侵害するものである。したがって,1つの行為につき両罪が同時に成立することはない。そして,両罪が共に成立するように考えられる場合には,法条競合として,罪質が重い罪,すなわち業務上横領罪のみが成立すると考える。ここで,より重い業務上横領罪が成立する場合とは,横領罪が他人の所有物を自己の所有物のように扱い,所有権者でなければ出来ないような形で処分する行為を処罰するものであることから,自己の名義・計算において当該行為を行った場合であると考える。
  イ 本件で,甲は,自己の海外における賭博費用で生じた借入金の返済のための,さらなる借入の担保として,本件土地に抵当権を設定している。この借入れで得をするのは,甲のみであり,A社には何の関係もない。むしろ利益相反取引にあたるものである。したがって,本件行為は甲の名義・計算で行われたといえる。
  ウ 以上より,以下では,業務上横領罪の成立について検討する。
 (2)ア 業務上横領罪は前述のように,業務として,本人との委託信任関係の下,

自己が占有するに至った他人の物を，自己の所有権下にあるもののように振舞い，処分する行為と捉えるものである。そのため，本罪における「業務」とは，社会生活上反復継続して行う事務であり，かつ，他人の物を占有保管することをその内容とするものでなくてはいけない。また，「自己の占有する他人の物」はその物を他人から委託信任関係に基づいて占有するに至ったことを指す。この占有は，受託者が所有権者のように振舞うことを可能とするもので足りるから，受託者が濫用するおそれのある支配力を他人の物に及ぼしていることをもって足りる。そして，「横領」とは，前述のように，他人の物を自己の所有権下にあるものとして振舞い，処分することをいう。

　イ　本件土地はＡ社所有であり，「他人の物」である。甲はＡ社の代表社員としてＡ社不動産を処分，管理していたのであるから，「業務」といえる。そして，甲はＡ社代表社員として，本件土地についても処分，管理権を有していた。ここで，利益相反取引について承認がなければ本件土地を処分できないことから，未だ「占有」していないとも思える。しかし，対外的には甲が必要書類をそろえれば有効に処分することが出来，内部的制限があったとしてもなお，その権限を濫用し，本件土地を処分することは可能であった。したがって，甲は本件土地を「占有」していたと言える。

　　さらに，甲は本件土地に抵当権を設定している。抵当権は土地の価値を把握し，万一の時は抵当権者に売却をも許すものである。所有権者でなければ設定できない（他人物の抵当権は物権的に有効ではない）し，登記もできないにもかかわらず，甲は抵当権を勝手に設定している。したがって，本件行為は「横領」にあたる。

　ウ　甲は，以上のことを認識し，あえて行為を行っているのであるから故意が認められる。また，横領行為は不法領得の意思の実現行為であるから，当該行為をあえて行った以上，不法領得の意思が認められる。

（3）以上より，甲が本件土地に抵当権を設定し登記を経た行為につき業務上横領罪が成立する。

4　甲がＡ社に無断でＥに本件土地を売却し登記した行為について，Ａ社に対する罪責

（1）この行為も，前述3と同様に，業務上横領罪が成立するか，背任罪が成立するかが問題となる。甲は自己の借入れの返済のために，4の行為を行っているから，前述のように，自己の名義・計算の下で行っているといえる。したがって，4の行為についても，業務上横領罪を検討する。

(2) 甲はいまだA社の代表社員として，不動産の管理処分を行っている。従って，「業務上」「自己の占有する」といえる。そして，本件土地は未だA社の物であるから，「他人の物」にもあたる。また，委託信任関係は破壊され，登記という横領行為もある。
(3)ア　ここで問題は，3の行為ですでに，所有権侵害が行われ，委託信任関係が破壊された以上，本件登記行為は，3の抵当権設定行為があることによって共罰的事後行為となり，そもそも罪が成立しないのではないかということにある。

　　抵当権はその物の価値を把握するものであるが，未だ土地の使用収益処分という所有権の権能は所有者にある。そのため，抵当権設定による所有権侵害と売却による所有権喪失は質の違う侵害であり，売却行為による侵害を抵当権設定による侵害に包摂して考えることは出来ない。また，抵当権設定時にも売却時にも，委託者と受託者の間の委託信任関係は破壊されている。そのため，売却行為による侵害と抵当権設定行為による侵害は別個のものといえる。
　イ　以上より，両行為について業務上横領罪が成立する。罪数処理の際に併合罪とするか，包括一罪とするかを検討することとする。
(4)　4の行為には，A社との関係で業務上横領罪が成立する。
5　4の行為について，Dとの関係
(1)　甲は，Dとの間で本件土地に他者の抵当権を設定したり，他者に本件土地を売却しないと約束していた。この約束を破り，Eに本件土地を売却した甲に，背任罪が成立する。以下，詳述する。
(2)　Dは，本件土地の所有権者ではない。そのため，3で述べたような横領と背任の区別は問題とならない。
(3)　背任罪とは，本人と事務処理者との間の信任関係に反して，その事務を信任した趣旨に反して処理し，もって本人の全体財産に損害を与えるものである。したがって，「他人のためにその事務を処理する者」とは，本人との信任関係に基づいて，本人の事務を本人に代わって処理する者をいう。そして，「任務に背く行為」とは，社会通念上不相当な形で，信任された趣旨に反して事務を処理することであり，本人に財産的損害を与える行為である。

　　これを本件についてみると，甲はDのために，本件土地を売却等しないようにすることになっていた。これをDの事務といえるのか。
　　甲はDから借入金を受け取っており，抵当権設定契約に基づきDに対し登記

に協力する義務があった。また，甲は，A社代表社員として，所有権者と同様に，Dの抵当権を保全する義務，すなわち担保価値維持義務を有していたといえる。これは本来抵当権者であるD自身が物権に基づき行うことが出来るものであるが，それを代わりに甲が行うという形をとったとみることができる。したがって，本件土地を売却しないように担保価値を維持する義務はDの事務といえる。

そして，甲はこのDの事務をDとの約束によって行う立場となったのであるから，「他人のためにその事務を処理する者」にあたる。

甲は，約束に反し，本件土地を売却した。そのため，「任務に背く行為」も認められる。また，自己の借入金を返済するためであり，「自己の利益を図り」といえる。これによってDの甲に対する債権は回収不能となったため「財産上の損害」もある。これらすべてについて甲は認識しあえてその行為を行っているのであるから，故意も認められる。

(4) 以上より，背任罪が成立する。

6 罪数

まず，業務上横領罪2つについては，A社との間の委託信任関係を破壊し，A社所有権を侵害するものであるが，犯意の発生時期が違い，また，時間も約一年とかなり開きがあるため併合罪（刑法45条前段）となる。私文書偽造，同行使罪，抵当権設定についての業務上横領罪は牽連犯（刑法54条1項後段）となる（①）。背任罪と売却行為の業務上横領罪は同一の行為で行われており，観念的競合（刑法54条1項前段）となる（②）。①と②は，上述の理由で併合罪となる。共犯については乙の所で述べる。

第2 乙の罪責

1 乙は甲に対し，甲がEに本件土地を売却するようにすすめている。この行為につき，共謀共同正犯（刑法60条）が成立するか。

(1) 共謀共同正犯が成立するには，自己の犯罪を行う意思を持つ2人以上の者が互いに共同して犯罪を実行する意思を連絡しあうことが必要である。

ア まず，乙は本件のすすめる行為が，Dとの関係で背任罪に，A社との関係で業務上横領罪にあたると認識できたか。この点，乙は，甲が会社に無断で売却することが両罪にあたることは認識していたといえる。そして，乙はそれでもあえて，甲にすすめているのであるから，認容があったといえる。

イ 次に，乙が，「自己の犯罪を行う」つもりであったか，すなわち，正犯意思があったといえるかが問題となる。甲は半年前に一度乙のすすめを断り，

また，今回も一度はＤとの約束を重視して乙のすすめを断っている。このような状況で，かつ，Ｄとの約束を聞いた上で，さらに働きかけているのであるから，乙の本件行為への寄与は大きい。これほどまでに甲にすすめるのであるから，自分のために，すなわち自己の犯罪を行っていると考えうる。さらに，Ｄとの約束を反故にする口実を甲に与え，より犯罪へ向かわせている。そして，それによって，乙は甲から1000万円，Ｅから，さらに仲介手数料を受け取り，利益を得られるようになっている。このように，乙は本件犯罪にとって重要な役割を果たしているのであり，かつ，それによってたくさんの利益を得ることが出来るのであるから，本件犯罪を自己の犯罪として行うといえる。

　ウ　そして，乙が上記(1)イのような認識であることを，会話を通じて，甲も認識し，その上で，その上で，甲が乙のすすめによりＥに対して売却を行うことが決定されたのであるから，甲乙共に自己が犯罪を行うこと，相手方も同じように共に犯罪をすることを認識していたといえる。したがって，意思連絡も認められる。

(2)　そして，共謀通りに甲が実行行為を行ったため，共謀共同正犯が成立する。もっとも，背任罪については「他人のために事務を処理する者」が，業務上横領罪においては「業務上」「占有」する者であることが犯罪の成立に必要となる。乙はこれらの身分を有しないため，65条1項及び2項に基づき成立する罪名及び科刑を検討する。

　　65条1項は真正身分犯における罪名と科刑を，2項は不真正身分犯における罪名と科刑を規律している。そして，背任罪は真正身分犯である。業務上横領罪における「占有」は真正身分であり，「業務」は不真正身分である。このような場合，判例は，65条1項により業務上横領罪が成立し，2項により単純横領罪の科刑に処するとしている。

(3)　以上より，乙には甲との間で背任罪と業務上横領罪の共同正犯が成立する。これらは1個の行為で行われており，観念的競合となる。

　　　　　　　　　　　　　　　　　　　　　　　　　　　　　　　以上

あとがき

　刑法に関してはまず構成要件の理解が大事です。その構成要件・違法・有責という刑法総論の理解に関しては，自分が立っている立場ですね，行為無価値・結果無価値二元論なのか，結果無価値一元論なのか，というところを必ず意識して一つ一つの解釈論を丁寧に確認していってください。

　刑法各論の構成要件の解釈に関しては，それぞれの保護法益及び行為態様，そして本質が問題となっています。それぞれの罪がなぜ犯罪として処罰されてしまうことになるのか，というところから基本的に解釈をするのが通常です。なので，なぜこれが刑法に規定され犯罪となってしまっているのか，ということを意識しながら考えていくようにしてください。

　問題文を読む際には，そうして得た理解を使って丁寧に分析していってください。問題文の分析をする際には，なんでこの事実が書いてあるのか，この事実がどのように犯罪の成否に影響するのか，ということを考えながら問題文を読むようにしていただければ，出題趣旨にほぼ沿ったような問題分析ができるものと思います。

　それではこれで終わりにしたいと思います。どうもありがとうございました。

辰已法律研究所（たつみほうりつけんきゅうじょ）
http://www.tatsumi.co.jp

司法試験，ロースクール入試，司法試験予備試験，司法書士試験，社会保険労務士試験，弁理士試験の受験指導機関。1973年に誕生して以来，数え切れない司法試験合格者を法曹界に送り出している。モットーは，「あなたの熱意，辰已の誠意」。司法試験対策におけるシェアは業界トップであり，2015年度の辰已全国総合模擬試験には実に3,194名の参加を得ている。「スタンダード短答オープン」「スタンダード論文答練」などの講座群，「肢別本」「えんしゅう本」「条文・判例本」などの書籍群は，司法試験受験生，予備試験受験生から，合格のための必須アイテムとして圧倒的支持を受けている。

予備試験・司法試験短期合格者本

読み解く合格思考　刑法

平成28年3月25日　　初　版　第1刷発行

著　者　山田　麻里子
発行者　後藤　守男
発行所　辰已法律研究所
〒169-0075
東京都新宿区高田馬場4-3-6
TEL．03-3360-3371（代表）
印刷・製本　　（株）廣済堂

©M.Yamada 2016 Printed in JAPAN
ISBN978-4-86466-248-2

【司法試験通信講座案内】　　　【「読み解く合格思考」読み解きガイドブック講座】

予備×司試
合格者
特別講義
全2弾

「読み解く合格思考」の著者自らがその言葉の本当の意味・重要性を「読み」「解く」珠玉の講義。

予備試験・司法試験短期合格者本
「読み解く合格思考」読み解きガイドブック講座

本講座はいずれも 2015/12/17 ～ 12/28 にかけて収録したものです。

●通信 DVD
受付次第随時発送
(申込締切 4/30 (土))
※通信部DVDでのお申込から1週間～10日ほど
でDVDおよび教材一式をお届け致します。

●通信 WEB
好評配信中
配信終了 7/8 (金)
(申込締切 7/1 (金))
※通信部WEB (WEBスクール) でのお申込日から1週間～10日ほどで教材一式をお届け致します。教材PDFのダウンロードはございません。

■講座仕様

●回数 / 時間
・憲法
　全3回 / 全9時間
・民法
　全3回 / 全9時間

●教材
・憲法
　※別売
　予備試験・司法試験短期合格者本 1/3
　「読み解く合格思考 憲法」
　辰已法律研究所
　平成25年予備試験合格・平成26年司法試験合格
　玄唯真 著　定価(税抜) 2,300円
・民法
　※別売
　予備試験・司法試験短期合格者本 2/3
　「読み解く合格思考 民法」
　辰已法律研究所
　平成24年予備試験合格・平成25年司法試験合格
　菅野邑斗 著　定価(税抜) 2,400円

●担当講師
・憲法
　平成25年予備試験合格・平成26年司法試験合格
　玄唯真 講師
　中央大学法学部出身。第68期修習終了 (予定)。
　平成26年度予備試験合格後に司法試験合格者講義「要するにこう書けば合格」・趣旨・ヒアリングのエッセンス抽出講座」を担当し好評を博す。

・民法
　平成24年予備試験合格・平成25年司法試験合格
　菅野邑斗 講師
　中央大学法学部出身。第68期修習終了 (予定)。
　平成25年司法試験合格後に司法試験合格者講義「敗訴で築く論文の基礎」を担当し好評を博す。

本講座では「読み解く合格思考」憲法＆民法を使用。
著者自らがその言葉を1つ1つを読み解きさらに分かりやすく解説します！

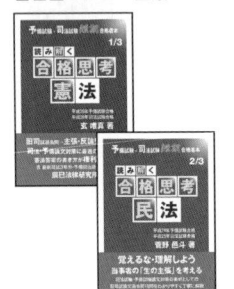

予備試験・司法試験を短期で合格した若手合格者による、「合格思考」を学ぶ書籍シリーズが登場です。
彼らは、ベテラン受験生以上の圧倒的な勉強量と深い理解のもとで、短期間で見事司法試験を突破しています。本書では、彼らの深い理解に裏付けられた合理的な学習法・思考法に触れることができるでしょう。
これから予備試験・司法試験を目指す方も、今壁にぶつかっている受験生も、一読の価値のある内容です。
憲法では、良問と名高い旧司法試験過去問を現行の司法試験の形式 (主張・反論型) にアレンジした問題と、その解説を掲載しています。また、総論として権利の性質ごとに答案の書き方を解説しています。直近の司法試験3年分の解説と、予備試験で出題された統治機構の問題についても解説しています。
民法では、やはり良問である近時の旧司法試験過去問計18問 (平成14年度以降) を掲載・解説しています。そこでは、当事者の「生の主張」を考えることで、暗記ではなく理解することを主張としています。

著者である「予備試験・司法試験短期合格者」自らが初学者でもその内容をわかりやすく理解しやすいように読み解き方をガイドします。

■第1弾　憲法 (全3回 / 全9時間)
※本講座は使用教材である予備試験・司法試験短期合格者本1/3「読み解く合格思考 憲法」の構成に従って進行していきます。

【第1部】　憲法答案の書き方
　「憲法上の権利の制約」の認定→「判断枠組み」の設定→問題文に即した「個別的具体的検討」という思考を検討に「原告の主張」→「被告の反論」→「私見」の順ですることの実践 - 総論部分の統一的な認識と各論での書き方の確立

【第2部】　短文事例問題で判断枠組みの構築を学ぼう
　旧司憲法過去問 (現行司法試験に即した出題形式にアレンジ) の異なる3タイプの具体的な検討とその思考を確認
　①憲法上の権利の制約　旧司平成10年度第1問
　②判断枠組み　　　　　旧司昭和56年度第1問
　③個別的具体的検討の仕方　旧司平成18年度第1問

【第3部】　長文事例問題にチャレンジ
　平成26年司法試験問題を素材として実際に「憲法上の権利の制約」の認定→「判断枠組み」の設立→問題文に即した「個別的具体的検討」、という思考・検討を示す

【第4部】　統治の問題について
　統治の解法パターンの具体的な摘示と平成27年司法試験予備試験を素材とした その検討

※上記はあくまでも予定です。実際の講義では若干の内容変更等がある可能性があります。予めご了承ください。

■第2弾　民法 (全3回 / 全9時間)
※本講座は使用教材である予備試験・司法試験短期合格者本2/3「読み解く合格思考 民法」の構成に従って進行していきます。

【第1章】　イントロダクション
　民法の問題を「理解」するとは？
　「当事者の生の主張を考える」ことの本当の意味とその具体例 (旧司平成7年第1問、新司平成25年民事系第1問)
　事案解決のための「法的構成の設定」→「要件の検討」→「論点の整理」という答案の流れの確認

【第2章】　基礎編
　司法試験、予備試験の論文対策の素材としての旧司論文過去問 (解説と講師作成参考答案を素材とした具体的な分析)
　①平成21年第1問 (表見代理)
　②平成18年第2問 (94条2項類推適用)
　③平成17年第2問 (動産の二重譲渡・抵当権の効力)

【第3章】　発展編
　司法試験、予備試験の論文対策の素材としての旧司論文過去問 (解説と講師作成参考答案を素材とした具体的な分析)
　①平成15年第1問 (動物占有者の責任)
　②平成21年第2問 (遺産分割)

※上記はあくまでも予定です。実際の講義では若干の内容変更等がある可能性があります。予めご了承ください。

●受講料 (税込)

	通信部				
	WEBスクール			DVD	
	講座コード	辰已価格	代理店価格	講座コード	辰已価格	代理店価格
一括	15894E	¥38,800		15894R	¥40,700	¥38,665
憲法	15895E	¥20,400		15895R	¥21,400	¥20,330
民法	15896E	¥20,400		15896R	¥21,400	¥20,330

※本講座の申込方法・詳細は専用パンフレットにてご確認ください。

辰已 窓口	大学生協	提携書店	BANK 銀行振込	デリバリーローン	教育ローン	Eローン	Eショップ
○	○	○	○	○	○	○	×

※各種割引については大学生・提携書店では取り扱いしておりません。
▲教育ローン・Eローンは購入合計金額3万円以上でご利用いただけます。

【司法試験講座案内】　　　　　　　　　　　　　【選択科目集中答練2016】

論文 Standard

選択科目を最後に書きまくる！これで準備万端！

選択科目集中答練 2016

| 倒産法 | 租税法 | 経済法 | 知的財産法 |
| 労働法 | 環境法 | 国際公法 | 国際私法 |

全8科目で完全実施！

誰もが演習不足の選択科目を書きまくる！この経験値は大きなアドバンテージに。

東京本校 4月スタート
4/12 (火)〜

| 横浜本校 | 大阪本校 | 名古屋本校 |
| 4/12(火)〜 | 4/12(火)〜 | 4/11(月)〜 |

| 京都本校 | 通信部 |
| 4/12(火)〜 | 3/28(土)発送 3/21(月)締切 |

講座仕様

回数	全8回／全16問出題
科目	選択科目全8科目
解説	無し
教材	①問題 ②解説書 ③模範解答 ④採点基準表 ⑤初出題当時の優秀者答案
添削	あり 答案返却は2週間後となります。

今期のスタンダード論文答練【第2クール】、スタンダード本試験過去問答練【第2クール】・合格開眼塾短答・論文総合演習編の受講生割引があります。

★本講座の申込方法・詳細は専用パンフレットをご確認ください。

本試験初日・最初の科目で転ばない！
自信を持って臨むための選択科目書きまくり答練！

選択科目の配点は2問で100点のため、そのインパクトを小さくイメージする方が多いですが、しかし、100点分の重みは必須科目1問分と全く同じです。しかも本試験の初日に最初に行われる試験であり、ここの出来不出来が以後の16時間55分を戦う上で心理的に大きく影響します。

試験戦略上、極めて重要な初戦で「きちんと対策しておけばよかった」と後悔しないために最直前期だからこそ演習をしっかり行いましょう。

的中力抜群の辰已オリジナル過去問から精選
誰もが演習不足の選択科目を書きまくる！
この経験値は大きなアドバンテージに。

選択科目は試験初日の最初の科目。誰もが最も緊張が高まり普段の実力が出しにくく時間配分のミスや苦手な分野が出た場合の精神的動揺が一番大きい科目です。

どんな状況に陥っても無難に答案をまとめ上げられるか、傷を最小限に抑えられるか、やはりそれまでの経験値すなわち選択科目について答案はどれだけ書いたか、で決まります。

だからこそ、直前期でも演習です。特に選択科目は誰もが演習経験が少ないので、この直前期に書いた経験は大きな大きなアドバンテージになります。

● 奇数回：昨年度の選択科目集中答練2015で出題した全16問を除く、過去のスタ論・全国模試で出題した問題からセレクト
● 偶数回：昨年の選択科目集中答練の奇数回で出題した問題と同一です。

<昨年度本講座をご受講の方へ>
・昨年度本講座の「ハーフコース偶数回」をご受講の方
　今年はいずれのコースを受講されても昨年度と異なる演習及び資料を受けられます。
・昨年度本講座の「フルコース」及び「ハーフコース偶数回＋奇数回資料付」をご受講の方
　今年は「ハーフコース奇数回」をご受講いただくと昨年度と異なる問題で演習できます。

●受講料（税込）

お申し込みには講座コードが必要となります。専用パンフレットでご確認の上お申込下さい。

コース		受講料			
		通学部（LIVE・ビデオブース）		通信部	
		辰已価格	代理店価格	辰已価格	代理店価格
フル (8回)		¥84,300	¥80,085	¥92,700	¥88,065
	講座受講者割引	¥63,200	×××	¥69,500	×××
ハーフ (4回) +資料渡し (4回)		¥70,400	¥66,880	¥77,400	¥73,530
	講座受講者割引	¥56,300	×××	¥61,900	×××
ハーフ (4回)		¥42,100	¥39,995	¥46,400	¥44,080
	講座受講者割引	¥35,800	×××	¥39,400	×××

スケジュール＆受講料や講座の詳細は、専用パンフレットをご覧下さい。

【司法試験講座案内】

模試 Standard

辰已が総力を挙げて実施する正真正銘のプレ本試験
辰已・司法試験全
業界最大規模のプレ本試験

人生を賭けた勝負の予行演習は
最も本試験に近い辰已の模試で決まり

- A日程　3/30 (水)～
- B日程　4/6 (水)～
- C日程　4/13 (水)～
- D日程　4/2 (土)～

- **豊富な試験日程**（土日2週コースも設定）
- **特典フォロー圧倒的！**
- **試験会場**（昨年度本試験会場でも実施）
- **受講料割引**（講座と併用or模試単体でもお得！）

辰已の模試は本試験と同じ曜日・時間。当日の電車や道の混み具合も予行演習

	第1日目	第2日目	第3日目	第4日目
	論文試験			短答試験
試 験	選択科目 9:30～12:30 公法系 第1問 13:45～15:45 公法系 第2問 16:30～18:30	民事系 第1問 10:00～12:00 民事系 第2問 13:15～15:15 民事系 第3問 16:00～18:00	刑事系 第1問 9:30～11:30 刑事系 第2問 12:45～14:45	民法 10:00～11:15 憲法 12:00～12:50 刑法 14:15～15:05

短答と論文の総合評価による合格推定点を成績表に掲載できた**最初の模試**

● **総合データ**
短答試験で合格推定点を超えている方全体の、短答と論文の「平均点」も計算してあります。これと、自分の短答・論文の得点を比較してみてください。

● **科目別得点バランスチャート**
受験者平均及び合格推定点以上平均と比較できますので、あなたの得意科目・不得意科目が一目瞭然になります。

● **短答・論文データ**
科目毎の位置を視覚的に表現してあります。
赤く塗ってある棒グラフがあなたの「得点率」です。
満点の異なる科目同士を一目で比較検討できます。

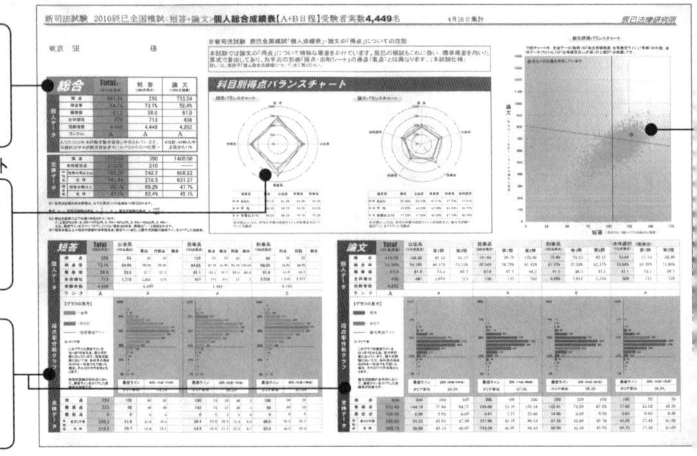

【辰已・司法試験全国公開模試】

国公開模試

PHOTO
2015年4月
辰已・司法試験全国公開模試
東京会場・サンシャインシティ文化会館

業界最大
真剣
緊張
迫力

過去10年（2006年～2015年）の実績
辰已模試の**実**受験者累計
31,374人

昨年度 2015年
辰已受験者実数 **3,194** 名

各社が受験生に開示している成績統計DATAの最大値を掲載しています。

● 他校対比
A社最大値　1,728名
B校最大値　　612名

昨年も受験者 3,000 人を突破！

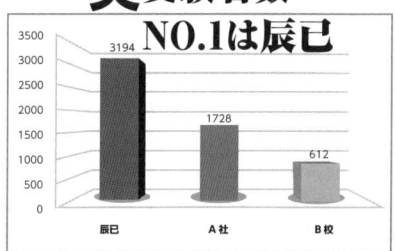

実受験者数 NO.1は辰已

	辰已	A社	B校
	3194	1728	612

が辰已の全国模試です。

● 総合成績バランスチャート

短答得点を縦に、論文得点を横に直角に伸ばしていった赤い交点があなたの成績です。周りの薄いブルーの銀河系星雲のような点の集合が、今回の受験者全体を表します。縦に走る青い線が短答合格推定点。そして、斜めに走っている赤い線が、今回の総合合格推定点です。左の例では、個人の赤四角が合格推定ラインを超えていることを表現しています。

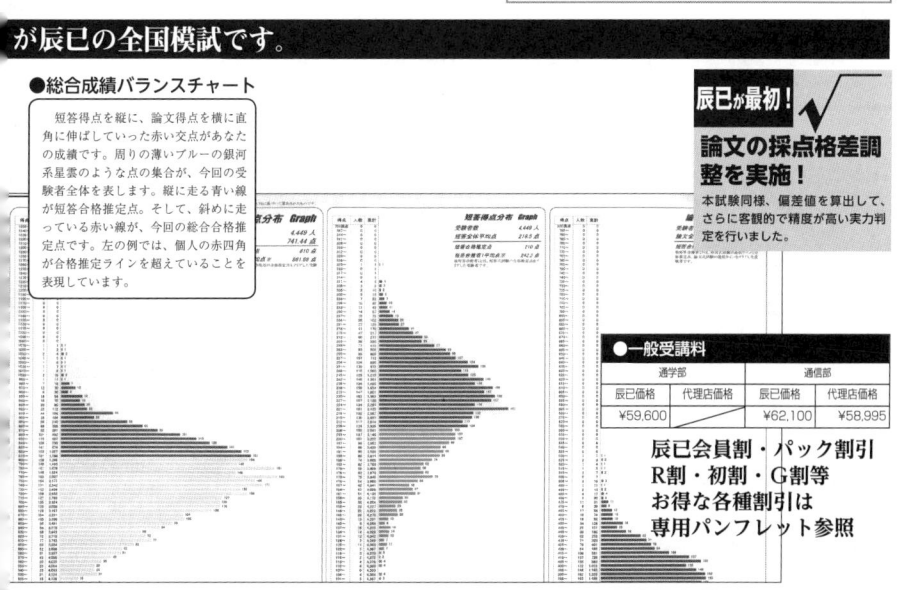

辰已が最初！
論文の採点格差調整を実施！
本試験同様、偏差値を算出して、さらに客観的で精度が高い実力判定を行いました。

● 一般受講料

通学部		通信部	
辰已価格	代理店価格	辰已価格	代理店価格
¥59,600		¥62,100	¥58,995

辰已会員割・パック割引
R割・初割・G割等
お得な各種割引は
専用パンフレット参照

【司法試験講座案内】　　　　　　【福田クラス　直前フォロー答練】

論文 Standard

福田クラス 直前フォロー答練

全国模試後に実施する直前答練

福田先生の模試前講義
東京本校LIVE
3/19(土)〜

答練第1回
東京本校
4/9(土)〜

全国模試後も毎週1回の直前答練で
答案感覚を鈍らせない！**的中**も狙います！

焦って空回りしがちだからこそ、
福田先生のすべらない答案指導で
すべらない直前期を過ごそう！

●模試前の講義（1科目1時間で全7時間）
　もちろん学習計画に応じて模試後に聴いてもOKです

途中答案になる最大の敗因は問題文を読んで答案構成を行うまでに時間がかかり過ぎることです。この時間を短縮するのが「すべらない答案理論」ですが、全国模試で、そして本試験できちんと実践できるように、最後にもう一回、答案構成の仕方を確認します。
具体的には、福田講師がセレクトした辰已精選過去問を事前にお渡しするので、ご自分で時間を計って、40分以内に答案構成までしてきてください。講義では、あなたが「書くべきところ」と「割り切って捨ててよいところ」を適切に判断できたか、得点につながらない無駄な思考をして時間を浪費していないか等をもう一度確認し最後に矯正していただく機会を与えます。

●コンディショニング＆
　福田先生が最後に予想する直前答練
　　（公法系1回・民事系1回・刑事系1回）★添削あり

全国模試A日程終了後から3週間にわたって本試験1年分にあたる答案を書いていただきます。問題は福田講師が辰已精選過去問から的中と総仕上げの両面を意識してセレクトします。本番直前まで毎週答案を書くことで答案を感覚の最後まで磨きます。

●解説講義及び答案講評＆総まとめ
　福田講師が、すべらない答案理論で実際に書けたかを確認します。最後に、答練の問題について、受験生が実際に試験時間内で書いた答案を素材に、答案講評を行います。真似すべきところ、ダメなところの直し方等を実践的に講義し、本番直前の最後に「すべらない答案」の形を脳に焼き付けていただきます。

講座仕様

回数	全6回 ・答練3回／全7問 ・講義26時間
科目	公法系・民事系・刑事系
講師	辰已専任講師・弁護士 **福田 俊彦先生**
教材	●福田講師セレクト 　辰已精選過去問 　・解説冊子＆答案例 　・答練受験者答案

スタ論福田クラス
受講者割引 **40%OFF**

※2015年10月以降実施のスタンダード論文答練福田クラス【第1クール】又は【第2クール】一括以上申込者が対象となります。

●受講料（税込）
お申し込みには講座コードが必要となります。
専用パンフレットでご確認の上お申し込み下さい。

直前フォロー答練		通学部			通信部		
		答練解説	辰已価格	代理店価格	答練解説	辰已価格	代理店価格
一括		LIVE ビデオブース	¥49,100	¥46,645	DVD	¥54,200	¥51,490
					WEB受講	¥51,700	¥49,115
	スタ論福田クラス受講者割引	LIVE ビデオブース	¥29,500	xxx	DVD	¥32,500	xxx
					WEB受講	¥31,000	xxx

★本講座の申込方法…詳細は専用パンフレットでご確認ください。

※各種割引については大学生協・提携書店ではお取り扱いしておりません。

スケジュール＆受講料や講座の詳細は、
専用パンフレットをご覧下さい。

【司法試験講座案内】　　　　　　　　　　　【司法試験・総択】

辰已が総力を上げて実施する短答特化の総合模試

総合全2回
★第1回と第2回は異なる出題を行います。

短答憲民刑3科目総合模試

司法試験・総択

スタンダード短答オープン【第2クール】総合2回

新作問題
本試験2年分

第1回　全国模試前後

A日程（3月日程）　全国模試前
- 東京本校　3/15（火）～
- 横浜本校　3/17（木）
- 大阪本校　3/15（火）～
- 京都本校　3/20（日）
- 名古屋本校　3/18（金）
- 福岡本校　3/18（金）
- 通信部　4/12（火）発送

B日程（4月日程）　全国模試後
- 東京本校　4/19（火）～
- 横浜本校　4/13（水）～
- 大阪本校　4/18（月）～
- 京都本校　4/16（土）
- 名古屋本校　4/17（日）～
- 福岡本校　4/19（火）～
- 仙台会場　4/10（日）
- 通信部　4/12（火）発送

第2回　全国模試後

- 東京本校　4/25（月）～
- 横浜本校　4/20（水）～
- 大阪本校　4/25（月）～
- 京都本校　4/23（土）
- 名古屋本校　4/26（火）～
- 福岡会場　4/26（火）～
- 仙台会場　4/17（日）
- 通信部　4/18（月）発送

- ■回数　全2回
- ■科目　憲法・民法・刑法
- ■教材
  - ①問題
  - ②解説書（問・解表裏一体26穴式）
  　（ワンポイントレッスン）
- ■採点　あり
- ■Eスクール　あり
  - ①ネットによる答案提出
  　（通学部＆通信部／申請必要）
  - ②総合成績表のホームページ掲載
  　（通学部＆通信部／申請必要）
- ■成績資料
  - ①個人成績表
  - ②総合成績表
  　（得点分布表・肢別解答率表）

★本講座の申込方法・詳細は専用パンフレットをご確認ください。

| 辰已窓口 | 大学生協 | 提携書口 | 〒郵便振替 | BANK銀行振込 | デリバリー代金引換 | 教育ローン | Eローン | ショップ |

※各種割引については大学生協・提携書店ではお取り扱いしておりません。
▲教育ローン・Eローンは購入合計金額3万円以上でご利用頂けます。

短答絶対合格のための総仕上げ模試

最後の2択で正解に転べるように

出題傾向・難易度・平均点で信頼性抜群の
辰已の短答総合模試で最終チェック！
毎年合格者から「誤答問題の復習で救われた」
との声多数！

短答は8割とれて当然の時代に突入！

まずはここが目標！
短答合格者の総合平均得点率
2014年7科目69.5％→2015年**3科目76.3％**！

司法試験合格の方程式

短答（絶対評価）は合格者平均点が取れて
↓プラマイゼロの状態で
論文（相対評価）の採点に進める

全国模試＆短答模試パック→専用パンフレット参照

本試験短答3年分の演習がパックでお得に。

全国公開模試　論文8科目＋短答憲民刑3科目
司法試験・総択　短答憲民刑3科目 第1回＋短答憲民刑3科目 第2回

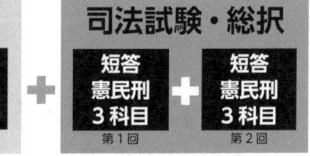

●受講料（税込）

お申し込みには講座コードが必要となります。
専用パンフレットでご確認の上お申し下さい。

解説講義	通学部		通信部	
	辰已価格	代理店価格	辰已価格	代理店価格
なし	¥22,800	¥21,660	¥27,200	¥25,840

【司法試験講座案内】

2016年司法試験絶対合格！最後の猛チャージ・総チェック！

2016年 司法試験絶対合格
直前早まくり講座

直前対策決定版

スタ論受講者割引有り！

論文出題予想 7科目＋選択科目 ＋ 短答憲民刑 全9h

最後の1ヶ月で
論文は大きく伸びる！短答を追い込む！

受験のプロが伝授。やるべきことを絞り込み効率よく対策。

直前早まくり講座　論文＋短答セットでお得！

論文

直前早まくり **論文直前予想**　全24時間 選択科目付

本当に毎年的中。「最後にやるのはこのテーマ」を選りすぐり。

公法系	民事系	刑事系	選択科目
1回/5h	2回/9h	1回/5h	1回/5h

必須科目全部聴いても19時間・4日で聴ける　　選択科目も合わせて24時間・5日で聴ける

スタ論受講者割引あり　一括申込は20%OFF

短答

直前早まくり **短答知識総整理**　全9時間

憲法	民法	刑法
2h	4h	3h

短答が超苦手という方を救う、最終非常手段としての短答対策

受け方いろいろ！
模試の前でも、後でも
今年はWEB受講も可能

スケジュール＆受講料や講座の詳細は、専用パンフレットをご覧下さい。

講義録音可

気合が入る LIVE講義

スマフォもOK WEBスクール

扱い簡単 DVD

【直前早まくり講座】

2016 司法試験直前早まくり

必須科目は人気・実力トップ3が渾身の講義を展開!

直前早まくり 論文直前予想
必須科目全部聴いても19時間 4日で聴ける

東京本校 LIVE
- 公法系 3/11(金)
- 民事系 3/8(火) 3/9(水)
- 刑事系 3/10(木)

公法系 1回/5h
辰已専任講師・弁護士 **柏谷 周希**先生 
法学部時代に記憶や論証パターンに頼らない「実務家の書き方」に開眼、合格後、辰已で各種ゼミを担当。受験生の弱点を熟知した指導力には定評がある。2011年秋から辰已の司法試験対策講座で最大規模の「合格開眼塾」(短答・論文総合演習編)を開講。一般に合格率が低い長期学習者を続々と合格へ導いている。

民事系 2回/9h
辰已専任講師・弁護士 **福田 俊彦**先生 
東京大学法学部卒。慶應義塾大学法科大学院(既修コース)修了。司法試験に合格するためには、「何をどのように書くか」を考えるのが大切というのが信条。ベストセラー「絶対にすべらない答案の書き方」シリーズで受験生の支持を得た。辰已法律研究所が誇る人気の講師に。スタ論スタート、スタ論福田クラスで年間を通じて答案指導にあたる。

刑事系 1回/5h
辰已専任講師・弁護士 **原 孝至**先生 
早稲田大学法科大学院(未修者コース)修了。第4回新司法試験合格者。競争が激しい大学受験予備校界で自身の名を冠した講座を持つ実力派講師。合格直後から、辰已のスタンダード論文答練、全国公開模試を通じて1,000通以上の答案を採点・添削。2012年春から法律初学者向けの新しい入門講座として「原孝至・基礎講座」を担当。

選択科目も早まくり!
直近合格者のヤマアテ、答案作成のポイントが聴ける!

東京本校 LIVE
- 倒産法 2/29(月)
- 労働法 3/2(水)

労働法 1回/5h
辰已専任講師・弁護士 **稲村晃伸**先生
東京大学法学部卒。東京大学法科大学院既修者コース修了。合格直後及び司法修習から答案添削、再現答案の分析を精力的に行い、多くの新司受験生が抱える論文対策の課題を最も良く知る講師。答案の書き方指導では全て本試験当日を意識した実践的なもの。

倒産法 1回/5h
辰已専任講師・弁護士 **金沢幸彦**先生
早稲田大学卒、中央大学法科大学院(既修者コース)修了。元裁判所職員。元大手法学塾専任講師。新司法試験合格直後の合格体験記『流まぬ答案』においては、答案作成の極意を披露しただけでなく、合格答案と不合格答案の違いを明快に示して好評を博した。

大阪本校 LIVE
- 知的財産法 3/7(月)

知財法 1回/5h
辰已専任講師・弁護士 **西口竜司**先生
新司法試験時代のまさに第1期生としての進の受験指導に情熱を注ぐ。自身の実家に試験問題を解き、時間内でどこまでできるかを把握した上での抽象を排除した具体的な指導や指導が好評。受験生の読みそうな基本書・判例集は全て読む。再現答案も毎年週百通読む。

国際私法と経済法は最新合格者講義で!

【凝縮12時間】これだけ 国際私法インプット講座 12時間
これだけ一冊本・知財法を講義に改訂!
※本講座は2015/11/26までに収録されたものです。

冗談抜き!0からたった1ヶ月!
かんたん合格 経済法 14時間
※本講座は2015/11/26までに収録されたものです。

直前早まくり 短答知識総整理

東京本校 LIVE
- 3/3(木) 民法4時間
- 3/4(金) 憲法2時間 刑法3時間

短答 憲民刑 9h

辰已専任講師・弁護士 **金沢幸彦**先生
PROFILE
早稲田大学政経学部卒・中央大学法科大学院(既修者コース)修了。2010年新司法試験を受験1回で見事に上位合格(総合63位、論文総合58位)を果たした実力派講師。辰已では司法試験および予備試験基幹答練の解説講義等多数の講座を担当し、高い講義技術で受講生に好評を得ている。司法試験・予備試験受験生と多く接しその指導経験は群を抜く。短答にも強く、本試験の短答成績は上位10%以内かつ民法は1問しか外していない。

●受講料(税込)

お申し込みには講座コードが必要となります。
専用パンフレットでご確認の上お申込下さい。

直前早まくり			通学部 LIVE・ビデオブース		通信部 WEBスクール		DVD	
			辰已価格	代理店価格	辰已価格	代理店価格	辰已価格	代理店価格
論文出題予想 +短答【憲民刑】知識総整理	論文必須科目一括 +短答憲民刑		¥57,400	¥54,530	¥60,200	×××	¥63,300	¥60,135
		スタ論受講者割引	¥45,900	×××	¥48,200	×××	¥50,600	×××
	論文必須科目一括 (選択科目付)		¥67,600	¥64,220	¥71,000	×××	¥74,600	¥70,870
	+短答憲民刑	スタ論受講者割引	¥54,100	×××	¥56,800	×××	¥59,700	×××

【司法試験講座案内】

柏谷周希の 司法試験 合格開眼塾

基本的知識の根の上に
法的思考力を大きく育てる

Thinking Lecture 編

INPUT対策
腹の底から基本を理解して
何が出ても書けるようにする

通学部・通信部
好評受付中

NEW 論文INPUTに特化した論文対策集中版を新設！科目別申込で苦手科目の根源的対策に

	民法	民訴法	商法	刑法	刑訴法	行政法	憲法	合計
	10回	6回	6回	8回	7回	4回	5回	46回
フルバージョン	50時間	30時間	30時間	40時間	35時間	20時間	25時間	230時間
論文コア講義のみ	35時間	21時間	21時間	28時間	24.5時間	14時間	17.5時間	161時間

辰已専任講師・弁護士
柏谷 周希 先生

2016年一合格
最後に頼るなら、この講師

専修大学法科大学院卒。第3回新司法試験に受験1回で上位合格（論文成績上位10％以内）。

法学部時代に辰已専任講師・弁護士荒木雅貴先生の薫陶を受け、記憶や論証パターンに頼らない「実務家の書き方」に開眼。法科大学院時代もその学習方法・論述に磨きをかけ、合格後、辰已で各種のゼミを担当。受験生の弱点を熟知した指導力には定評がある。2011年から「合格開眼塾」（短答・論文総合演習編）を開講。2012年春に「合格開眼塾」（Thinking Lecture編）も開講。いずれも毎速10時間近い極めてハードな講座内容であるが、全国で150人以上の受験生を引っ張っている。

教員免許を有し教育手法の開発に強い関心と意欲を有し、司法試験の対策学習においても常に新しい地平を目指し、その講義は毎年大好評を得ている。受験生が苦しむ「戦える基本知識」の一気獲得プロジェクトに意欲を燃やす。

フルバージョン 論文及び短答の総合対策

論文コア講義 論文基礎知識の網羅的インプットに特化

1	Thinking Lecture コア講義		3時間30分
2	短答トレーニング		30分
3	答案の書き方講義	思考力	30分
4	今年は2段構えに進化！	処理能力	30分
5	講義音声 MP3 シャドウィング	聴いて復習	専用HPからダウンロード
6	アフター Thinking Lecture	自宅で努力	ペン習字スタイルの講師作成答案例を配布

●受講料（税込）

お申し込みには講座コードが必要となります。
専用パンフレットでご確認の上お申込下さい。

フルバージョン			通学部 LIVE・ビデオブース		通信部（総合演習編・添削なし）			
					WEBスクール		DVD	
			辰已価格	代理店価格	辰已価格	代理店価格	辰已価格	代理店価格
年間一括 (Thinking Lecture編+総合演習編)			¥798,800	¥758,860	¥742,200		¥777,500	¥738,625
Thinking Lecture編	一括		¥477,900	¥454,005	¥501,800		¥525,600	¥499,320
	科目別	民法	¥109,400	¥103,930	¥114,800		¥120,300	¥114,285
		民事訴訟法	¥65,600	¥62,320	¥68,900		¥72,200	¥68,590
		商法	¥65,600	¥62,320	¥68,900		¥72,200	¥68,590
		刑法	¥87,500	¥83,125	¥91,900		¥96,200	¥91,390
		刑事訴訟法	¥76,500	¥72,675	¥80,400		¥84,200	¥79,990
		行政法	¥43,700	¥41,515	¥45,900		¥48,100	¥45,695
		憲法	¥54,700	¥51,965	¥57,400		¥60,100	¥57,095

論文コア講義のみ			通学部 ビデオブース		通信部			
					WEBスクール		DVD	
			辰已価格	代理店価格	辰已価格	代理店価格	辰已価格	代理店価格
論文コア講義	一括		¥362,700	¥344,565	¥380,700		¥398,600	¥378,670
	科目別	民法	¥83,000	¥78,850	¥87,100		¥91,200	¥86,640
		民事訴訟法	¥49,800	¥47,310	¥52,300		¥54,700	¥51,965
		商法	¥49,800	¥47,310	¥52,300		¥54,700	¥51,965
		刑法	¥66,400	¥63,080	¥69,700		¥73,000	¥69,350
		刑事訴訟法	¥58,100	¥55,195	¥61,000		¥63,900	¥60,705
		行政法	¥33,200	¥31,540	¥34,800		¥36,500	¥34,675
		憲法	¥41,500	¥39,425	¥43,500		¥45,600	¥43,320

★本講座の申込方法：詳細は専用パンフレットをご確認ください。

辰已窓口	大学生協	提携書店	〒郵便振替	BANK銀行振込	デリバリーローン代金引換	教育ローン	Eショップ	Eショップ
●	●	●	●	●	●	●	●	×

※各種örについては大学生協・提携書店ではお取り扱いしておりません。

スケジュール＆受講料や講座の詳細は、
専用パンフレットをご覧下さい。

NEW
論文対策のみに
集中した新コース

【 司法試験　合格開眼塾 】

まだ間に合う。最後に思いっきり対策！

実は、毎年「この科目の撃沈さえ回避できれば合格できた…」という方が多いのです。

だから、苦手科目は思い切って本講座の科目別で最後に集中対策。柏谷流メソッドで開眼すれば苦手科目が得意科目に。

そして一気に合格！

短答・論文総合演習編

OUTPUT対策
未知の問題でも超実戦的に
合格答案にまとめ上げる技術

誰もが知っている基礎知識だけで、未知の問題で合格点を取るための発想方法・実行手順を修得

通信部 聴くだけライトコース

柏谷流答案指導の醍醐味！
答案表現スクラップ講義（1.5時間）
「必要性と許容性」の原理で考える
論文解説講義（2時間）
法律実務家の思考・表現を追体験する
問題分析＆LIVE添削講義（1.5時間）

科目	基礎編		応用編	
	7科目別答案スキル		法系別答案戦略	
	回数	講義時間計	回数	講義時間計
民事系	全9回	45時間	全2回	6時間
刑事系	全6回	30時間	全2回	6時間
公法系	全6回	30時間	全2回	6時間

科目別申込も特別価格で提供
※聴くだけライトコースは添削料が含まれていないため、従前よりも低廉になります。

●受講料（税込）

お申し込みには講座コードが必要となります。
専用パンフレットでご確認の上お申込下さい。

		通学部 LIVE・ビデオブース		通信部（総合演習編・添削なし）			
				WEBスクール		DVD	
		辰已価格	代理店価格	辰已価格	代理店価格	辰已価格	代理店価格
総合演習編	一括	¥364,000	¥345,800	¥279,500		¥292,900	¥278,255
法系別	公法系	¥110,600	¥105,070	¥85,100		¥89,200	¥84,740
	民事系	¥162,000	¥153,900	¥124,000		¥129,900	¥123,405
	刑事系	¥110,600	¥105,070	¥85,100		¥89,200	¥84,740

★本講座の申込方法・詳細は専用パンフレットをご確認ください。

辰已窓口	大学生協	提携書店	〒郵便振替	BANK銀行振込	デリバリー代金引換	教育ローン	Eローン	Eショップ
●	●	●	●	●	●	○	○	×

※各種割引については大学生協・提携書店ではお取り扱いしておりません。

スケジュール＆受講料や講座の詳細は、専用パンフレットをご覧下さい。

苦手科目は伸び代が大きい！

対策方法をあれこれ悩むよりも、一心不乱に講義を一本聴いて開眼！

科目別申込もWEB受講が可能

・Thinking Lecture編 全科目
・短答・総合論文演習編 全科目

スマフォもOK
WEBスクール

扱い簡単
DVD

辰巳の電子書籍ストア
辰巳ので🅳じたる本

人気書籍、続々発売！

デスクトップＰＣでもタブレットＰＣでもスマホでも、いろんなところで手軽に辰巳刊行物をご覧いただける電子書籍を、ぜひご利用ください。

http://contendo.jp/store/tatsumi

答案再現集「上位者10人全科目全答案」のダイジェスト版、西口先生の「革命本」シリーズ、柏谷先生の「合格開眼本」シリーズ、ハイローヤーの特集抜粋版など、人気のコンテンツを取り揃えております。

今後も随時電子書籍を追加していく予定ですので、ご期待ください。

『辰巳のでじたる本』取扱いサイトはこちら！

電子書籍のことなら……

ConTenDo

【総合書店】電子書籍サイト［コンテン堂］

◎電子書籍サイト「ConTenDo｜コンテン堂」
～スマホ・タブレットPC対応、オフライン閲覧可、読みやすいConTenDoビューア～

http://contendo.jp/

電子書籍サイト「ConTenDo｜コンテン堂」は、総合書店の「コンテン堂」と専門書店で構成されています。

【専門書店】　順次開設予定！

◎ OPEN！法律系電子書籍専門店『辰巳のでじたる本』
～司法試験対策、法律系専門の電子書店～
◎音楽家×女優が絵本がもっと楽しくなる、「おとえほん 電子書籍ストア」
◎カーマニア専門の電子書籍ストア、「ぽらりす eBooks ～クルマ仲間「名作ガレージ」」
◎三才ブックス、直営の電子書籍ストア、「三才ブックス 電子出版ストアー」
◎児童書・絵本・詩集専門の電子書店、『銀の鈴社 電子ブックストア』

辰巳法律研究所
http://www.tatsumi.co.jp/

東京本校	〒169-0075 東京都新宿区高田馬場4-3-6	TEL 03-3360-3371（代表）
横浜本校	〒221-0835 横浜市神奈川区鶴屋町2-23-5 銀洋第2ビル4F	TEL 045-410-0690（代表）
大阪本校	〒530-0051 大阪市北区太融寺町5-13 東梅田パークビル3F	TEL 06-6311-0400（代表）
京都本校	〒604-8152 京都市中京区烏丸通錦小路上ル手洗水町670 京都フクトクビル3F	TEL 075-254-8066（代表）
名古屋本校	〒450-0003 名古屋市中村区名駅南1-23-3第2アスターレ4F	TEL 052-588-3941（代表）
福岡本校	〒810-0001 福岡市中央区天神1-10-17 西日本ビル8F	TEL 092-726-5040（代表）

辰已法律研究所の司法試験・予備試験対策書籍

● 短答対策 ●

INPUT	・条文・判例本シリーズ（全7冊）
OUTPUT	・肢別本シリーズ（全8冊）
OUTPUT	・短答詳解単年版シリーズ
OUTPUT	・短答過去問パーフェクトシリーズ（全8冊）

● 論文対策 ●

INPUT	・趣旨・規範ハンドブックシリーズ（全3冊）
OUTPUT	・えんしゅう本シリーズ（全10冊（必須科目7冊・選択科目3冊））
OUTPUT	・外せない判例で押さえる答案作成マニュアル本シリーズ（全3冊）
再現答案&分析	・上位者10人全科目・全答案シリーズ
再現答案&分析	・論文過去問答案パーフェクトぶんせき本シリーズ
再現答案&分析	・選択科目答案のトリセツシリーズ（労働法・倒産法）

・司法試験論文解説＆合格エッセンス
・基本から合格答案を即効で書けるようになる本シリーズ（全3冊）

その他，続々刊行中！！

詳しい商品解説・簡単＆一発検索
辰已ブランド専門のネットショップ！

E-ショップ　辰已オンラインストア

ネットで検索!!手間をかけずにご自宅で楽々購入!!

| 代金引換 | 銀行振込 | 郵便振込 | クレジットカード |

※詳しくはホームページをご覧ください。
※Eショップでは各種割引券はご使用できません。ご了承ください。

取扱商品：DVD、BOOK（書籍）

Eショップでは左記の商品のお申込みができます。
（通学部・通信部講座は対象外となります）

http://www.tatsumi.co.jp/eshop/

推奨ブラウザ
Windows：Internet Explorer 10/11、Firefox 28
※上記以外のバージョンについてはサポート範囲外となります。

●辰已刊行書籍は，Eショップの他、辰已事務局窓口・提携書店・大学生協でもお取扱いしております。

辰已法律研究所・BLOG GUIDE

辰已法律研究所 書籍出版グループ ブログ稼働中!!

辰已法律研究所 書籍出版グループ オリジナルブログ

辰已刊行書籍のことなら ここ!

受験生のみなさんこんにちは。
辰已法律研究所出版グループです。

出版ブログでは，辰已法律研究所が刊行する書籍・雑誌について，新刊情報や誤植のお知らせなど，受験生のみなさんに役立つ情報を随時発信しています。

受験生のみなさんを少しでも後押しできるよう，辰已法律研究所は全力で応援しています。

辰已新刊情報 辰已の刊行書籍を一早くお知らせ！ちょい読みコーナーもあります。

お役立ち情報 書籍の使い方が分からない…そんな方はこちらをチェック！先輩方のアンケートから役立つ情報を掲載しています。

フェア・セール情報 フェア・セールの情報はこちらをチェック！刊行書籍をお得にご購入できます。

ベストセラー紹介（辰已・他社） いまどんな本が売れているのか？売れ筋動向が確認できます。

誤植のお知らせ 辰已法律研究所刊行書籍について誤植が発見された場合には，こちらで随時公開をしていきます。

↓アドレスはこちら（辰已法律研究所TOPページ http://www.tatsumi.co.jp/ からも入れます）

http://blog.livedoor.jp/accstatsumi/